"十四五"普通高等教育本科规划教材
高等院校汽车专业"互联网+"创新规划教材

现代汽车新技术概论

（第4版）

主　编　田晋跃　刘新磊

内 容 简 介

本书回顾了汽车发展史，介绍了近年来现代汽车应用的常用技术，包括汽车发动机新技术、新能源汽车、现代汽车自动变速器技术、现代汽车转向技术、汽车防滑和制动力分配技术、现代汽车悬架、汽车新材料、汽车安全系统、无人驾驶汽车，以及汽车设计技术。

本书采用二维码技术，配有52个视频，将汽车新技术的结构和工作原理通过视频展现给读者，为读者掌握课本的内容提供了一种全新的学习和阅读形式。

本书内容深入浅出，图文并茂，结合实际，并注意引导读者进行知识面的拓展。书中附有多个实例，可供读者在学习和实践中参考。

本书可以作为高等学校车辆工程、汽车运用工程、汽车服务工程等专业的教材，也可以作为相关工程技术人员的参考用书。

图书在版编目(CIP)数据

现代汽车新技术概论/田晋跃，刘新磊主编．—4版．—北京：北京大学出版社，2024.3
高等院校汽车专业"互联网+"创新规划教材
ISBN 978-7-301-34904-5

Ⅰ．①现… Ⅱ．①田… ②刘… Ⅲ．①汽车工程—高等学校—教材 Ⅳ．①U46

中国国家版本馆CIP数据核字（2024）第054615号

书　　　名	现代汽车新技术概论（第4版） XIANDAI QICHE XIN JISHU GAILUN（DI-SI BAN）
著作责任者	田晋跃　刘新磊　主编
策 划 编 辑	童君鑫
责 任 编 辑	关　英　童君鑫
数 字 编 辑	蒙俞材
标 准 书 号	ISBN 978-7-301-34904-5
出 版 发 行	北京大学出版社
地　　　址	北京市海淀区成府路205号　100871
网　　　址	http://www.pup.cn　新浪微博：@北京大学出版社
电 子 邮 箱	编辑部 pup6@pup.cn　总编室 zpup@pup.cn
电　　　话	邮购部 010-62752015　发行部 010-62750672　编辑部 010-62750667
印 刷 者	河北文福旺印刷有限公司
经 销 者	新华书店
	787毫米×1092毫米　16开本　17.25印张　420千字 2010年6月第1版　2014年5月第2版 2018年3月第3版 2024年3月第4版　2024年3月第1次印刷
定　　　价	52.00元

未经许可，不得以任何方式复制或抄袭本书之部分或全部内容。
版权所有，侵权必究
举报电话：010-62752024　电子邮箱：fd@pup.cn
图书如有印装质量问题，请与出版部联系，电话：010-62756370

第4版前言

本书是为满足我国高等学校车辆工程、汽车运用工程、汽车服务工程等专业学习及从事汽车设计等行业人员而编写的。

随着党的二十大精神的深入贯彻，汽车行业迎来了新的发展机遇和挑战。在这个新时代背景下，本书第4版的出版发行旨在为读者提供最新的汽车技术信息和深入的解析，以适应汽车行业的最新趋势。

本书在前三版的基础上进行了更新和扩充，编入了近年来汽车技术的最新发展，如新能源汽车技术的发展、自动驾驶汽车的进步、车联网的普及和新型轻量化材料的应用等。同时，根据党的二十大精神，本书强调了新能源汽车技术在未来汽车行业中的重要地位，并详细介绍了其工作原理、特点和应用。

本书属于专业方向课程中的任选课，教学任务是使学生在掌握基本的专业知识之后，再了解一些国内外汽车技术的最新发展动向，以弥补专业教材中汽车新技术内容较为欠缺的不足，同时拓宽学生的专业知识面，激发学生大胆探索汽车新技术的兴趣，使学生了解汽车发动机电子控制技术的原理与典型的系统结构、新能源汽车（电动汽车、燃料汽车、太阳能汽车等）、汽车底盘电子控制与安全性研究等方面的技术原理与典型的系统结构，并对国内外智能车辆与智能交通系统的研究开发情况、新型车用材料及汽车产品研究开发技术的发展趋势等有一定的了解，从而加深对现代汽车电子化和智能化发展趋势的理解。

本书仍以汽车设计、制造和能源环境中的重要技术问题为主线，以汽车发展史、汽车发动机新技术、新能源汽车、现代汽车自动变速器技术、现代汽车转向技术、汽车防滑和制动力分配技术、现代汽车悬架、汽车新材料、汽车安全系统、无人驾驶汽车，以及汽车设计技术为脉络，并通过二维码对应学习内容，将汽车先进科学技术的相关内容介绍给广大读者。

本书的编写特点如下。

（1）实践性和应用性较强。书中提供多种阅读材料供读者分析、研读，同时给出教学目标、教学要求、关键术语等相关内容，提供形式多样的思考与练习题，以便读者巩固、运用汽车新技术的相关知识。因此，本书内容体系不同于以往的同类教材。

（2）采用二维码技术。将汽车新技术的结构和工作原理通过视频展现给读者，为读者掌握相关内容提供了一种全新的学习和阅读形式。

江苏大学田晋跃和山东交通学院刘新磊近年来一直从事汽车新技术相关课程的教学，根据多年的教学大纲，共同编写完成本书。在本书的编写过程中，作者参考了大量的国内外文献资料，在此，谨向这些文献资料的作者表示深深的谢意。

书中提出的有些观点、方法是作者个人的看法，不足之处在所难免，希望读者给予谅解和宽容，敬请批评指正。

希望本书能够成为广大汽车爱好者和从业者的良师益友。无论您是汽车相关专业的学生，还是正在从事汽车相关工作的工程师或管理人员，本书都能为您提供宝贵的参考和启示。我们期待您的阅读与学习，一同走进现代汽车的科技前沿。

编　者
2024 年 1 月

目 录

第1章 汽车发展史 ………………… 1
1.1 世界汽车发展史 ………………… 2
1.2 中国汽车发展史 ………………… 11
1.3 汽车发展的问题 ………………… 18
本章小结 ………………………… 20
综合练习 ………………………… 20

第2章 汽车发动机新技术 ………… 21
2.1 发动机新技术概述 ……………… 22
2.2 汽车汽油机新技术 ……………… 28
2.3 汽车柴油机新技术 ……………… 38
本章小结 ………………………… 49
综合练习 ………………………… 49

第3章 新能源汽车 ………………… 51
3.1 新能源汽车概述 ………………… 52
3.2 纯电动汽车的基本结构 ………… 57
 3.2.1 纯电动汽车一体化驱动传动系统的基本分类 …… 57
 3.2.2 纯电动汽车动力传动系统的基本分类 ……………… 59
3.3 新能源汽车储能系统 …………… 61
3.4 新能源汽车技术 ………………… 67
 3.4.1 燃料电池电动汽车技术 …… 67
 3.4.2 混合动力汽车技术 ………… 72
本章小结 ………………………… 75
综合练习 ………………………… 75

第4章 现代汽车自动变速器技术 …… 77
4.1 自动变速器技术概述 …………… 78
4.2 机械式自动变速器 ……………… 80
4.3 机械无级变速器 ………………… 87
4.4 双离合器变速器 ………………… 95
4.5 自动变速器自动换挡控制系统 ………………………… 100

本章小结 ………………………… 102
综合练习 ………………………… 102

第5章 现代汽车转向技术 ………… 104
5.1 现代汽车转向技术概论 ………… 105
5.2 液压式电控动力转向系统 ……… 106
5.3 电动式电控动力转向系统 ……… 116
5.4 四轮转向系统 …………………… 120
5.5 线控转向系统简介 ……………… 131
本章小结 ………………………… 133
综合练习 ………………………… 133

第6章 汽车防滑和制动力分配技术 ………………………… 134
6.1 汽车防滑技术概述 ……………… 135
6.2 驱动防滑系统 …………………… 141
6.3 电子控制防滑差速器 …………… 149
6.4 电子制动力分配系统 …………… 151
本章小结 ………………………… 154
综合练习 ………………………… 154

第7章 现代汽车悬架 ……………… 155
7.1 现代汽车悬架概述 ……………… 156
7.2 电控悬架的基本组成 …………… 159
7.3 电控悬架的结构和工作原理 …… 164
7.4 电子稳定性控制系统 …………… 173
本章小结 ………………………… 176
综合练习 ………………………… 176

第8章 汽车新材料 ………………… 177
8.1 汽车新材料概述 ………………… 179
8.2 汽车用钢 ………………………… 182
8.3 汽车有色金属材料 ……………… 187
8.4 汽车塑料 ………………………… 193
8.5 汽车纳米材料 …………………… 199

8.6 车用复合材料 …………………… 203
  本章小结 ………………………………… 207
  综合练习 ………………………………… 208

第9章　汽车安全系统 ………… 209

  9.1 汽车安全系统概述 ……………… 211
  9.2 安全气囊 ………………………… 214
  9.3 预紧式安全带 …………………… 220
  9.4 汽车座椅的安全性 ……………… 221
  9.5 轮胎压力监测系统 ……………… 224
  本章小结 ………………………………… 227
  综合练习 ………………………………… 228

第10章　无人驾驶汽车 ………… 229

  10.1 无人驾驶技术的发展 …………… 230
  10.2 无人驾驶汽车的系统构成与
     汽车驾驶自动化分级 …………… 233

  10.3 无人驾驶汽车的结构组成 ……… 235
  10.4 无人驾驶技术的趋势及应用 …… 237
  本章小结 ………………………………… 242
  综合练习 ………………………………… 242

第11章　汽车设计技术 ………… 243

  11.1 汽车设计技术概述 ……………… 246
  11.2 虚拟现实设计 …………………… 249
  11.3 绿色设计 ………………………… 252
  11.4 并行工程 ………………………… 256
  11.5 汽车计算机辅助工程 …………… 260
  11.6 NVH开发流程 …………………… 265
  本章小结 ………………………………… 269
  综合练习 ………………………………… 269

参考文献 ……………………………… 270

第1章 汽车发展史

教学目标

通过本章的学习,读者可以了解世界和中国汽车发展史及汽车发展的问题。结合当前新形势,了解我国绿色发展战略升级的重要性,努力完成党的二十大报告中提出的全面建设社会主义现代化国家的首要任务,促进汽车行业高质量发展,在汽车领域积极稳妥推进碳达峰与碳中和目标。

教学要求

知识要点	能力要求	相关知识
世界汽车发展史	了解世界汽车发展的七个阶段和世界汽车外形发展的七个阶段	世界汽车发展的七个阶段; 世界汽车外形发展的七个阶段
中国汽车发展史	了解中华人民共和国成立前的汽车工业,中华人民共和国成立后的汽车工业、客车工业和轿车工业	中华人民共和国成立前的汽车工业; 中华人民共和国成立后的汽车工业; 中华人民共和国成立后的客车工业; 中华人民共和国成立后的轿车工业
汽车发展的问题	了解汽车工业发展存在的问题、汽车技术进步的动力和汽车工业长远可能出现的问题	汽车工业发展存在的问题; 汽车技术进步的动力; 汽车工业长远可能出现的问题

导入案例

像大多数重要技术的发明一样，汽车并不是哪一个人的发明，而是很多人的创造结果，他们在许多方面都作出了自己的贡献。

1769 年，法国的尼古拉·居纽制造了世界上第一辆蒸汽动力三轮车，如图 1.1 所示。这辆车的续驶里程为 32km，最高车速为 0.8km/h。

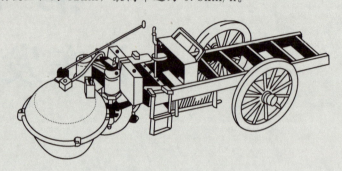

图 1.1　世界上第一辆蒸汽动力三轮车

汽车从出现至今已有 100 多年，如今汽车已成为随时都能利用的高度自由的运输工具，在社会上已占据相当重要的地位。汽车发展的历史是与人类社会文明进程紧密结合的，21 世纪汽车工业发达国家正向成熟化的汽车社会发展。

1.1　世界汽车发展史

1. 世界汽车发展的七个阶段

（1）第一阶段是技术开发阶段。

19 世纪，英国大量蒸汽动力车辆已经商业化，这种庞大的车辆在城市间粗劣的道路上来回运送乘客和货物。然而，这些蒸汽车辆都有所不同，因为它们并不是系列生产的。直到本茨和戴姆勒发明的汽车在德国出现，这才意味着汽车时代的来临。

本茨和戴姆勒各自生产了由内燃机驱动的轻型小汽车，他们的工作是完全独立进行的。本茨和戴姆勒分别于 1885 年和 1886 年研制成功他们的第一辆汽车，如图 1.2 和图 1.3 所示。

图 1.2　本茨研制成功的第一辆汽车

图 1.3　戴姆勒研制成功的第一辆汽车

在欧洲发明的第一辆简陋的三轮汽车引起了美国的极大兴趣和关注。1893年,杜里埃兄弟经过不懈的努力,制造了美国的第一辆汽车。

在第一辆汽车被发明后不到20年的时间里,在一些欧洲国家和美国相继诞生了不同品牌的汽车。1896年,法国的阿曼德·标致成立了标致汽车公司,这就是现代法国标致雪铁龙集团的前身。早期的标致汽车和雪铁龙汽车分别如图1.4和图1.5所示。

图1.4 早期的标致汽车　　　　　　　　图1.5 早期的雪铁龙汽车

1898年,路易斯·雷诺在法国成立了雷诺汽车公司,他研制的汽车率先使用传动轴。传动轴是变速器和万向节的先驱,从而奠定了雷诺汽车品牌的基础。

1899年,意大利的乔瓦尼·阿涅利建立了意大利都灵汽车制造厂,后来该厂改名为菲亚特汽车公司,菲亚特(FIAT)是该厂意大利语全称缩写的译音。

1902年,亨利·利兰成立了凯迪拉克公司,于是第一辆凯迪拉克汽车诞生了;1903年,戴维·别克成立了别克汽车公司,亨利·福特成立了福特汽车公司。早期的别克汽车和福特汽车分别如图1.6和图1.7所示。

图1.6 早期的别克汽车　　　　　　　　图1.7 早期的福特汽车

1906年,英国贵族子弟查尔斯·罗尔斯和工程师亨利·罗伊斯正式成立了劳斯莱斯汽车公司。这个公司生产的高级轿车以杰出的质量、优良的性能、豪华的内饰、古色古香的外形及完善考究的设备而驰名世界,当时被认为是世界名车之冠,它也因此成为英国王室成员用车,并用来接待外国元首和政府首脑,英国的达官贵人也争相购买这种车,以彰显自己的地位。早期的劳斯莱斯汽车如图1.8所示。

图1.8 早期的劳斯莱斯汽车

从19世纪末到20世纪初,汽车仅是发明家和富有者的财产,他们肯花钱制造具有最高性能的流行式汽车,但数量很少。在这时,多种汽车技术已形成,不过汽车性能以满足富裕阶层的个人趣味为主。

(2) 第二阶段是大量生产阶段。

1908年,福特汽车公司推出T型汽车,如图1.9所示。直至1927年,福特汽车公司共计生产了1500万辆T型汽车。T型汽车结构紧凑、设计简单、车身坚固、驾驶容易、价格低廉,因而深受美国人民的喜欢。由于它广泛地被城市、农村的普通家庭所购用,因此,美国老百姓认为T型汽车改变了他们的生活方式、思维方式和娱乐方式,使他们更自由、视野更广阔,并产生了新的人与人之间的关系。

世界汽车发展史

图1.9 T型汽车

T型汽车在1908年推出时,主要采用15kW的四缸发动机,质量为54kg,轴距为2540mm,轻型T型汽车售价825美元一辆,豪华型T型汽车售价850美元一辆。1913年,福特成功使用流水线大批量生产汽车,节省了生产时间并降低了生产成本。1914年10月,T型汽车在不降低汽车质量的情况下,其售价降为440美元。1916年8月,T型汽车售价降为345美元,汽车普及为美国老百姓的交通工具,这改变了汽车仅为富人所用的历史。1925年,T型汽车售价降为260美元。1908—1909年,T型汽车销售量达10660辆;1909—1910年,T型汽车销售量达18664辆;1910—1911年,T型汽车销售量达34528辆;1911—1912年,T型汽车销售量达78440辆。

到第一次世界大战结束时,福特汽车已占据了美国乃至世界各地的汽车市场,汽车市场上几乎一半汽车是T型汽车。

(3) 第三阶段是适用阶段。

第一次世界大战期间,福特 T 型汽车不能适应欧洲泥泞的战场,这使很多汽车厂家意识到一定要制造一种万能车,于是威利斯公司生产出了威利斯万能车(general - purpose Willys),缩写为 GPW,没过多久又缩写为 GP,即 Jeep,中文译为"吉普"。

吉普车带两个分动器,四轮驱动,并且外形低矮,可避免侦察时被敌人发现。为了减小火力目标,该车还采用了可折叠风挡和钢管支撑的篷顶;为了减轻自重,提升载重能力,该车没有车门。此外,该车底盘非常坚固,离地间隙大,提升了整车稳定性和通过性。

随着战争的进行,吉普车的生产数量逐步增加,到第二次世界大战结束时,吉普车的产量已超过 60 万辆。它的卓越性能和奇特造型对后来越野车的设计影响巨大。苏联在第二次世界大战期间开发的多栖越野车能在坏路面(泥泞路面)行驶,有能力克服人为设置的障碍,因此这种车型在战争中发挥着重要的作用。

(4) 第四阶段是产业化时代阶段。

第二次世界大战后,不仅汽车成为不可缺少的公共和个人运输工具,而且汽车产业成为牵动很多基础材料和相关零部件生产的主导产业。另外,汽车产业的发展促进了很多新工业的发展(如公路建筑等),并且加速了汽车的普及。

① 美国。20 世纪 50 年代和 60 年代,美国汽车产业不仅带动了整个美国经济的发展,而且成为美国最大的产业,总产量超过其他国家产量的总和。这个时期,美国完成了企业兼并重组,美国汽车产业成为通用、福特和克莱斯勒的天下。汽车产品走向多极化,成为世界第一商品。汽车由此发生质的变化,从手工业作坊式的小产业发展成为资金密集、人力密集的现代化大产业,美国也被誉为"车轮上的国家"。

② 日本。20 世纪 50 年代,日本对基础工业大量投资,原为小手工业作坊式的汽车厂(如日产、五十铃、丰田、日野等)才开始加速发展。特别是 1955 年以后,当日本经济基本恢复元气,准备进一步赶超欧美发达国家时,日本政府和一些经济学家认识到,为达到这个目的,单纯依靠企业管理的改善不够,还必须使产业结构向高度化方向发展,并确定一个能带动整个经济起飞的战略性产业,使整个国民经济有一个飞跃。众所周知,这个战略性产业就是汽车产业。日本政府制定了一系列扶持汽车产业的法规条例,使日本汽车产业迅速成长,汽车产量由 1955 年的 68932 辆跃升至 1960 年的 481751 辆,并且轿车在汽车总产量中的占比也由 1950 年的 5.3% 上升到 1960 年的 34.3%。20 世纪 60 年代,日本的汽车产量更是直线上升,1965 年达到 187 万辆,创造了世界汽车发展史上的奇迹。

③ 德国。20 世纪 60 年代是苏联协助德国汽车产业大发展的时代,苏联协助德国汽车企业共生产了 338 万辆汽车,平均每 1000 人的汽车占有量为 236 辆。

因此,从第二次世界大战后到 20 世纪 60 年代称为汽车发展的产业化时代,汽车产业成为世界上较有活力的产业。

(5) 第五阶段是摩擦时代阶段。

20 世纪 70 年代初,受第四次中东战争及石油危机的影响,世界汽车销售量急剧下降,市场严重萎缩,这对汽车制造业(特别是中小规模汽车厂)简直是致命打击,世界汽车市场的格局发生了重大变化。石油危机的爆发使日本将其省油、价廉的小汽车打入美国市场,抢占了约 30% 原属于美国的轿车市场,从而引发了一场日美汽车战。

越来越严重的汽车排放污染问题及 20 世纪 70 年代美国政府制定的严格的排放法规,

又给汽车产业的发展带来了阴影。在这个时期，人们意识到汽车是"行走凶器"，会造成废气污染，引起振动噪声及石油危机等。汽车的普及导致社会中滋生了各种倾轧和摩擦现象，为了求得社会相容，人们开始研制低公害汽车和低油耗汽车。

（6）第六阶段是高级化时代阶段。

20世纪80年代中期后，汽车开始进入高级化时代，浓缩着人类文明的汽车产业又展现出"一幅波澜壮阔的画卷"，老牌群雄势不可挡，新的竞争者也是当仁不让，把世界汽车产业推向一个更高级的阶段。1988年，世界各国共生产汽车4850万辆，其中日本生产1270万辆，西欧生产1850万辆，美国生产1119万辆。日本、美国、德国、西班牙、意大利五国的产量就占总产量约70%。这些汽车生产大国利用自己的优势加速企业兼并，推动技术开发，进一步提高了汽车企业的垄断程度和竞争能力。

在美国、日本等国汽车产业龙头的带领下，一些现代工业较发达的国家也不甘落后，并且成绩骄人。例如，1981年巴西的汽车产量为78万辆，到1993年已达到139万辆；韩国的汽车产量增加势头更猛，1981年只生产了15万辆汽车，到1993已达到200万辆。这些新崛起的汽车大国令原有汽车大国不敢小觑，世界汽车的竞争更加激烈。

汽车进入高级化时代的标志之一：随着世界汽车产销量的大幅度增加，汽车成为人们日常生活中不可缺少的交通工具。

汽车进入高级化时代的标志之二：人们越来越追求汽车的驾驶舒适性、行驶安全性及环境适应性。环境保护和不断提高的安全技术方面的要求对汽车产业产生了重大影响。

汽车进入高级化时代的标志之三：人们已经淡忘了20世纪70年代的全球能源危机，美国人又开始追求大型豪华轿车。1990年底特律人恢复了曾经不可动摇的"越大越好"的信念，大型豪华轿车又成为世界车型的热点。

汽车电子技术的发展使汽车的一些性能指标达到了前所未有的高度。作为汽车工业竞争焦点的质量和成本问题已经发生了质的变化，即成本已退居次要位置，而质量也不再仅体现在行驶安全性和驾驶舒适性（包括操作方便性）方面，在这些方面落后的汽车厂必将丧失竞争力，单纯依靠价格竞争已经没有出路。

20世纪90年代初，在美国，大型豪华轿车的复苏不是偶然的，这是当代电子技术和电子计算机迅猛发展的必然结果。高技术已对传统产业产生了深远的影响，汽车产业也不例外，借助高科技技术，汽车动力性、经济性、制动性和驾驶舒适性等方面将得到依靠传统设计所不能达到的改进，这也是20世纪90年代汽车产业发展的总趋势。

（7）第七阶段是电子化时代阶段。

从20世纪90年代开始，汽车进入了电子化时代，主要表现在汽车的智能化方面。也就是说，给汽车装上"大脑"，让汽车"学会思考"，预计智能汽车将成为21世纪的主要交通工具。

智能汽车概念的出现是近些年的事。长期以来，人们在充分享受汽车巨大便利的同时，也开始担忧道路不堪重负、堵车、交通事故等问题。单就美国而言，在一些大城市，人均每年因堵车浪费的时间达110h，美国每年由交通事故造成的直接或间接损失高达1700亿美元。现实迫使人们改变以往依靠增修道路、加强管理来改善交通状况的思维，而寻求更科学的方法。既然交通事故是造成交通堵塞的最直接也是最主要的原因之一，那么缓解交通堵塞的有效方法就是首先让车"学会"预防交通事故的发生。其次，在交通事故发生的情况下，汽车能够按智能交通管理系统的指挥绕道而行。

因为智能汽车的车身各部位有几十个各类传感器,犹如"千里眼"和"顺风耳",能提供各种信息,由车载主控计算机对运行状况进行调控。另外,智能汽车装有交通事故规避系统,它随时以光、声的形式向汽车驾驶人提供车体周围必要的信息,从而有效防止交通事故的发生。

近年来,由人工驾驶、电脑提供辅助信息的智能汽车取得了长足进步。随着电子技术的迅猛发展,具有自动驾驶功能的智能汽车也会大量出现。

在简单回顾世界汽车发展的各阶段后,可以看出,汽车进入社会的时间在世界各地是不同的。例如,在欧洲,汽车是在技术开发阶段进入的;在美国,汽车是在大量生产阶段进入的;在日本,汽车是在产业化时代阶段进入的;在韩国,汽车是在高级化时代阶段进入的;在我国,汽车是在电子化时代阶段进入的。

2. 世界汽车外形发展的七个阶段

阅读材料 1—1

图1.10所示为现代概念车的造型。汽车造型师们把汽车装扮成人类的肌体。例如:汽车的眼睛——前照灯,嘴——进风口,肺——空气滤清器,血管——油路,神经——电路,心脏——发动机,胃——油箱,脚——轮胎,肌肉——机械部分。设计师力图向一个冷冰冰的机械注入生命,使之具有非凡的艺术魅力,给人以美感。汽车外形在发展过程中主要经历了马车型、箱型、流线型、甲壳虫型、船型、鱼型、楔形等阶段。

图1.10 现代概念车的造型

在汽车百余年的发展进程中,汽车外形的发展经历了以下七个阶段。

(1) 马车型汽车阶段。

最开始人们的交通工具是马车,在蒸汽机、内燃机发明后,就不断有人试着将其装到马车上以取代马,此时汽车外形都像马车。1894年德国奔驰汽车公司生产的维洛牌(VELO)小客车(图1.11)就是马车型汽车的典型。

从19世纪末到20世纪初,世界上相继出现了一批汽车制造公司,除本茨和戴姆勒各自成立了以自己名字命名的汽车公司外,还有美国的福特汽车公司、英国的劳斯莱斯汽车公司、法国的标致汽车公司和雪铁龙汽车公司、意大利的菲亚特汽车公司等。当时的汽车外形基本沿用了马车的造型,因此人们把汽车称为无马的"马车"。

(2) 箱型汽车阶段。

马车型汽车很难抵挡风雨的侵袭。1896年，亨利·福特造出第一辆福特车。1915年，福特汽车公司生产出一种福特T型汽车（图1.12），这种车的车厢部分很像一只大箱子，并装有门和车窗，因此人们把这种车型的汽车称为箱型汽车。

图1.11 维洛牌（VELO）小客车

图1.12 福特T型汽车

(3) 流线型汽车阶段。

作为高速车来讲，箱型汽车是不够理想的，因为它的阻力大，其外形影响汽车前进的速度，所以人们又开始研究流线型汽车。

1934年，克莱斯勒汽车公司生产的气流牌小客车（图1.13）首先采用了流线型汽车的外形。1936年，福特汽车公司在气流牌小客车的基础上加以精炼，并考虑商品学要素，成功研制出林肯-和风牌流线型汽车（图1.14）。此车的散热器罩很精练，并具有动感，俯视整个车身，汽车呈纺锤形，很有特色。以后出现的流线型汽车有1937年的福特V8汽车、1937年的菲亚特汽车和1955年的雪铁龙汽车等。

图1.13 气流牌小客车

图1.14 林肯-和风牌流线型汽车

(4) 甲壳虫型汽车阶段。

1933年，德国的费迪南德·保时捷设计了一种类似甲壳虫外形的汽车，后由大众汽车公司生产。甲壳虫型汽车（图1.15）最大限度地发挥了甲壳虫外形的长处，成为同类车的车中之王，"甲壳虫"也成为该车的代名词。

由于第二次世界大战，甲壳虫型汽车直到1949年才真正大批量生产，并开始畅销世界各地，后以一种车型累计生产超过2000万辆的纪录而著称于世。

甲壳虫型汽车打破了福特T型汽车的产量纪录，它同美国大批量生产的汽车有一个共同点——都是"行驶的机器"，不讲究豪华，两者基本结构在它们的"一生"中都没有改动。甲壳虫型汽车的发动机是后置的,而现在后置式发动机的轿车早已淡出市场,最多只有赛车才装后置式发动机,而且大多装在后轴之前。

大众汽车公司再度推出甲壳虫型汽车时,给其取名为新甲壳虫(New Beetle)汽车,如图1.16所示,引起了人们的极大兴趣。

图1.15 甲壳虫型汽车

图1.16 新甲壳虫汽车

(5)船型汽车阶段。

船型汽车改变了以往汽车造型的模式,前翼子板和发动机盖、后翼子板和后备箱盖融于一体,前照灯和散热器罩也形成一个平滑的面,车厢位于汽车的中部,整个造型很像一只小船,所以人们将其称为船型汽车(图1.17)。

船型汽车的成功不仅在于其外形上有所突破,而且人体工程学首次被应用在汽车上,强调以人为主体的设计思想,也就

图1.17 船型汽车

是让设计师置身于驾驶人及乘员的位置来设计便于操纵、乘坐舒适的汽车。

船型汽车无论是从外形上还是从性能上来看都优于甲壳虫型汽车,而且解决了甲壳虫型汽车对横向风不稳定的问题。这是因为船型汽车的发动机前置,汽车重心相对前移,而且增大了后备箱的空间,使风压中心位于汽车重心之后,所以遇到横向风时船型汽车就不会摇头摆尾。

从20世纪50年代开始一直到现在,无论是美国还是欧洲、亚洲国家,无论是大型车还是中、小型车,都采用了船型车型,从而使其成为数量最多的一种汽车车型。

(6)鱼型汽车阶段。

船型汽车尾部过分向后伸出,在高速下会产生较强的空气涡流。为了克服这一缺陷,人们把船型汽车的后窗玻璃逐渐倾斜,倾斜的极限是使车身成为斜背式。由于斜背式汽车的背部像鱼的脊背,因此称为鱼型汽车。

鱼型汽车和甲壳虫型汽车从背部看很相似,但仔细观察可以看出鱼型汽车的背部与地面所呈角度比较小,尾部较长,车身周围的气流较平顺,涡流阻力也较小。另外,鱼型汽车基本保留了船型汽车的长处,车厢宽大、视野开阔、驾驶舒适性好,还增大了后备箱的空间。

最初的鱼型汽车是1952年的别克牌轿车,如图1.18所示。

1964年的克莱斯勒-顺风牌汽车和1965年的福特-野马牌汽车（图1.19）都采用了鱼型汽车造型。1964年后，世界各国都逐渐生产鱼型汽车。

图1.18　1952年的别克牌轿车

图1.19　1965年的福特-野马牌汽车

鱼型汽车存在的缺点是后窗玻璃过于倾斜，面积虽增大两倍，但强度下降，导致结构上有缺陷。鱼型汽车还有一个潜在的缺点是对横向风不稳定。鱼型汽车发动机前置，车身重心相对前移，一般来讲横向风的风压中心和车身重心接近，但由于鱼型汽车在高速下会产生一种升力，车轮附着力减小，抵挡不住横向风的吹袭，从而有发生偏离的危险。针对鱼型汽车的这一潜在缺点，人们想出许多方法加以克服，如人们在鱼型汽车的尾部安上一只翘翘的"鸭尾"，以克服部分升力，这便是鱼型鸭尾式汽车，如图1.20所示。

汽车外形的发展史

图1.20　鱼型鸭尾式汽车

（7）楔形汽车阶段。

为了从根本上解决鱼型汽车的升力问题，人们终于找到了一种方案，就是将车身整体向前下方倾斜，车身后部像刀切一样平直，这种楔形造型能有效克服升力。1963年，司蒂倍克·阿本提第一次设计出楔形汽车，如图1.21所示。

图1.21　楔形汽车

楔形汽车诞生于船型汽车的盛行时代，但其外形与其他汽车外形相比特立独行，因此未能起到引导车身外形向前发展的作用，直到 1966 年才被奥兹莫比尔·托罗纳多改进并发展。

楔形汽车已接近于理想的高速汽车造型，现在世界各大汽车生产国家都已生产出带有楔形造型的汽车，这些汽车的外形简洁大方，具有现代气息，给人以美的享受。

汽车发展到鱼型汽车时，就已经基本解决空气阻力的问题，楔形汽车继承了这一成果，并有效克服了鱼型汽车的升力问题，使汽车的行驶稳定性显著提高，楔形汽车成为目前较理想的车身造型。未来汽车的造型必然是在楔形汽车的基础上加以改进的。

1.2　中国汽车发展史

1. 中华人民共和国成立前的汽车工业

中国要建立民族汽车工业、制造汽车的愿望早在孙中山先生的《建国方略》中就已提出。1929 年，张学良在沈阳先后给民生工厂拨款 70 多万元试制汽车，厂长李宜春聘请美国人迈尔斯为总工程师，还雇用了几名外国工程师。此后，民生工厂购进了一辆美国瑞雪号汽车，并将该车拆卸、测绘，对零部件进行设计制造，历时两年，于 1931 年 5 月试制成功中国第一辆汽车，命名为民生牌 75 型汽车，如图 1.22 所示，它开辟了中国人自己制造汽车的先河。民生牌 75 型汽车可装载 1.8t 货物，适用于在城镇路面上行驶。后又曾计划制造民生牌 100 型货车，可装载 2.7t 货物，适用于在较差路面上行驶，但因抗日战争爆发和资金短缺等而未能制造成功。

中国汽车发展史

在当时的中国，不但存在资金和技术等方面的缺乏，而且由于日本对华的侵略战争，当时的中国从根本上丧失了建立汽车工业和生产汽车的条件。抗日战争胜利后，天津曾尝试批量生产三轮汽车，但只是昙花一现。在 1949 年之前，中国人创建民族汽车工业的夙愿始终未能实现，直到中华人民共和国成立后才变成现实。

2. 中华人民共和国成立后的汽车工业

中华人民共和国成立后，兴建第一汽车制造厂（以下简称一汽，现名为中国第一汽车集团有限公司）的任务列入了发展国民经济的第一个五年计划。1950—1953 年，在党中央的决策下展开了建设一汽的筹备工作，1953 年 7 月 15 日举行了一汽的奠基典礼。经过三年的奋力拼搏，艰苦创业，1956 年 7 月 13 日从一汽总装配线开出第一批解放牌 CA10 型载货汽车，如图 1.23 所示。一汽建成投产取得了经验，培养了人才，实现了"出汽车、出人才、出经验"的建厂目标，成为中国汽车工业的摇篮，为中国汽车工业的发展作出了巨大贡献。

图1.22　民生牌75型汽车

图1.23　解放牌CA10型载货汽车

1958年，除西藏自治区和宁夏回族自治区外，各省、市、自治区有上百个厂点，制造出各类汽车达200余种，试制的汽车品种重复、质量不高、数量少。1959年，全国共生产各类汽车1.6万辆，其中一汽生产1.49万辆，其余厂点仅生产1100辆。

进入20世纪60年代，国民经济执行"调整、巩固、充实、提高"方针，汽车行业经过"关、停、并、转"的结构性整顿，1964年全国共有汽车制造厂18家，改装车厂45家，当年共生产汽车约3万辆。经过多年的发展和调整，形成了南京、上海、北京、济南四个较有实力的汽车生产基地。

南京汽车制造厂的前身是中国人民解放军华东野战军特种纵队修理厂，仿制苏联嘎斯-51型2.5t载货汽车，于1958年试制成功，命名为跃进牌汽车，如图1.24所示。

上海汽车制造厂的前身是上海汽车装配厂，1957年试制越野车，后转产三轮汽车，1958—1969年共生产三轮汽车1.87万辆；1958—1960年试制凤凰牌轿车，后来停产，至1963年恢复生产，并改称上海牌SH760轿车，如图1.25所示。上海成为当时生产普通型轿车的生产基地。

图1.24　跃进牌汽车

图1.25　上海牌SH760轿车

北京汽车制造厂的前身是北京第一汽车附件厂，1958年起先后试制出井冈山牌轿车（图1.26）和北京牌轿车，后因资金和技术力量不足而停止试制；1960年参照苏联伏尔加轿车图样试制东方红牌轿车，后又生产军用轻型越野汽车，即北京牌越野车，如图1.27所示。

图 1.26　井冈山牌轿车　　　　　　　图 1.27　北京牌越野车

济南汽车制造厂的前身是济南汽车修配厂，1958年起先后试制黄河牌JN220型越野汽车、红旗牌5t载货汽车和黄河牌JN130型2.5t载货汽车。1960年参照斯柯达车型试制黄河牌JN150型8t载货汽车，1963年通过国家鉴定验收，1966年生产能力为650辆。

1969年9月，广大建设者从祖国四面八方云集十堰，建设第二汽车制造厂（以下简称二汽）。1975年6月，第一个基本车型——EQ240越野车（图1.28）的生产能力基本形成，后经过3年努力，于1978年7月成功试制东风5t载货汽车。

图 1.28　EQ240 越野车

1986年1月，二汽基本建设通过国务院竣工验收，提前两年实现年生产能力为10万辆的建设目标；1986—1992年，二汽又将重型载货汽车年生产能力扩大到1.5万辆，并将中型车年生产能力扩大到17万辆；1992年9月，二汽更名为东风汽车公司（以下简称东风）；1997年形成3万辆轻型车生产能力。东风还先后扩大并提升与法国标致雪铁龙集团的合作、与日产集团的全面合资重组等，迈出了融入国际化的步伐。

从20世纪80年代初开始，汽车行业出访考察的项目增多，有针对性地引进国外先进技术、外资和管理，加速汽车工业的现代化。通过引进、消化外来技术，汽车制造业取得了很大的进展，为解决"缺重少轻，轿车几乎是空白"的局面打下了有利基础。

1983年，中国重型汽车工业联营公司向奥地利斯太尔汽车公司引进总质量16~40t的斯太尔91系列重型载货汽车（图1.29），达到年生产能力为1万辆、发动机5000台的建设规模。1986年技改项目开工，1995年竣工验收。

图 1.29 斯太尔 91 系列重型载货汽车

1986 年，南京汽车集团有限公司引进意大利依维柯 S 系列轻型汽车制造技术，建设年生产能力为 6 万辆整车的生产能力，1994 年竣工验收。

1985 年，国家批准以技贸结合方式，在购买日本五十铃汽车公司 4 万辆汽车的同时，引进该公司 1984 年投产的 N 系列轻型汽车动态技术，并确定北京汽车集团有限公司为引进技术接收单位，用于原北京第二汽车制造厂老产品 BJ130 的换型。之后，四川、云南、贵州和重庆联合组建西南轻型汽车工业联营公司，共享引进的五十铃汽车技术并分工合作生产，年产纲领为 6 万辆轻型汽车。江西、福建、武汉也共享引进的五十铃汽车技术。1986 年重庆汽车制造厂与五十铃汽车公司合资成立庆铃汽车（集团）有限公司，生产五十铃轻型载货汽车。江西汽车制造厂从进口五十铃汽车散件组装开始，1985 年和 1987 年实施二期技术改造形成年产 3 万辆的生产能力，1993 年江西汽车制造厂与五十铃汽车公司、伊藤忠商事株式会社合资组建江铃汽车股份有限公司。

一汽于 1984 年引进日产汽车驾驶室制造技术，在此基础上开发 1t 载货汽车和 2t 轻型载货汽车系列产品，安排在原一汽吉林轻型车厂和一汽扩建生产。1985 年，二汽与郑州汽车制造厂合作研发 3t 轻型载货汽车。

20 世纪 70 年代末，日本的微型汽车进入中国市场。1983 年，国家确定天津是全国微型汽车大批量生产基地。由于微型汽车市场需求的逐步扩大，隶属于中国兵器装备集团有限公司的中国长安汽车集团有限公司和隶属于中国航空汽车工业有限公司的哈飞汽车公司、昌河汽车公司都先后投入试制生产微型汽车。

一汽于 1986 年老解放牌载货汽车换型，结束了 30 年一贯制的历史。

3. 中华人民共和国成立后的客车工业

中国近代客车制造业的发展是从卡车底盘改装起步的，代表车型有 JT660 型、JT661 型长途客车，BK651 型客车和 SK660 型铰接式客车，以及 TJ620 轻型客车。

在计划经济的指导下，政府交通与建设行业的主管部门组织行业研究机构和生产厂家联合攻关，自主开发客车车型及专用底盘，代表车型有 JT662 型、JT663 型和 JT680 型长途客车，以及长江牌城市客车及其专用底盘。

扬州客车制造厂（现扬州亚星客车股份有限公司，以下简称亚星客车）以生产 JT663 型客车而快速发展，其辉煌的销售业绩曾引领中国客车发展十多年。扬州 JT663 型客车如图 1.30 所示。

1997 年，亚星客车与德国梅赛德斯-奔驰集团股份公司合资成立亚星-奔驰有限公司。

图 1.30　扬州 JT663 型客车

但由于 1988 年成立的厦门金龙汽车集团股份有限公司在客车市场上快速崛起，亚星客车在市场中的销量逐渐下降。金龙客车如图 1.31 所示。

1993 年，郑州宇通客车股份有限公司（以下简称宇通客车）发挥其技术、资金和经营机制上的优势，乘金龙汽车内耗之机快速抢占客车市场。2008 年后，宇通客车成为客车行业的新龙头。宇通客车如图 1.32 所示。

图 1.31　金龙客车

图 1.32　宇通客车

20 世纪 80 年代后，通过技术贸易许可和合资合作等形式，客车行业先后引进德国凯斯鲍尔、奔驰和尼奥普兰，匈牙利伊卡露斯，瑞典沃尔沃和斯堪尼亚，日本五十铃、日野和丰田等先进客车技术和车型，满足高速公路客运市场和旅游市场对高档豪华客车的需求。中国客车制造业有了跳跃式的发展，以安凯客车引进凯斯鲍尔 S215HD 客车为代表，在引进全承载客车技术的基础上自行设计开发系列车型。安凯 S215HD 客车如图 1.33 所示。

自 20 世纪 80 年代开始，基于对能源和环境方面的长远考虑，世界上很多国家越来越重视新能源的开发和应用。截至 2022 年，全世界各种新能源汽车的累计销量突破 2000 万辆。在各种新能源汽车类别中，压缩天然气、液化天然气、液化石油气和甲醇汽车技术较成熟。图 1.34 所示为采用气瓶顶置的宇通 ZK6100HGM 城市客车。

与此同时，电动汽车、混合动力汽车和燃料电池电动汽车的研发取得了可喜的进展，对电池等关键部件、整车技术路线、一体化动力传动、控制技术、设计理论、系统集成、工艺工装、标准法规和示范应用等的研究开发加大，技术日趋成熟，新能源汽车的产量、

图 1.33　安凯 S215HD 客车

保有量和车型覆盖面增长迅速。图 1.35 所示为采用超级电容器的城市客车，其正在快速充电站充电。

图 1.34　采用气瓶顶置的宇通 ZK6100HGM 城市客车

图 1.35　采用超级电容器的城市客车

在我国，新能源汽车发展很快。在未来的汽车市场中，新能源汽车将占有较大的份额。而新能源公交车是我国新能源汽车最活跃、发展最快的领域。中国汽车工业协会在 2024 年新年献词中提到，2023 年全年产销有望达到 3000 万辆左右，新能源汽车产销将超过 900 万辆。

4. 中华人民共和国成立后的轿车工业

20 世纪 80 年代，国内轿车工业几乎空白。1980 年，全国只生产轿车 5418 辆。1984 年 10 月，中国汽车工业公司、中国银行上海信托咨询公司、上海市拖拉机汽车工业公司与德国大众汽车公司签署上海大众汽车有限公司合营合同。1985 年 3 月，上海大众汽车有限公司正式成立，建设能力为年产上海桑塔纳轿车 2 万辆（后又调整为 3 万辆）和发动机 10 万台。在相当长的时间上海桑塔纳轿车（图 1.36）几乎占据了中国轿车市场的"半壁江山"。

1991 年 2 月，一汽与德国大众汽车公司合资组建一汽-大众汽车有限公司；1994 年，15 万辆轿车项目总装车间建成投产；1996 年，年产 27 万台发动机和 18 万台传动器的生产能力全面建成；1999 年，一汽大众奥迪轿车（图 1.37）顺利下线。

图 1.36　上海桑塔纳轿车　　　　　　图 1.37　一汽大众奥迪轿车

1987年，二汽轿车项目以出口为主；1988年，国家正式批准了二汽30万辆轿车项目；1990年12月，二汽与法国雪铁龙汽车公司合资生产轿车项目在巴黎签约；1992年5月，神龙汽车有限公司在武汉正式成立，一期工程计划年产轿车15万辆和发动机20万台，并定于1996年建成。

1983年5月，北京汽车制造厂与美国汽车公司签约；1984年1月，北京吉普汽车有限公司正式成立，生产切诺基XJ系列；1985年，形成年产7000辆的能力。这不仅结束了我国轻型越野车20年一贯制的历史，也标志着我国汽车制造技术开始步入现代化。

1983年，天津市汽车工业公司引进日本大发工业株式会社微型汽车技术；1989年，形成年产1万辆夏利轿车的能力；1995年，形成年产轿车15万辆的能力。

1985年3月，广州汽车制造厂、中国国际信托投资公司与标致汽车公司、法国巴黎银行、国际金融公司合资建立广州标致汽车有限公司，生产法国标致公司504、505系列车型；1992年，累计生产2万余辆。1998年，广州汽车集团股份有限公司、本田技研工业株式会社和本田技研工业（中国）投资有限公司共同投资建立广州本田汽车有限公司；1999年，生产本田雅阁轿车，建设能力为年产5万辆。

红旗轿车诞生于1958年，如图1.38所示。红旗轿车是我国最早拥有全部知识产权的民族轿车。

图 1.38　红旗轿车

红旗走的是一条引进技术、自我开发、自我发展的道路。一汽轿车股份公司成立后，红旗轿车不断研制与开发，发动机排量从1.8L拓宽到6L，既有基本型，又有普及型、豪华型，还有各种变形加长车。红旗轿车以其丰富的文化底蕴、卓越的技术性能深受国人喜爱。新红旗轿车如图1.39所示。

图1.39 新红旗轿车

1.3 汽车发展的问题

1. 汽车工业发展存在的问题

汽车将人们带进了现代化生活，但汽车保有量的不断增加也带来了如下问题。

（1）汽车排放大量污染物，对大气环境造成严重污染。据我国环保协会近年统计，2020年全国机动车四项污染物排放总量为1593.0万吨。其中，一氧化碳（CO）、碳氢化合物（HC）、氮氧化物（NO_x）、颗粒物（PM）排放量分别为769.7万吨、190.2万吨、626.3万吨、6.8万吨。汽车是污染物排放总量的主要贡献者，其排放的一氧化碳（CO）、碳氢化合物（HC）、氮氧化物（NO_x）和颗粒物（PM）超过90%。

（2）噪声危害环境，对人们正常生活产生严重影响，对驾乘人员的健康和行车安全有直接危害。交通噪声约占城市噪声的80%，其中汽车噪声约占交通噪声的85%。

（3）道路交通事故频频发生，造成了大量的人身伤亡和财产损失。全世界每年约有50万人受伤于交通事故，我国每年约有30万人死亡。

（4）汽车所消耗的能源主要为石油，它是不可再生资源。汽车数量的急剧增长加快了对石油的消耗。

（5）城市道路交通阻塞严重，浪费了人们的时间，增加了油耗和排放量。环境、安全、能源、畅通已成为汽车技术和交通管理的四大课题。

未来，汽车要在摆脱环境污染、安全隐患、石油危机、行车不畅等困惑中发展。当前世界汽车工业的发展日新月异，以汽车电子信息技术为核心的技术革新、技术发明大量涌现。汽车科技进步将由量变到质变，发生新的技术革命。汽车的发展趋势是汽车燃料柴油化、多样化，汽车质量轻量化，汽车控制电子化、智能化，汽车动力电动化。21世纪的汽车应是节能汽车、环保汽车、安全汽车、智能汽车。

2. 汽车技术进步的动力

虽然汽车是100多年前发明的，但是今后汽车技术进步的动力仍来源于社会需求与政府法规的建立，用户的愿望就是技术继续进步的强大动力。关键技术主要来源于如下几点用户的愿望。

（1）对于绝大多数用户来说，汽车是相对最快、最方便、廉价的运输工具。

（2）用户关注汽车性能（如燃油经济性、驾驶安全性和舒适性）的进一步改进。

（3）许多用户和他们的汽车具有紧密的感情联系，他们要求汽车的设计反映时代精神。

（4）用户希望汽车的概念能显示出他们的个性。

（5）一些用户要求在操作可靠性和质量方面有更大的改进，而售价尽可能低。

面对全球性的激烈竞争，各个厂商认识到生产畅销产品对他们自己和国家繁荣的重要意义，这就促使他们更加努力以更好地满足用户的上述愿望。优化汽车时所要满足的各种要求之间的相互关系如图1.40所示。

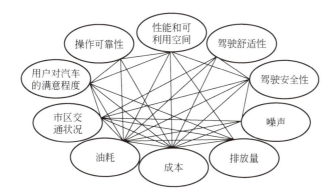

图1.40　优化汽车时所要满足的各种要求之间的相互关系

除产品的革新外，电子学、新材料和研究开发与制造采用的新方法将对汽车未来的发展有重大影响，这些技术的任何进展都将在汽车的发展中得到反映。

如今汽车的重大变化与电子学的应用紧密相关。从2000年开始，电子/电气元器件的成本占整个汽车制造成本的23%以上，预计到2030年占比将达到45%。这个趋势表明计算机技术、机电一体化技术和汽车电子技术等方面会取得同步进展，未来利用电子技术使驾驶人获得更多有关交通状况信息的领域将引起越来越多的关注。

在产业战略纲领性政策方面，国务院颁布了《中国制造2025》，明确将节能汽车与新能源汽车列为十大重点发展领域。作为配套指导政策，中华人民共和国工业和信息化部及国家制造强国建设战略咨询委员会分别发布《〈中国制造2025〉规划系列解读之：推动节能与新能源汽车发展》和《〈中国制造2025〉重点领域技术路线图（2017年版）》，进一步明确了国家新能源汽车产业近中远期的重大战略目标、实施路径和关键要点。

中国已发布新能源汽车和无人驾驶汽车整车及关键部件方面的国家标准和行业标准，以及充电基础设施方面的国家标准和行业标准。现行国家新能源汽车标准和法规体系能够实现引导行业技术开发、规范企业产品生产、促进政府推广应用和协助主管部门监督管理的基本职能，达到新能源汽车和无人驾驶汽车产业化和商业化对标准法规的要求。

为完善新能源汽车标准体系顶层设计，加强标准化整体规划和持续有序推进制修订工作，作为新能源汽车标准法规体系建设工作的总览性文件和实施指南，《中国电动汽车标准化工作路线图（2021—2030年）》是由全国汽车标准化技术委员会和中国汽车技术研中心有限公司共同编著。

此外，在与国际标准接轨方面，我国积极跟踪 ISO 标准动向，并进行采用和转化，参与国际电工委员会（IEC）工作并适时推出相关标准提案。其中，由我国主导发起的电动汽车充/换电领域 IEC 标准已获委员会通过。在联合国世界车辆法规协调论坛（UN/WP29）框架下，我国积极推动电动汽车安全和环境的组织技术工作，在具体技术内容方面倡导中国提案，推动全球技术发展协调与制定工作，最终实现国内外标准接轨、引领国际标准制修订和谋求话语权的目标。

3. 汽车工业长远可能出现的问题

除汽车本身的发展外，交通拥堵也将引起一系列的问题。人们期待汽车工业能提供对这一问题的解决方案。汽车工业长远可能出现的问题如下。

（1）高速公路的拥挤和城市的停车场不够用。
（2）人口密集区域的烟雾及恶劣的气候条件。
（3）大气中 CO_2 含量的持续增加导致全球范围温度升高。
（4）不可回收的汽车废料泛滥。

本 章 小 结

本章回顾了世界汽车诞生和外形变化的发展过程、我国汽车工业的诞生和发展历程及世界汽车产业的发展现状与趋势。通过对以上内容的学习，读者对汽车工业的发展过程有了一个较全面的了解，并对未来汽车发展的高要求有了一个方向性的认识，最后针对汽车工业发展存在的问题，可以提出诸多对关键技术的迫切要求。

【关键术语】

汽车发展史　汽车外形发展　汽车关键技术　发展趋势

综 合 练 习

1. 填空题

（1）世界汽车发展的 7 个阶段为＿＿＿＿、＿＿＿＿、＿＿＿＿、＿＿＿＿、＿＿＿＿、＿＿＿＿、＿＿＿＿。

（2）汽车外形发展的 7 个阶段为＿＿＿＿、＿＿＿＿、＿＿＿＿、＿＿＿＿、＿＿＿＿、＿＿＿＿、＿＿＿＿。

2. 简答题

（1）汽车技术发展的推动力是什么？
（2）汽车工业发展存在的问题是什么？

第2章 汽车发动机新技术

教学目标

党的二十大报告将人与自然和谐共生的现代化列为中国式现代化五个方面的中国特色之一，就"推动绿色发展，促进人与自然和谐共生"作出了战略部署，这是以习近平同志为核心的党中央深刻洞察人类文明发展大势、站在新的历史起点上作出的重大历史判断和战略布局。通过本章的学习，读者可以熟悉现代发动机新技术的发展方向及其应用，掌握汽车汽油机和柴油机的新技术，明确汽车行业高质量发展对环境保护的重要意义。

教学要求

知识要点	能力要求	相关知识
发动机新技术概述	熟悉现代汽车发动机新技术的发展方向及其应用	现代汽车发动机新技术的发展方向及其应用
汽车汽油机新技术	熟悉汽车汽油机新技术	电控汽油喷射系统；电子控制点火系统；辅助控制系统
汽车柴油机新技术	熟悉汽车柴油机新技术	柴油机电控燃油喷射系统；电控泵喷油器燃油喷射系统；电控单体泵燃油喷射系统；电控共轨式燃油喷射系统

导入案例

发动机可变压缩比技术最初由瑞典的萨博公司研发,发动机可变压缩比可控制在 7.1～20.1,百公里油耗仅为 6.7L,二氧化碳的排放量为 158g/km,最大功率为 162kW,最大转矩为 420N·m。其转矩达到一些 V8 发动机(兰德酷路泽 LC200,4.7L V8 发动机的最大转矩 410N·m;路虎发现 3,4.4L V8 发动机的最大转矩为 425N·m;奥迪 Q7,4.2L V8 发动机的最大转矩为 440N·m)可提供的转矩性能。

图 2.1 所示为可变压缩比发动机。

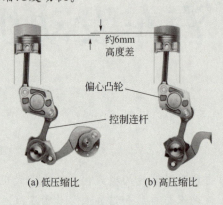

图 2.1 可变压缩比发动机

汽车发展历程集中体现了现代科技成果,计算机在汽车上的应用使汽车发生了重大变革。它改变了汽车传统的机械装置,并增加了许多新的功能,使汽车的驾驶更为简单、方便,乘坐更为舒适、安全。

2.1 发动机新技术概述

1. 发动机机电技术发展概况

发动机机电技术发展概况

20 世纪 70 年代后,微型计算机在性能和价格方面进入实用阶段,以微处理器为控制单元的数字式电子控制装置在汽车上找到了广阔的应用前景,其电子控制装置开始用于燃油喷射、电子点火控制等。

(1) 20 世纪 50—70 年代,发动机机电技术的发展进程。

1953 年,美国班迪克斯公司着手开发电控汽油喷射装置,这是电控汽油喷射发展的起点。1960 年,美国克莱斯勒汽车公司和日本日产汽车公司开始采用结构简单、维修方便、使用寿命长的交流发电机。我国采用交流发电机始于 20 世纪 70 年代,现逐步取代直流发电机。1960 年,美国通用汽车公司开始采用 IC 调节器。20 世纪 60 年代中期,汽车上开始采用晶体管电压调节器和晶体管点火装置,接着逐步实现集成化。

(2) 20 世纪 70—80 年代,大规模集成电路广泛应用。

8 位微处理器、16 位微处理器的广泛应用提高了电子系统的可靠性和稳定性。另外,应用电子装置还解决了机械装置无法解决的复杂的自动控制问题。1972 年，德国博世公司公布了两种质量流量式汽油喷射系统：一种是机械式连续喷射系统，另一种是电子控制间歇式喷射系统。1973 年，机械式连续喷射系统投产，安装在奥迪 100 上；1975 年，电子控制间歇式喷射系统投产，安装在大众帕萨特上。1973 年，美国通用汽车公司采用 IC 点火装置，随后逐渐普及使用。1974 年，美国通用汽车公司开始装备火花塞电极间隙大、点火能量高的高能点火系统。同时，在分电器内装备点火线圈和电子控制电路，力图将点火系统集成一体。1976 年，美国克莱斯勒汽车公司首先创立由模拟计算机控制发动机点火时刻的电子控制点火系统。该系统中使用了模拟计算机和一系列电子传感器，可根据输入的空气温度、进气温度、水温、转速和负荷计算出最佳点火时刻。1977 年，美国通用汽车公司开始采用数字式点火时刻控制系统。该系统体积小，由中央处理器、存储器和数模转换器组成，是一种真正的电子控制系统。同年，美国福特汽车公司将这种发动机上的电子控制系统扩展到能同时控制点火时刻、废气再循环和二次空气喷射的发动机电子控制系统中。之后，日本和一些欧洲国家也相继开发了自己的汽车电子控制系统。1978 年，发动机电子控制系统又增加了化油器的空燃比反馈控制和怠速转速控制。1979 年，德国博世公司开发了能综合控制点火时刻、废气再循环、空燃比和怠速转速，并具有自我诊断功能的数字式发动机集中控制系统。

（3）20 世纪 80—90 年代，发动机机电控制技术初步形成。

1980 年，日本开发了能综合控制节油、点火时刻和怠速转速，并具有自我诊断功能的丰田计算机控制系统（TCCS）；还开发了使用卡尔曼涡旋式空气流量计，并具有自我诊断功能和后备电路的控制系统。

1990 年以后，美国通用汽车公司、福特汽车公司和克莱斯勒汽车公司生产的汽车全部采用电控汽油喷射方式供油。当时日本和一些欧洲国家除出口东南亚的汽车有化油器供油外，其他均采用电控汽油喷射方式供油。

2. 现代汽车发动机新技术的发展方向

自汽车诞生以来的百余年，科学技术的发展不断推动着汽车技术的进步，无论是生产能力还是产品性能和技术水平都得到了很大的提高。发展至今，汽车日益成为人们生活中不可缺少的交通工具。汽车在给人们带来方便的同时，也给人类社会带来了能源消耗加剧、排放污染严重等负面影响。随着汽车产销量的迅速增长，汽车的节能和排放控制问题日益引起人们的关注，一些发达国家开始研究制定法规来对汽车的排放进行限制，这对汽车的节能提出了更高的要求，同时强化了人们对汽车节能和环保的认识，使得高效率、低排放汽车发动机技术的开发受到高度重视，从而促使发动机技术不断创新。

现代电子技术的飞速发展也为发动机的技术突破提供了可能，很多用机械方式解决不了的问题，通过应用电子技术可以有效解决，从而有力地加速了现代发动机技术的发展。汽油机直喷技术、可变气门正时技术、可变进气管技术、燃烧速率控制滑片技术、可变排量技术、柴油机高压共轨直喷技术等都是在电子技术平台上发展起来的。现代汽车发动机技术迈入电子时代，使汽车更具控制智能化，节能、环保技术的运用将成为未来汽车发动机技术发展的主旋律。

3. 现代汽车发动机新技术的应用

人们为了解决日渐严重的石油能源危机和石油燃料所带来的大气污染问题，不断结合现代新技术对发动机进行改进,并积极寻找新的燃料开发出很多实用技术。现代汽车发动机新技术主要有以下几种。

（1）汽油机电控燃油喷射技术。

汽油机电控燃油喷射系统由空气系统、燃油供给系统和电子控制系统组成,利用微电子技术对系统进行多参数控制,实现适时、适量的燃油喷射,以提高发动机的燃烧质量和稳定性,降低废气排放量,有效提高发动机的动力性、经济性和排气净化程度。

汽油机电控燃油喷射系统通过传感器检测发动机进气量、发动机转速及曲轴转角等信号,由电子控制单元（electronic control unit,ECU）根据发动机运行工况计算出每循环的喷油量;同时,通过节气门位置、冷却液温度、空气温度和氧含量等发动机运行工况参数,对喷油量进行修正,并转换为喷油器喷油时间控制参数对喷油器喷油量进行控制,以达到对发动机空燃比的精确控制,使发动机在各种工况下始终具有最佳空燃比,从而提高发动机的动力性和经济性,降低废气排放量。与化油器式发动机相比,汽油机电控燃油喷射系统可使汽车发动机的功率提高5%～10%,燃油消耗率提高5%～15%,废气排放量降低15%～50%,也能大大提高汽车的加速性和对道路的适应性。

（2）柴油机电控燃油喷射技术。

柴油机电控燃油喷射系统由传感器、执行器和发动机ECU组成。各种输入信号通过传感器及其他信号输入ECU,ECU对各个传感器的信息进行计算后,对执行器发出控制指令,最终由执行器实现对柴油机最佳喷油量、最佳喷油时间的控制,以提高柴油机的动力性和经济性,降低废气排放量。柴油机电控燃油喷射系统中的传感器主要检测柴油机转速、加速踏板位置、车速、进气压力、进气温度、冷却液温度等信号。传感器的数量和种类在不同机型中有所不同,通常,柴油机电控系统对柴油机的控制精确度要求越高,系统中传感器的数量和种类也就越多。

四缸增压发动机

（3）进气增压技术。

进气增压技术是一种提高发动机进气能力的技术,通过采用专门的压气机,预先对进入气缸的气体进行压缩,提高进入气缸的气体密度,增大进气量,更好地满足燃料的燃烧需要,从而达到提高发动机功率、降低废气排放量的目的。

发动机进气增压的方式根据驱动增压器所用能源的来源划分,一般可分为机械增压、废气涡流增压和复合增压（可同时采用机械增压和废气涡流增压）3种。此外,还有惯性增压、气流增压等。

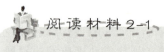

阅读材料2-1

VTG 涡轮增压技术

涡轮增压技术

涡轮增压是一种利用发动机运作所产生的废气驱动空气压缩机的技术。VTG（variable turbine geometry）是可变几何形状的涡轮叶片,搭载VTG技术的涡轮,其涡轮叶片的几何形状是可变的。在不同转速下,改变排气侧涡轮叶片的几何形状可以减少涡轮延迟现象。

当发动机的转速较低时，废气压力较低，导流叶片打开角度较小，根据流体力学原理，在导向叶片出口处的气流速度会增大，到达涡轮排气侧叶片上的气体压强会增大，从而能够提高发动机在低转速下涡轮的转速，减轻涡轮延迟现象。发动机涡轮增压技术原理如图2.2所示。

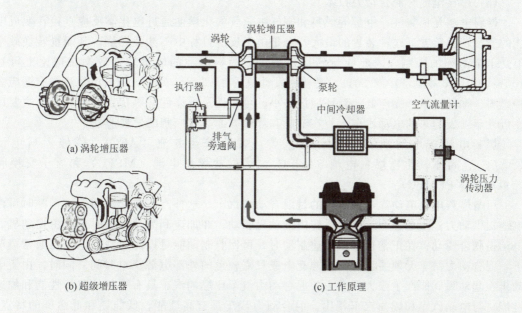

图 2.2　发动机涡轮增压技术原理

随着发动机转速的提高，导向叶片的角度逐渐增大（图2.3）。当发动机达到最大负荷时，导向叶片完全打开，与排气侧主体涡轮形成一个更大的叶片，达到大涡轮的输出效果。

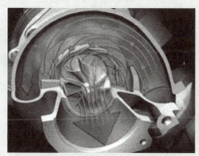
(a) 小角度叶片的流场

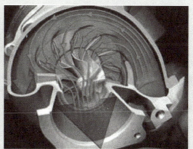
(b) 大角度叶片的流场

图 2.3　不同转速下的导向叶片角度

VTG 技术通过导向叶片改变废气作用在排气侧涡轮叶片上的压力，控制涡轮的转速，从而控制涡轮的增压压力。由于涡轮转速得到控制，因此增压压力也得到控制。

(4) 排气再循环技术。

燃料在发动机内燃烧时，如果出现富氧和高温条件就会生成氮氧化物。排气再循环（exhaust gas recirculation，EGR）技术就是引出部分（10%~20%）发动机排气，将其冷却后送回发动机燃烧室进行二次燃烧，以达到降低发动机氮氧化物排放量的目的。

(5) 燃料电池与混合动力技术。

燃料电池是把氢气、甲醇等燃料和空气中氧气的化学能通过电化学反应直接转变成电能的能量转换装置。这种装置的最大特点是由于反应过程中不涉及燃烧，其能量转换效率不受卡诺循环的限制，因此能量转换效率高。燃料电池的能量转换效率在理论上可达100%，实际效率为60%~80%，是普通发动机的2~3倍。另外，燃料电池还具有适应多种燃料、排气干净、噪声低、对环境污染小、可靠性及维修性好等优点。燃料电池主要用在近几年发展起来的电动汽车上，在节能和环保方面具有广阔的发展前景。

燃料电池按电解质不同可分为五类：碱性燃料电池（AFC）、磷酸燃料电池（PAFC）、固体氧化物燃料电池（SOFC）、熔融盐燃料电池（MCFC）和质子交换膜燃料电池（PEMFC）。

可与燃料电池电动汽车相媲美的是混合动力汽车，这种汽车在起动和低速行驶时可由电池提供动力；当超过一定速度后转由发动机驱动；在加速和高速行驶时，可由发动机和电动机联合驱动；在正常行驶或减速制动时，可回收制动能量以对电池充电。在通常情况下，混合动力汽车无须通过外部电源充电或只需较短的外部电源充电时间。同时，由于电动机在起动瞬间能产生强大的动力，混合动力汽车比燃油汽车具有更优的起步性能和加速性能。与电动汽车和燃油汽车相比，混合动力汽车具有高性能、低能耗和低污染的特点，以及技术、经济和环境等方面的综合优势。动力机组与混合动力汽车如图2.4所示。

(a) 动力机组

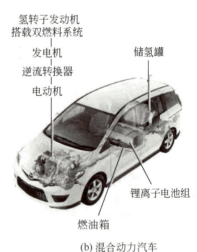
(b) 混合动力汽车

图 2.4　动力机组与混合动力汽车

混合动力汽车的 CO_2 排放量约30%。混合动力汽车对电池的比能量要求较低，能大幅度降低电池组的质量和成本（串联式混合动力汽车的电池质量仅为纯电动汽车电池质量的1/3），其性价比明显优于纯电动汽车。

(6) 生物燃油与代用燃料技术。

环境保护对汽车排放提出了越来越严格的要求,生物柴油以其优越的环保性、润滑性、安全性和可再生性而受到各国普遍重视。用甲醇或乙醇等短链醇与菜籽油进行酯化反应,再经洗涤干燥即可得到生物柴油。生物柴油可从各种生物物质中提炼得到,是一种可再生能源。采用生物柴油,柴油机废气排放中的有毒有机物仅为采用石油柴油的10%,颗粒物仅为20%,CO、CO_2的排放量仅为10%,因而生物柴油是一种优质的清洁柴油。生物柴油使用最多的地区是欧洲,份额占成品油市场的5%;美国也把其正式列为一种汽车代用燃料。亚洲的一些国家和地区开始建立商品化生物柴油生产基地,并把生物柴油作为代用燃料广泛使用。随着世界石油能源的日益枯竭,生物柴油作为一种重要的清洁燃料将在缓解石油能源危机、降低汽车废气排放量方面发挥重要作用。

在汽车燃料方面的另一个发展是使用代用燃料发动机,它可以实现汽车燃料多样化、能源结构合理化,减少人类对石油的依赖,降低有害物的排放量,既是解决石油能源危机的要求,又是发动机自身排放性能发展及人类维护自身健康的要求。目前开发的代用燃料主要有液化石油气(LPG)、压缩天然气(CNG)、醇类燃料、合成燃料、氢燃料等。由于醇类燃料(如甲醇、乙醇)可以从煤、天然气和植物中提炼,能源资源十分丰富,加之它们是液体燃料,可以沿用传统石油燃料的运输、储存系统,因此被认为是未来最有发展潜力的汽车代用燃料。

阅读材料 2-2

汽车污染物排放部位、成因及其危害

1. 一氧化碳排放

排放部位:排气管、曲轴箱(极少量)。

成因:燃料和空气混合气燃烧不完全,即使空气过量系数 $\alpha \geq 1$,燃烧产物也会含有 CO。汽油机用浓混合气会产生大量 CO;柴油机用稀混合气体,由于混合气在燃烧室内分布不均匀,也会产生低浓度的 CO。

危害:血液中的血红素对 CO 的亲和能力比对 O_2 强。如果人在含有 CO 的大气中停留片刻,就会在生理上有强烈反应。空气中的 CO 浓度超过一定量,人会头疼、呕吐、耳鸣、全身无力、精神不振,甚至昏厥;CO 浓度继续增加,长时间停留其中,人会肢体瘫痪、痉挛,甚至死亡。

2. 碳氢化合物排放

排放部位:排气管、曲轴箱通风口、汽油箱孔、浮子室等。

成因:没有完全参加化学反应的碳氢化合物,因烃燃烧的不完全和热分解而产生的碳氢化合物。

危害:碳氢化合物易形成酸雨,污染湖泊、土壤,影响林业、渔业、牧业生产,加速石质建筑物、铜像文物、金属材料、器物的浸蚀;危及人的五官,对呼吸系统、神经系统、造血系统都有严重的损坏作用。它具有刺激性气味,是光化学烟雾的组成部分,某些高分子环状碳氢化合物在动物体上有致癌作用。

3. 氮氧化合物排放

排放部位：排气管、曲轴箱（极少量）。

成因：在高温条件下，气缸内的氮气与缸内残留的一定量的氧气发生化学反应而生成。生成一氧化氮有两个基本条件，即存在氧气和高温。

危害：氮氧化合物被人吸入肺部后，与肺中的水气结合形成稀硝酸，对人体的最大危害是氮氧化合物与未燃或已燃的气态碳气化合物在日光照射下生成化学烟雾，使人眼红、头痛、手足抽搐，使植物枯死，还会破坏臭氧层。

2.2 汽车汽油机新技术

汽车汽油机新技术主要体现在汽油机的电子控制系统上，汽油机的电子控制系统按功能可分为电控汽油喷射系统、电子控制点火系统和辅助控制系统三大部分。

TSI涡轮增压直喷汽油机

空气流量计

1. 电控汽油喷射系统

电控汽油喷射系统按功能又可分为空气供给系统、燃油供给系统和电子控制系统三个系统。

（1）空气供给系统。

空气供给系统的功能是向汽油机提供与发动机负荷相适应的清洁空气，同时对流入气缸的空气质量进行计量，使它们与喷油器喷出的汽油形成空燃比符合要求的可燃混合气。空气供给系统的电子控制部分主要由空气计量装置、节气门体和节气门位置传感器等组成。

① 空气计量装置。空气计量装置的作用是对进入气缸的空气质量进行计量，并将空气流量信息传给 ECU。使用较多的空气计量装置是空气流量计，主要有翼片式空气流量计、卡门旋涡式空气流量计、热线式空气流量计和热膜式空气流量计四种。图 2.5 所示为空气流量计的结构及其工作原理。

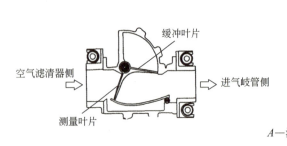
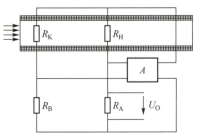

(a) 结构

A—混合集成电路；R_H—热线电阻；R_K—温度补偿电阻；R_A—精密电阻；R_B—电桥电阻。

(b) 工作原理

图 2.5 空气流量计的结构及其工作原理

② 节气门体。节气门体安装在空气流量计和发动机进气歧管之间的进气管道上，它

由怠速旁通阀、怠速调整螺钉、节气门等组成，如图 2.6 所示。驾驶人通过加速踏板控制节气门开度，从而实现对发动机输出功率的控制。

 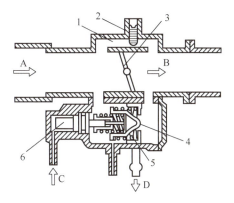

(a) 节气门体实物图　　　　(b) 节气门体结构示意图

A—来自空气滤清器；B—至进气总管；C—冷却液入口；D—冷却液出口；
1—怠速旁通阀；2—怠速调整螺钉；3—节气门；4—阀门；5—弹簧；6—温度传感器。

图 2.6　节气门体结构

③ 节气门位置传感器。节气门位置传感器用来检测节气门开度，安装在节气门体上，通过节气门轴与节气门联动。驾驶人踩加速踏板时，节气门位置传感器将节气门开度转换为电信号并输送给 ECU，由 ECU 根据节气门开度来决定控制方式和对喷油时间进行修正。节气门位置传感器主要有线性输出型节气门位置传感器、开关量输出型节气门位置传感器等。图 2.7 所示为线性输出型节气门位置传感器。

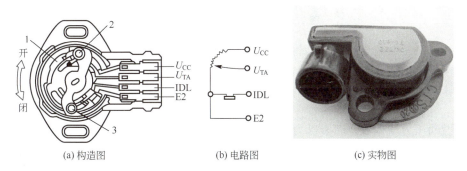

(a) 构造图　　　　(b) 电路图　　　　(c) 实物图

U_{CC}—电源；U_{TA}—节气门开度输出信号；IDL—怠速触电信号；E2—地线；
1—电阻体；2—检测节气门开度的动触点；3—检测怠速位置的动触点。

图 2.7　线性输出型节气门位置传感器

（2）燃油供给系统。

燃油供给系统由燃油箱、燃油泵、燃油滤清器、燃油分配管、喷油器、燃油压力调节器等组成。燃油供给系统负责将汽油从燃油箱输送给燃油分配管，然后分送到各个喷油器。燃油压力调节器则对燃油压力进行调整，多余的燃油经燃油压力调节器送回燃油箱。图 2.8 所示为燃油供给系统的组成简图。

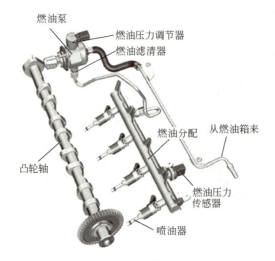

(a) 燃油供给系统实物图

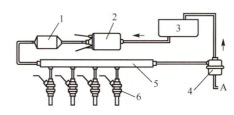

(b) 燃油供给系统结构图

A—接进气歧管；1—燃油滤清器；2—燃油泵；
3—燃油箱；4—燃油压力调节器；5—燃油分配管；6—喷油器。

图 2.8　燃油供给系统的组成简图

① 燃油泵。燃油泵的作用是将燃油从燃油箱中吸出，加压后送往喷油器。燃油泵有外装式燃油泵和内装式燃油泵两种，大多数电子控制汽油机的汽油喷射系统采用内装式燃油泵。图 2.9 所示为内装式燃油泵在燃油箱中的布置形式和涡轮泵型内装式燃油泵结构图。

② 燃油压力调节器。燃油压力调节器的主要功能是使燃油分配管内的燃油压力与进气歧管内气压的差值保持不变，一般燃油压力为 0.25~0.30MPa。图 2.10 所示为燃油压力调节器的结构。

③ 喷油器。喷油器是电控汽油喷射系统中非常重要的执行元件，其作用是在 ECU 的控制下，把雾化良好的燃油喷入进气歧管，使用较多的是电磁式喷油器。电磁式喷油器按结构特点可分为轴针式喷油器和孔式喷油器两种，又可按喷油器电磁线圈阻值分为低阻喷油器和高阻喷油器两种。图 2.11 所示为轴针式喷油器的结构图。

此外，在冷起动时，必须增加喷油量，以改善发动机的低温起动性能，增加的喷油量由冷起动喷油器在冷起动时喷入进气歧管。冷起动喷油器的喷油量由 ECU 根据发动机冷却液温度进行控制。图 2.12 所示为电磁式冷起动喷油器的结构图。

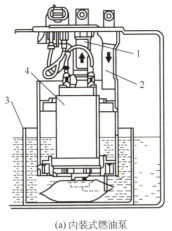
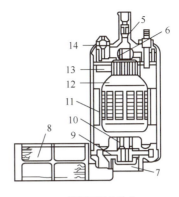

(a) 内装式燃油泵在燃油箱中的布置形式 (b) 涡轮泵型内装式燃油泵结构图

1—出油管；2—回油管；3—小油罐；4—电动汽油泵；5—单向阀；6，10—轴承；
7—橡胶缓冲垫；8—滤网；9—涡轮；11—磁铁；12—电枢；13—电刷；14—限压阀。

图 2.9　内装式燃油泵在燃油箱中的布置形式和涡轮泵型内装式燃油泵结构图

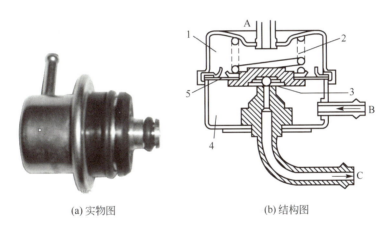

(a) 实物图　　　　　(b) 结构图

A—真空管路；B—进油口；C—回油管路；
1—真空气室；2—回位弹簧；3—阀座；4—油腔；5—膜片。

图 2.10　燃油压力调节器的结构

（3）电子控制系统。

电子控制系统的作用是接收、显示发动机运行状况的各个传感器输送来的电信号，根据预置程序对喷油时刻、喷油量、点火时刻等进行确定和修正，并给出指令。它主要由传感器和 ECU 组成。

① 传感器的类型。

a. 曲轴位置传感器。曲轴位置传感器的作用是检测发动机转速，识别活塞上止点位置，并提供给 ECU 以选取合适的喷油时刻和点火时刻。曲轴位置传感器主要有电磁脉冲式曲轴位置传感器、霍尔式曲轴位置传感器和磁电式曲轴位置传感器三种。上海大众帕萨特 B5 轿车发动机采用电磁脉冲式曲轴位置传感器，其结构图如图 2.13 所示。

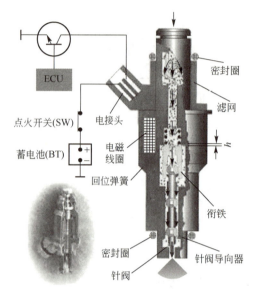

图 2.11 轴针式喷油器的结构图

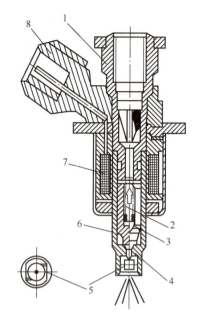

1—燃油入口连接器；2—弹簧；3—衔铁；
4—阀座；5—旋流式喷嘴；6—针阀；
7—电磁线圈；8—电插座。

图 2.12 电磁式冷起动喷油器的结构图

b. 同步信号传感器。同步信号传感器与曲轴位置传感器配合使用，它产生气缸判别定位信号，可告知下一个到达上止点的是哪个气缸的活塞。对于无分电器的点火系统，同步信号传感器安装在凸轮轴上，如图 2.14 所示。

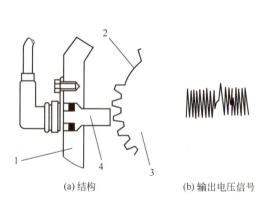

(a) 结构　　　(b) 输出电压信号

1—发动机体；2—空缺两轮齿；
3—脉冲盘；4—传感器。

图 2.13 电磁脉冲式曲轴位置传感器的结构图

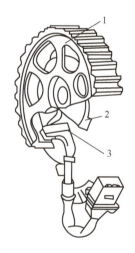

1—凸轮轴正时齿轮；2—脉冲环；
3—信号传感器。

图 2.14 安装在凸轮轴上的同步
　　　　信号传感器

c. 冷却液温度传感器。冷却液温度传感器安装在发动机出水口附近，其作用是检测发动机冷却液温度。冷却液温度传感器将冷却液温度以电信号的形式输送给 ECU，由 ECU 根据冷却液温度对汽油喷射量进行修正。图 2.15 所示为负温度系数热敏电阻式冷却液温度传感器的结构图。

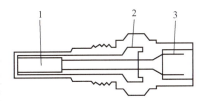

1—负温度系数热敏电阻；2—外壳；
3—电线接头。

图 2.15　负温度系数热敏电阻式
冷却液温度传感器的结构图

d. 进气温度传感器。进气温度传感器通常安装在空气流量计的空气测量部位，用于检测发动机吸入空气的温度。进气温度传感器将进气温度以电信号的形式输送给 ECU，由 ECU 根据气温对汽油喷射量进行修正。进气温度传感器的结构图与冷却液温度传感器相似，如图 2.16 所示。

(a) 实物图　　　　　　(b) 结构图

1—导线；2—空气流量计壳体；3—热敏电阻。
图 2.16　进气温度传感器的结构图

e. 开关信号传感器。开关信号传感器指传递开关信号的传感器，开关信号主要有起动信号、空挡起动开关信号、空调信号等。ECU 收到信号后，可确定发动机是否处于起动状态、装有自动变速器的汽车是否处于空挡状态及空调压缩机是否工作等。

② ECU。ECU 的作用是按预置程序对各个传感器输入信号进行运算、处理、判断，然后发出指令，控制有关执行元件（如喷油器等）工作，达到快速、准确、自动控制发动机工作的目的。ECU 主要由输入通路、A/D 转换器、输出通路和微处理器等组成。图 2.17 所示为 ECU 的组成示意图。

2. 电子控制点火系统

电子控制点火系统的作用是 ECU 根据空气流量计、曲轴位置传感器、节气门位置传感器等输入信号，确定发动机的转速和负荷，进而精确控制和调整点火提前角，使发动机的动力性、经济性、排放等均处于最佳状态。同时，ECU 通过爆燃传感器对爆燃进行反馈控制，使汽油机在大部分运行工况下都处于不产生爆燃的临界状态。电子控制点火系统主要由监测发动机运行状态的传感器、ECU、点火器和点火线圈等组成。其组成示意图如图 2.18 所示。

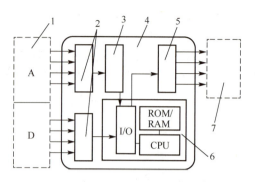

A—模拟信号输入；D—数字信号输入；
1—传感器；2—输入通路；3—A/D转换器；4—ECU；5—输出通路；
6—微处理器；7—执行元件。

图 2.17　ECU 的组成示意图

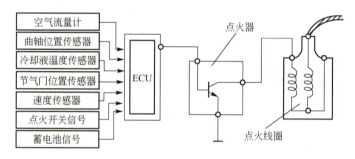

图 2.18　电子控制点火系统的组成示意图

电子控制点火系统的主要控制内容有点火提前角控制、闭合角控制（通电时间控制）、爆燃反馈控制。

3. 辅助控制系统

（1）电子控制怠速控制系统。

在电子控制怠速控制系统中，ECU 根据有关传感器的输入信息，迅速分析判定后，控制怠速控制装置对怠速进气量进行调整，使发动机在所有怠速使用条件下都能以适当的稳定转速运转。电子控制怠速控制系统的控制内容主要有起动后控制、暖机过程控制、负荷变化时控制（如在怠速状态下使用汽车空调）、减速时控制等。

怠速控制的实质是怠速进气量控制。电控汽油机中采用的怠速进气控制方式有两种，即采用控制节气门旁通道空气流量的旁通空气方式和直接控制节气门关闭位置的节气门直动方式，如图 2.19 所示，这两种方式都是采用调节空气通道横截面面积的方法来达到控制效果的。

现代电控汽油机采用旁通空气方式比较多，并且大多采用步进电动机式怠速控制阀来调节空气通道横截面面积。图 2.20 所示为步进电动机式怠速控制阀的结构。

（2）电子控制动力阀控制系统。

有些电控发动机采用电子控制动力阀控制系统，可根据发动机的不同负荷改变进气量，以改善发动机的动力性。电子控制动力阀控制系统的结构示意图如图 2.21 所示。

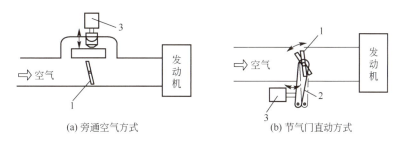

(a) 旁通空气方式　　　　　(b) 节气门直动方式

1—节气门；2—节气门操纵臂；3—执行元件。

图 2.19　怠速进气控制方式示意图

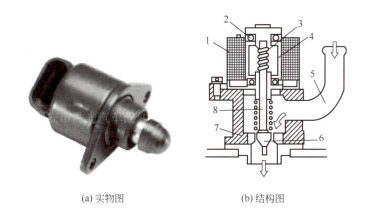

(a) 实物图　　　　　(b) 结构图

1—定子线圈；2—轴承；3—进给丝杠；4—转子；5—旁通空气道；
6—阀芯；7—阀座；8—阀轴。

图 2.20　步进电动机式怠速控制阀的结构

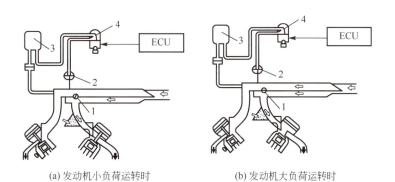

(a) 发动机小负荷运转时　　　　　(b) 发动机大负荷运转时

1—动力阀；2—单向阀；3—真空室；4—真空电磁阀。

图 2.21　电子控制动力阀控制系统的结构示意图

受 ECU 控制的真空电磁阀控制装在进气歧管上的动力阀，通过改变空气通道横截面面积来控制进气量。发动机小负荷运转时，ECU 接通真空电磁阀电路，真空电磁阀打开，真空室的真空度传入真空室，此时动力阀关闭，空气通道横截面面积变小，如图 2.21（a）所示。发动机大负荷运转时，ECU 使真空电磁阀关闭，真空室的真空度不能传入真空室，此时动力阀打开，空气通道横截面面积变大，如图 2.21（b）所示。

(3) 排气净化与排放控制系统。

对发动机的污染，现代汽车采取许多控制有害物质排放及净化的措施，电子控制汽油机减少有害物质排放量的措施是采用三元催化转化器，它具有氧传感器的反馈控制和排气再循环控制等。

① 三元催化转化器。三元催化转化器可以对发动机排气中的一氧化碳、碳氢化合物和氮氧化合物进行净化处理。三元催化转化器安装在排气消声器前面，它主要由三元催化转化芯子与外壳等组成，其结构如图 2.22 所示。

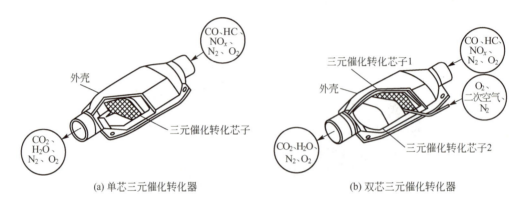

图 2.22　三元催化转化器的结构

三元催化转化芯子以蜂窝状陶瓷芯作为承载催化剂的载体，在陶瓷芯上浸有铂（或钯）和铑的混合物作为催化剂，芯子外包钢丝可以提高抗颠簸性。铂（或钯）和铑作为催化剂能促进一氧化碳和碳氢化合物氧化为二氧化碳和水，还能促使氮氧化合物与一氧化碳进行化学反应，转变为氮气和二氧化碳。含铅汽油中的铅会使催化剂失去催化效力，即所谓的"铅中毒"，因此装有三元催化转化器的汽油机必须使用无铅汽油。

② 氧传感器。氧传感器用来测量排气中的氧含量，并以电信号输送到 ECU，ECU 根据氧传感器输入信号对实际空燃比相对于理论空燃比的偏离情况作出判断，并对喷油量进行修正，此即空燃比反馈控制。氧传感器大多安装在三元催化转化器前的排气歧管或排气管上。应用较多的氧传感器有二氧化锆式氧传感器和二氧化钛式氧传感器两种，其结构分别如图 2.23 和图 2.24 所示。

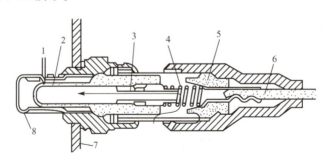

1—排气；2—锆管；3—电极；4—弹簧；5—线头绝缘支架；6—导线；7—排气管管壁；8—防护套管。

图 2.23　二氧化锆式氧传感器的结构

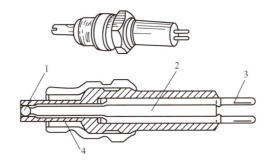

1—氧化钛；2—陶瓷绝缘物；3—电极；4—铂线。

图 2.24　二氧化钛式氧传感器的结构

③ 排气再循环控制系统。排气再循环控制系统（EGR 控制系统）的作用是减少排气中氮氧化合物的生成量。它把发动机排出的部分排气引入进气系统，与混合气一起再进入气缸中燃烧，以抑制氮氧化合物的生成。因为氮氧化合物是在高温富氧条件下生成的，燃烧温度越高，氮氧化合物就越多，排气中的大量二氧化碳引入气缸后，可燃混合气中二氧化碳含量明显增加，二氧化碳不参与燃烧，但能吸收热量，可使燃烧温度下降，有利于减少氮氧化合物的生成量。排气再循环的量对发动机工作性能有很大的影响，排气再循环的量太少，不能达到有效降低氮氧化合物的目的；排气再循环的量太多，发动机工作不稳定，动力性能下降，特别是在怠速、低转速小负荷、冷车运行、大负荷减速、高转速时等。图 2.25 所示为装有 EGR 位置传感器的 EGR 控制系统的结构。

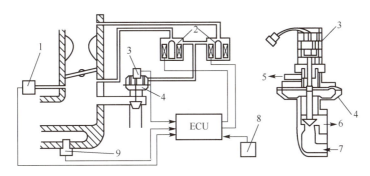

1—压力传感器；2—ON-OFF 电磁阀；3—EGR 位置传感器；4—EGR 阀；5—真空管；
6—至进气歧管；7—排气；8—冷却液温度开关；9—冷却液温度传感器。

图 2.25　装有 EGR 位置传感器的 EGR 控制系统的结构

图 2.25 中的 EGR 阀上部装有一个检测 EGR 阀升程的 EGR 位置传感器，EGR 位置传感器将位置信号输送给 ECU 作为控制 EGR 的参数信号。工作时，将预先设定的 EGR 阀升程位置与由 EGR 位置传感器提供的当前实际升程位置作比较，若不相等，则由 ECU 控制改变 ON-OFF 电磁阀的工作状态，将升程调至最佳位置。在全负荷高速运转范围内，根据节气门开度、发动机转速等控制参数，由 ON-OFF 电磁阀把空气导入真空室，使 EGR 阀完全关闭，即可停止 EGR。

2.3 汽车柴油机新技术

1. 汽车柴油机电控技术

（1）柴油机电控技术的发展。

柴油机电控技术比汽油机电控技术出现得晚，直到20世纪70年代，柴油机电控技术才开始在市场上出现。随着对柴油机性能要求的提高，控制系统控制的项目不断增多，控制任务也从简单到复杂；控制功能从仅具有循环喷油量控制、喷油正时控制等基本控制项目发展到包括喷油速率控制和喷油压力控制在内的多项目标的燃油喷射控制；控制内容从单一的燃油喷射控制扩展到包括怠速控制、进气控制、增压控制、排放控制、起动控制、故障自诊断、失效保险、发动机与变速器的综合控制等在内的全方位控制。

（2）柴油机电控技术的特点。

柴油机电控燃油喷射系统由传感器、ECU和执行器三大部分组成。其电控技术与汽油机电控技术有许多相似之处，柴油机电控燃油喷射系统中的转速传感器、温度传感器、压力传感器等也与在汽油机电控系统中所用的一样。但是，由于柴油机电控技术具有高压、高频、脉动等特点，喷射压力高达200MPa，是汽油机喷射的几百倍乃至几千倍，因此对其燃油高压喷射系统实施喷射量的电子控制更加困难，并且需要对喷油量、喷油定时、喷油压力等参数进行综合控制，其控制软件的开发也更有难度。柴油机电控燃油喷射系统对喷射正时的精度要求很高，对柴油机活塞上止点的角度位置的测量精度要求也很高，使得柴油机燃油喷射系统的电控执行器更加复杂。柴油机电控技术的关键是柴油机电控喷射执行器，其主要控制喷油量和喷油定时。

GW4D20柴油机

柴油机在电控燃油喷射系统出现之前有直列泵、分配泵、喷油器泵、单缸泵等结构完全不同的系统，每个系统都各具特点和适用范围，每种系统又都有多种结构形式，呈现出多样化的特点。

柴油机ECU根据各种传感器实时检测到的柴油机运行参数，与ECU中已存储的参数值或参数图谱相比较，按其最佳值或计算后的目标值将控制指令输送到执行器，执行器按ECU控制指令对喷油量、喷油定时等进行控制。柴油机电控燃油喷射系统还可与整车传动装置的ECU、防抱装置（ABS）的ECU，以及其他系统的ECU进行数据通信，实现对整车的电子控制。柴油机电控燃油喷射系统控制原理图如图2.26所示。

2. 柴油机电控燃油喷射系统

（1）现代柴油机电控燃油喷射系统控制的主要内容。

由于柴油燃料特性的不同，因此柴油机着火方式、喷油方式、混合气形成时间及所需过量空气系数等均与汽油机不同。柴油的能量密度比液化天然气高出近一倍，比汽油高出10%以上，所以柴油机气缸内的燃烧压力比汽油机的最大燃烧压力高出很多，它在为柴油机带来比汽油机更优越的燃油经济性的同时，使传统柴油机存在一些明显的不足，即产生比汽油机更大的噪声和振动。柴油机以内部混合的方式形成可燃混合气，混合气形成、燃烧的时间很短，过程交错在一起，混合气的成分始终处于不断变化之中，喷入柴油的雾化

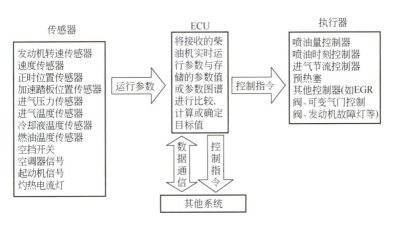

图 2.26 柴油机电控燃油喷射系统控制原理图

质量、气缸内气体的流动等均会直接影响燃烧过程的进展及有害排放物的生成，因此柴油机的燃油喷射控制不同于汽油机那样只是控制空燃比，还要求实现对喷油量、喷油压力及喷油定时随运行工况进行实时控制。从技术层面上分析，柴油机的控制要求明显比汽油机高，依靠传统的机械控制喷油系统已无法满足上述要求，因此传统柴油机给人们留下噪声大、工作粗暴、喷黑烟等不良的直观印象。

随着计算机技术、传感器技术及信息技术的迅速发展，人们利用电子控制平台实现按柴油机最佳工况要求对燃油喷射的控制。

现代柴油机电控燃油喷射系统控制的主要内容如下。

① 在各种工况下对循环喷油量进行精确的控制，并保证各缸喷油量的均匀性。

② 在各种工况下对喷油定时进行精确的控制。

③ 在各种工况下对喷油速率和喷油规律进行精确的控制，以获得燃烧过程中理想的放热率。

④ 在各种工况下对喷油压力进行精确的控制，以得到足够高的燃油喷射速度，使燃油雾化质量提高并加快燃烧速度。

（2）柴油机电控燃油喷射系统的分类及其特点。

柴油机电控燃油喷射系统按其对喷油量的控制方式不同，可分为位置控制式电控燃油喷射系统、时间控制式电控燃油喷射系统、时间-压力控制式电控燃油喷射系统三种；按其产生高压燃油的机构不同可分为直列泵电控燃油喷射系统、分配泵电控燃油喷射系统、泵喷油器电控燃油喷射系统和共轨电控燃油喷射系统等。

① 位置控制式电控燃油喷射系统。位置控制式电控燃油喷射系统保留了传统柴油机的"喷油泵—高压油管—喷油器"燃油供给系统，以及喷油泵中齿条、滑套、柱塞上控油槽等控制油量的机械传动机构，取消了机械控制部件（如调速器），新增了由传感器、ECU、执行器等组成的电控系统，使控制精度和响应速度提高。该系统在机械控制喷油定时与喷油量的基础上，用执行机构（电磁液压或电磁式）控制油量调节，用喷油提前器实现喷油定时和喷油量的电控；也可通过改变柱塞预行程实现可变喷油速率的电控，以满足高压喷射中高速、大负荷和低怠速喷油过程的综合优化控制。

采用位置控制式电控燃油喷射系统的柴油机在结构上几乎不用进行改动，该系统具有生产继承性好、便于对现有柴油机升级换代的优点；但存在响应慢、控制频率较低、控制自由度低、控制精度不高、喷油压力不受控制等缺点。

② 时间控制式电控燃油喷射系统。时间控制是指用高速电磁阀直接控制高压燃油的适时喷射。时间控制式电控燃油喷射系统基本保留了传统的"喷油泵—高压油管—喷油器"燃油供给系统，但取消了传统喷油泵中机械传动机构和机械控制部件，在高压油路中利用一个或两个高速电磁阀直接控制高压燃油的喷油过程。一般情况下，电磁阀关闭，喷油开始；电磁阀开启，喷油结束。喷油量由喷油器开启时间和喷油压力决定；喷油定时由控制电磁阀的开启时间决定，从而实现喷油定时、喷油量和喷油速率的柔性一体控制。

时间控制式电控燃油喷射系统的控制自由度比位置控制式电控燃油喷射系统的大，喷油加压与喷油调节在结构上相互独立（油泵、柱塞只承担喷油加压功能，喷油量、喷油时刻则由高速电磁阀单元完成），使喷油泵结构简化、强度提高。时间控制式电控燃油喷射系统的高压喷油能力得到大大加强，其高压喷射可使柴油雾化得很细，使发动机的燃烧过程进行得相当完全，并且速度高，燃烧温度也不会明显提高，有利于降低柴油机油耗，降低 HC、CO、微粒和炭烟的排放量；但其依然无法实现对喷油压力的控制。

③ 时间-压力控制式电控燃油喷射系统。时间-压力控制式电控燃油喷射系统摒弃了传统的"喷油泵—高压油管—喷油器"燃油供给系统，而是用高压油泵在柴油机的驱动下，以一定的速率连续将高压或中压燃油输送到一个公共容器（共轨）中消除压力脉动，再分送至各喷油器，根据 ECU 发出的控制指令迅速开启或关闭高速电磁阀，控制喷油器的燃油喷射。在该系统中，高压油泵并不直接控制喷油，而仅向共轨供油以维持所需的共轨压力，通过调节共轨压力，利用电磁阀的开闭控制燃油喷射过程，喷射压力完全独立于发动机转速，能实现理想的喷油规律。

时间-压力控制式电控燃油喷射系统通常又称共轨式喷油系统，若输入共轨的燃油压力为高压，则称为共轨式高压喷油系统；若输入共轨的燃油压力为中压，则称为共轨式中压喷油系统。共轨式高压喷油系统的喷油压力只取决于共轨中的燃油压力，通过高速电磁阀的开闭即能实现燃油高压喷射（最高压力可达 200MPa）和停喷，共轨式高压喷油系统通过用高速电磁阀实现喷油量、喷油压力、喷油定时和喷油速率的柔性控制，使燃油喷射具有良好的喷射特性。共轨式中压喷油系统需通过控制高速电磁阀控制喷油器，并利用喷油器中的高压柱塞的增压作用，将来自共轨的中压燃油加压至高压后喷出。喷油器的喷油压力取决于共轨燃油压力和高速电磁阀的通电时间，燃油喷射压力一般比共轨式高压喷油系统要低一些。共轨式中压喷油系统在燃油喷射前需经过一个升压过程，故采用高速电磁阀可实现喷油量、喷油压力、喷油定时和喷油速率的柔性控制，但难以通过电控方式实现喷油速率、形状控制和预喷射，而通常只能依靠机械方式实现，这就使共轨式中压喷油系统在控制的自由度、精度及响应速度等方面逊色于共轨式高压喷油系统。目前投入使用的共轨式喷油系统中，大多采用共轨式高压喷油系统。

3. 典型柴油机电控燃油喷射系统

（1）电控直列式柱塞泵燃油喷射系统。

电控直列式柱塞泵燃油喷射系统如图 2.27 所示。

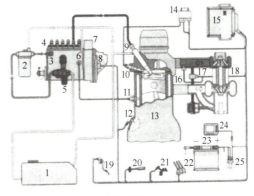

(a) 实物图　　　　　　　　　　　　　(b) 结构图

1—燃油箱；2—滤清器；3—电子调节器；4—直列泵；5—燃油供给泵；6—燃油温度传感器；
7—正时控制器；8—喷油量控制器；9—喷油器；10—冷却起动加热器；11—发动机冷却液温度传感器；
12—转速传感器；13—柴油机；14—冷起动加热控制器；15—ECU；16—空气温度传感器；
17—增压压力传感器；18—涡轮增压；19—加速踏板位置传感器；
20—EGR 等服务部件；21—速度传感器；22—变速器挡位开关；
23—蓄电池；24—仪表板；25—起动开关。

图 2.27　电控直列式柱塞泵燃油喷射系统

电控直列式柱塞泵燃油喷射系统的结构特点如下。

① 以直列式柱塞泵为基础改造而成。

② 用电子调速器代替原有的机械调速器；用发动机转速传感器和加速踏板位置传感器代替原有的转速和负荷传感机构（如离心飞块、真空室）；用 ECU 控制的正时控制器代替原有的机械离心式调速执行机构和加速踏板传动机构。

③ 对喷油量和喷油正时位置控制均采用闭环控制。执行元件包括电子调速器、正时控制器，反馈元件包括齿条位置传感器、正时传感器。

电控直列式柱塞泵喷油量位置控制原理如图 2.28 所示。电控直列式柱塞泵的喷油量是由 ECU 通过电子调速器来实现的。ECU 根据柴油机加速踏板位置传感器信号（负荷信号）和转速信号确定基本喷油量，并参考进气量、冷却液温度传感器信号对基本喷油量进行修正后，通过 ECU 中的伺服电路控制电子调速器工作，以调节或保持直列柱塞泵齿条的位置，从而实现其喷油量位置控制。

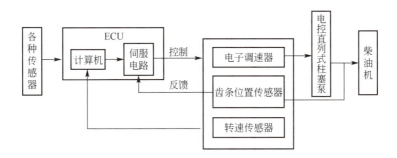

图 2.28　电控直列式柱塞泵喷油量位置控制原理

电控直列式柱塞泵喷油量位置控制的闭环控制方式是利用电子调速器内的齿条位置传感器,对油泵齿条的实际位置进行检测,将检测结果实时反馈给 ECU 中的伺服电路,由伺服电路对 ECU 发送给电子调速器的控制信号进行修正,以实现喷油量的闭环控制,提高对喷油量的控制精度。

电控直列式柱塞泵喷油正时的位置控制系统如图 2.29 所示。

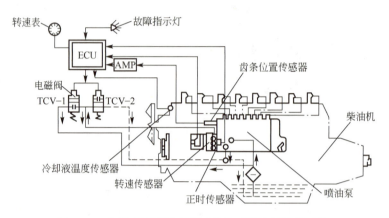

图 2.29　电控直列式柱塞泵喷油正时的位置控制系统

电控直列式柱塞泵燃油喷射系统中常用的正时控制器包括以下几种。

① 电控直列式柱塞泵电磁阀控制型正时控制器工作状态图如图 2.30 所示。

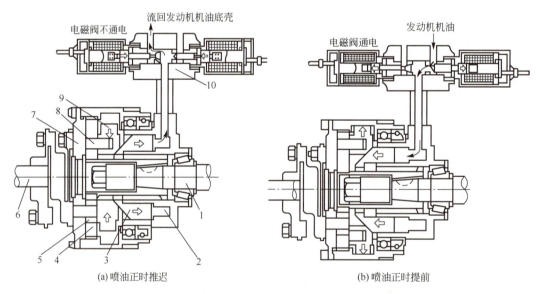

1—喷油泵凸轮轴；2—液压腔；3—液压活塞；4—大偏心轮；5—小偏心轮；
6—喷油泵驱动轴；7—驱动外壳；8—滑块；9—滑块销；10—电磁换向阀。

图 2.30　电控直列式柱塞泵电磁阀控制型正时控制器工作状态图

当需要减小喷油正时时,ECU 使正时控制器的进油通道关闭,回油通道打开,液压腔油压下降,液压活塞向右移动,安装在滑块销上的大、小偏心轮转动,凸轮轴相对驱动盘沿反向转过一个角度,使电控直列式柱塞泵的喷油正时减小,即喷油正时推迟。

当需要增大喷油正时时，ECU 使正时控制器的进油通道开启，回油通道关闭，柴油机机油进入液压腔而使液压腔油压上升，液压活塞向左移动，安装在滑块销上的大、小偏心轮转动，凸轮轴相对驱动盘沿转动方向转过一个角度，使电控直列式柱塞泵的喷油正时增大，即喷油正时提前。

② 电控直列式柱塞泵步进电动机控制型正时控制器工作状态图如图 2.31 所示。

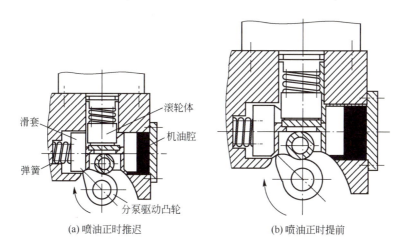

图 2.31　电控直列式柱塞泵步进电动机控制型正时控制器工作状态图

电控直列式柱塞泵步进电动机控制型正时控制器是将驱动柱塞分泵的滚轮体安装于滑套内，滑套的左右两侧分别承受弹簧力和机油压力。滑套随机油压力的变化向左或向右移动，并带动滚轮体一同移动，使滚轮体与分泵驱动凸轮间的相对位置发生改变，从而使喷油时刻发生变化，实现对喷油正时的控制。

（2）电控轴向柱塞式分配泵燃油喷射系统。

电控轴向柱塞式分配泵喷油量位置控制流程如图 2.32 所示。电控轴向柱塞式分配泵喷油正时的位置控制原理如图 2.33 所示。电控轴向柱塞式分配泵时间控制系统如图 2.34 所示。

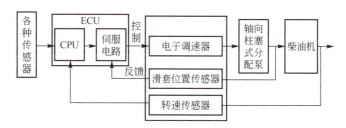

图 2.32　电控轴向柱塞式分配泵喷油量位置控制流程

ECU 通过控制高速电磁阀的关闭和开启，能直接控制分配泵喷油的开始和结束，实现喷油正时的时间控制。但是，由于在分配泵柱塞高压腔内建立油压需要时间，燃油压力在高压油管中传递会有延迟，因此在 ECU 驱动脉冲输出正时与喷油器实际喷油正时之间存在一定程度的延迟时间，总的延迟时间受柴油机转速、温度、高压油管长度等因素影

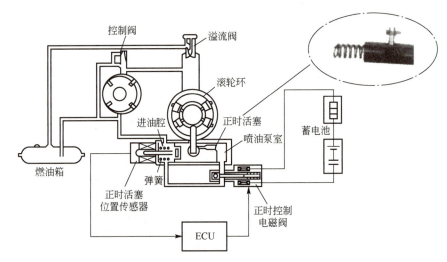

图 2.33 电控轴向柱塞式分配泵喷油正时的位置控制原理

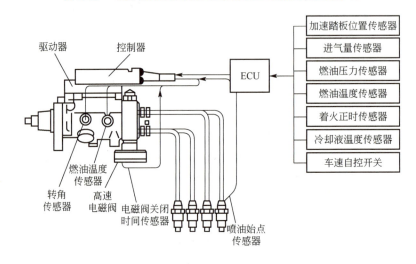

图 2.34 电控轴向柱塞式分配泵时间控制系统

响。由于控制存在延迟必然会影响控制的精度,因此为提高喷油正时的控制精度,ECU的脉冲信号输出正时应包括上述延迟时间。在喷油正时时间控制系统中,为提高喷油正时的控制精度,ECU 除根据柴油机工况信息控制喷油正时外,通常需要采用各种喷油始点传感器,精确测定出实际的喷油始点,使 ECU 据此反馈信息修正对喷油正时的控制;也可通过用电磁阀关闭时间传感器来精确测定电磁阀关闭始点和终点时刻,实现对高速电磁阀的驱动脉冲正时的闭环控制。

(3) 电控径向柱塞式分配泵燃油喷射系统。

电控径向柱塞式分配泵位置控制原理如图 2.35 所示。

电控径向柱塞式分配泵 ECU 的功能如下。

① 将 ECU 输出的控制信号进行 D/A 转换和放大后,分配泵中喷油量控制电磁阀和喷油正时控制电磁阀等执行器开始工作。

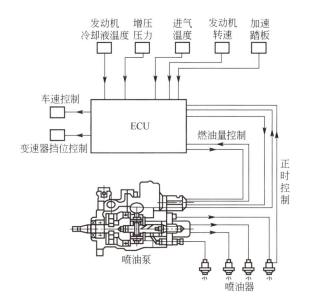

图 2.35 电控径向柱塞式分配泵位置控制原理

② 接收转角传感器和燃油温度传感器、喷油正时传感器等传感器的输入信号,完成运算后,实现发动机最佳工况控制。

4. 电控泵喷油器燃油喷射系统

(1) 电控泵喷油器燃油喷射系统的结构。

电控泵喷油器燃油喷射系统如图 2.36,其结构如图 2.37 所示。

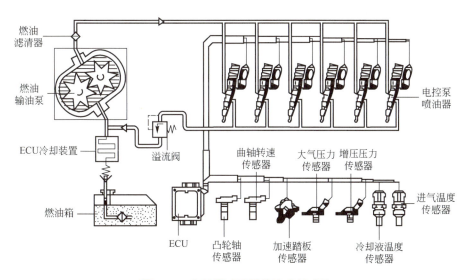

图 2.36 电控泵喷油器燃油喷射系统

(2) 电控泵喷油器燃油喷射系统的基本工作原理。

电控泵喷油器燃油喷射系统利用机械装置驱动喷油器的泵油柱塞进行泵油,其基本工作原理（图2.38）与柱塞式高压油泵相同。电控泵喷油器燃油喷射系统的喷油循环一般包括进油过程、泵油过程、喷油过程和停油过程。

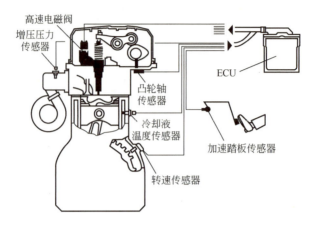

图2.37 电控泵喷油器燃油喷射系统的结构

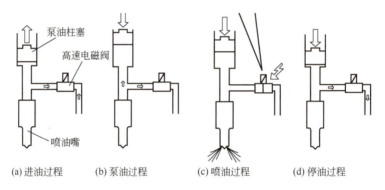

图2.38 电控泵喷油器燃油喷射系统的基本工作原理

① 当泵油柱塞向上移动时，此时高速电磁阀不通电而保持开启状态，泵油柱塞下方的压油腔容积增大而形成真空，低压输油泵输送来的低压燃油被吸入压油腔，电控泵喷油器进行进油过程。

② 在柱塞向下移动初期，电磁阀不通电而保持开启状态，压油腔的燃油受压，部分燃油被压回低压油道，电控泵喷油器进行泵油过程。

③ 在泵油过程中，当ECU对高速电磁阀发出控制指令使其通电时，低压进油油道关闭，压油腔油压迅速上升（一般为150MPa），喷油嘴打开，电控泵喷油器进行喷油过程。

④ 在喷油过程中，一旦ECU对高速电磁阀发出控制指令使其断电，高速电磁阀就开启低压进油通道，压油腔内的高压燃油回流至低压油道而使油压迅速下降，电控泵喷油器停止喷油，喷油过程结束。

高速电磁阀的关闭时刻决定着电控泵喷油器的喷油时刻及喷油量。

5. 电控单体泵燃油喷射系统

（1）电控单体泵燃油喷射系统的结构如图2.39所示。

（2）电控单体泵燃油喷射系统的工作原理如图2.40所示。

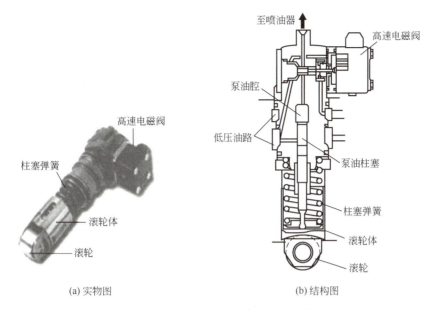

图 2.39 电控单体泵燃油喷射系统的结构

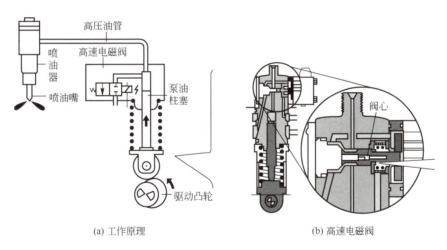

图 2.40 电控单体泵燃油喷射系统的工作原理

电控单体泵燃油喷射系统是在电控泵喷油器燃油喷射系统的基础上发展而来的,除喷油压力比电控泵喷油器燃油喷射系统稍低一些外,其他功能基本与电控泵喷油器燃油喷射系统相近,并且在制造成本、使用可靠性、适应性等方面具有优势。

由于电控单体泵燃油喷射系统的喷油嘴的位置相互独立,电控单体泵燃油喷射系统在发动机上的安装布置较为便利,对发动机的主体结构改动较小。若采用外挂凸轮轴箱的安装形式,则几乎不用对原发动机的机械结构进行改动,只需将机械式喷油器改为电控泵喷油器。电控单体泵燃油喷射系统还具有改造性好的优势,能较大幅度地降低发动机的改装成本。

电控单体泵燃油喷射系统的泵体具有很好的刚度,驱动凸轮等受力较大的部件都有一定的空间进行加强,能承受很高的泵端压力,并且电控单体泵燃油喷射系统在使用过程中可以保证排放水平和燃油消耗率水平。电控单体泵燃油喷射系统还具有可靠的使用性能和使用寿命,不仅在国外得到10~15年的实际使用时间的证明及数百万辆整车使用的证明,而且其仍在进一步改善。

电控单体泵燃油喷射系统的喷油压力为200~250MPa,通过对电控单体泵燃油喷射系统的驱动凸轮线型的合理设计,能实现较为理想的喷油速率和喷油规律;利用对高速电磁阀的控制,不仅可以对压力进行控制,而且可以实现多次预喷射。电控单体泵燃油喷射系统的精密零件少,对燃油清洁度要求不高,具有较好的油品质量适应性。

6. 电控共轨式燃油喷射系统

(1) 电控共轨式燃油喷射系统的组成及工作原理。

如图2.41所示,电控共轨式燃油喷射系统是由喷油泵、共轨压力传感器、ECU和EDU(电子执行单元)等部分组成的一个闭环系统,由喷油泵将高压(或中压)燃油输送到共轨(公共容器)中消除压力脉动后,再分送至各喷油器,通过对共轨内的油压实施精确控制,油管压力与发动机的转速无关,克服了传统柴油机的缺陷。电控共轨式燃油喷射系统由EDU根据ECU发出的控制指令控制喷油器的燃油喷射过程,以实施喷油量、喷油压力、喷油定时、喷油速率等的柔性控制,获得较理想的喷油规律,从而保证柴油机实现最佳燃烧比和良好雾化,以及最佳着火时间和最少污染排放量。

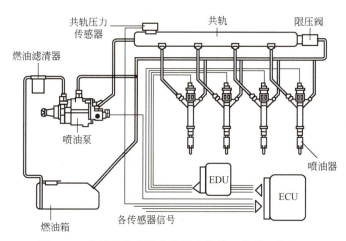

图2.41 电控共轨式燃油喷射系统的组成及工作原理

(2) 电控共轨式燃油喷射系统的类型。

按共轨中的油压,电控共轨式燃油喷射系统通常可分为电控高压共轨式燃油喷射系统和电控中压共轨式燃油喷射系统两种;按控制喷油器喷油的执行元件,电控共轨式燃油喷射系统可分为电磁阀式电控共轨式燃油喷射系统和压电式电控共轨式燃油喷射系统两种。

(3) 典型电控共轨式燃油喷射系统。

电控高压共轨式燃油喷射系统的组成及工作原理如图2.42所示。

高压共轨式燃油喷射系统的喷油器接收ECU信号而控制喷射燃油,通过带电磁阀的喷油器控制喷油始点和喷油量。

汽车发动机新技术 第2章

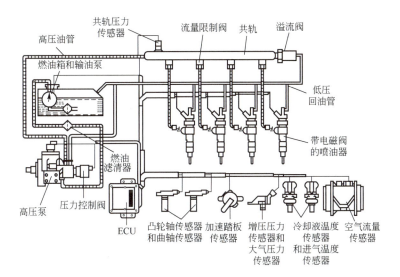

图 2.42 电控高压共轨燃油喷射系统的组成及工作原理

本章小结

本章简单介绍了现代汽车发动机新技术的发展及其应用。由于排放污染与节能问题的紧迫性及电控技术的成熟，电控系统在发动机上得到广泛应用；同时，通过大量图形解说，详细介绍了汽油机与柴油机的电控燃油喷射系统的组成及工作原理。

【关键术语】

汽车发动机　汽油　柴油　电控技术　供气系统　喷油系统

综合练习

1. 填空题

（1）喷油器喷出的柴油特征可用_____、_____和_____三个参数表示。

（2）汽油机节气门位置不变，转速增加时，进气管真空度_____；最佳点火提前角_____。

（3）汽油机电控燃油喷射系统由_____、_____、_____等组成。

（4）柴油机电控燃油喷射系统由_____、_____、_____等组成。

2. 思考题

（1）汽车发动机电控系统的主要控制功能是什么？

（2）发动机电控系统由哪几个子系统组成？

49

(3) 供气系统的功能是什么？由哪些部件组成？
(4) 喷油系统的功能是什么？由哪些部件组成？
(5) 发动机电控系统常用的传感器和开关信号分别有哪些？
(6) 发动机电控系统常用的执行器有哪些？
(7) 按控制方式不同，发动机燃油喷射系统可分为哪几种类型？

3. 简答题

(1) 简述柴油机电控高压共轨式燃油喷射系统。
(2) 简述 EGR 技术。
(3) 说明实施怠速控制的原因。

第 3 章 新能源汽车

教学目标

党的二十大报告指出，推动经济社会发展绿色化、低碳化是实现高质量发展的关键环节。发展新能源汽车产业是我国从汽车大国迈向汽车强国的必由之路，也是应对气候变化、推动绿色发展的战略举措。通过本章的学习，读者可以了解当前国内外的新能源汽车的发展趋势，了解目前纯电动汽车的类型、特点及基本工作原理，掌握燃料电池电动汽车技术和混合动力汽车技术。

教学要求

知识要点	能力要求	相关知识
新能源汽车概述	了解新能源汽车的类型；了解新能源汽车发展概况；了解我国发展新能源汽车的应对措施	新能源汽车的概念及发展概况
纯电动汽车的基本结构	了解纯电动汽车一体化驱动传动系统的基本分类；了解纯电动汽车动力传动系统的基本分类	纯电动汽车与传统燃油汽车的区别
新能源汽车储能系统	掌握锂离子电池、钠硫电池、锌空气电池、飞轮蓄能装置及超级电容器的工作原理	化学储能系统、物理储能系统和电磁储能系统
新能源汽车技术	掌握燃料电池电动汽车技术和混合动力汽车技术	

导入案例

太阳能汽车（图 3.1）是一种靠太阳能驱动的汽车。与传统热机驱动的汽车相比，太阳能汽车可以做到真正的"零排放"。

为什么发展新能源汽车

图 3.1 太阳能汽车

为应对全球气候变化、发展低碳经济，生产更环保、更省油的新能源汽车成为汽车工业发展的趋势。许多国家对开发新能源汽车给予了极大的关注，对新能源汽车的研究非常活跃，并且取得了许多突破性的成果。

3.1 新能源汽车概述

新能源汽车只是为环保而生？

新能源是相对于汽车使用的汽油和柴油等传统能源而言的。目前应用于汽车动力的新型能源主要有代用燃料、天然气、液化石油气、太阳能及燃料电池等。

新能源汽车技术的内容涉及面极广，既包括能作为汽车动力能源的新能源资源及其获取技术，又包括使用新能源动力机械的开发技术，还包括与应用新能源动力相匹配的汽车开发技术。

阅读材料 3-1

自 20 世纪 80 年代以来，基于对能源和环境方面的长远考虑，世界上很多国家越来越重视新能源的开发和应用，目前全世界各种新能源汽车的保有量突破千万辆。在各种新能源汽车类别中，压缩天然气汽车、液化天然气汽车、液化石油气汽车和醇类汽车的技术较为成熟。

与此同时，电动汽车、混合动力汽车和燃料电池电动汽车的研发取得了可喜的进展，在各国政府及社会的积极支持下，加大了电池等关键部件、整车技术路线、一体化动力传动、控制技术、设计理论、系统集成、工艺工装、标准法规和示范应用等的研究开发，其技术日趋成熟，新能源汽车的产量、保有量和车型覆盖面增长迅速。

新能源汽车外形如图3.2所示。

图 3.2 新能源汽车外形

在能源和环保的压力下，新能源汽车无疑将成为未来汽车的发展方向。"十四五"规划和2035年远景目标纲要要求聚焦新能源汽车等战略性新兴产业。

1. 新能源汽车的类型

对于新能源汽车，2016年10月我国发布的《新能源汽车生产企业及产品准入管理规定》中定义：新能源汽车是指采用新型动力系统，完全或者主要依靠新型能源驱动的汽车，包括插电式混合动力（含增程式）汽车、纯电动汽车和燃料电池电动汽车等。

现在市场上的新能源汽车主要有以下几种。

（1）混合动力汽车。

混合动力汽车（hybrid electric vehicle，HEV）是指车辆驱动系统由两个或两个以上同时运转的单个驱动系统联合组成的车辆，其行驶功率依据实际的车辆行驶状态由单个驱动系统单独或多个驱动系统共同提供。目前，混合动力汽车大多采用传统的内燃机和电动机作为动力源，综合运用发动机和电机两种动力，通过复合动力系统及动力电池的功率均衡作用，最大可能地优化发动机工作，提高车辆的燃油经济性和排放性能。图3.3所示为混合动力汽车底盘。混合动力汽车所

图 3.3 混合动力汽车底盘

用的内燃机（汽油机或柴油机）比同类型普通汽车所用内燃机的功率小。较小功率的内燃机是在最佳工况（热效率最高、尾气排放量最小）的条件下等速运转的。混合动力汽车在行驶过程中能向蓄电池补充电能。混合动力汽车具有节能、低排放量、低噪声等优点，并保持了传统由内燃机驱动的汽车续驶里程长的特点，混合动力汽车无论是在轿车还是在大型车辆（如公共汽车）领域，都将有巨大的发展潜力和较好的市场前景。

（2）纯电动汽车。

纯电动汽车（battery electric vehicle，BEV）是指从车载储能装置获得电力，以电动

混合动力汽车

图 3.4　纯电动汽车示例

机驱动的汽车,即完全由可充电蓄电池(如铅酸蓄电池、镍镉蓄电池、镍氢蓄电池或锂离子电池等)提供动力源的汽车。纯电动汽车一直仅限于某些特定范围内应用,市场较小,主要原因是各种蓄电池普遍存在价格高、使用寿命短、外形尺寸和质量大、充电时间长等缺点。纯电动汽车示例如图 3.4 所示。

纯电动汽车消耗的能源是由发电厂提供的电力。发电可采用核能、水能、风能、太阳能、潮汐能等能源,这种对能源多元化的需求可减少汽车对石油能源的依赖。另外,给纯电动汽车蓄电池充电主要是在夜间进行的,非高峰充电有利于平衡电网负荷,降低设备与管理费用及消费者的开销。同时,广泛采用纯电动汽车还有助于降低噪声污染,纯电动汽车比内燃机汽车噪声低得多,能够大大降低人口稠密地区的噪声水平。

(3) 燃料电池电动汽车。

燃料电池(fuel cell,FC)是燃料与氧化剂通过电极反应将化学能直接转化为电能的能量生成装置。只要外部不断地供给燃料和氧化剂,燃料电池就能连续稳定地发电,它是一种高效率、环保、可再生的电池。燃料电池电动汽车的燃料有氢气(H_2)和甲醇(CH_3OH)等,目前用得较多的燃料电池是质子交换膜燃料电池。

燃料电池电动汽车简称燃料电池汽车(fuel cell vehicle,FCV),是指采用燃料电池为纯电动汽车的电驱动系统提供电能,或以氢气作为主要能源,锂电池作为辅助能源的新能源汽车。燃料电池可以直接将燃料的化学能转化为电能,中间不经过燃烧过程,其能量转换效率可高达 60% 以上,而火力发电和核电的能量转换效率为 30%~45%。燃料电池的种类较多,有熔融盐燃料电池、固体氧化物燃料电池、金属燃料电池、氢质子交换膜燃料电池等。目前,在客车上应用的主要是氢质子交换膜燃料电池,也就是我们常说的氢燃料电池。在汽车上搭载氢燃料,使其与大气中的氧气发生化学反应,从而产生电能起动电动机,驱动客车。氢燃料电池以氢氧电化学反应为基础,最终产物是水,不会产生有害物质,无污染。

氢燃料电池汽车示例如图 3.5 所示。氢气既能用于清洁发电,又能通过电解水得到,由于它燃烧生成的也是水,对水资源影响小,因此氢燃料电池汽车对环境污染小。

图 3.5　氢燃料电池汽车示例

2. 新能源汽车发展概况

世界各国特别是发达国家非常重视开发绿色汽车技术，它们开发和推广的以电动汽车、多种代用燃料汽车为主要内容的绿色汽车工程正在全世界广泛应用。世界各大汽车公司（如通用、福特、克莱斯勒、奔驰、雪铁龙、宝马、丰田、本田等）都在争相研制各种新型无污染的环保汽车，力图使自己生产的汽车达到或接近"零污染"标准。世界各国对"绿色汽车"的研究主要是对纯电动汽车、燃料电池汽车、太阳能汽车，代用燃料汽车开发的基本设想是使用汽油和柴油以外的燃料，如天然气、醇类、氢等，所以汽车的安全、舒适、环保、节能是近半个世纪以来汽车工业发展面临的重要课题，也是21世纪汽车工业发展的基点和追求的目标。

丰田燃料电池汽车

我国新能源汽车长期发展规划主要基于2020年11月2日国务院办公厅印发的《新能源汽车产业发展规划（2021—2035年）》。我国新能源汽车长期规划要点如下。

一是到2025年，纯电动乘用车新车平均电耗降至12.0kWh/100km；新能源汽车新车销售量达到汽车新车销售总量的20%左右；高度自动驾驶汽车实现限定区域和特定场景商业化应用；完善充换电、加氢基础设施建设；放宽市场准入，完善双积分政策。

二是力争到2035年，纯电动汽车成为新销售车辆的主流，公共领域用车全面电动化；燃料电池汽车实现商业化应用，高度自动驾驶汽车实现规模化应用；充换电服务网络便捷高效，氢燃料供给体系建设稳步推进，有效促进节能减排水平，提升社会运行效率。

基于《节能与新能源汽车技术线路图2.0》，目前我国新能源汽车技术发展着力点放在电动化和智能网联化，具体发展路径规划如下。

在节能汽车油耗方面，提出至2025年、2030年、2035年新车百公里平均油耗目标，其中乘用车（含新能源）新车百公里平均油耗目标分别为4.6L、3.2L、2.0L；传统能源乘用车（不含新能源汽车）新车百公里平均油耗目标分别为5.6L、4.8L、4.0L；混合动力乘用车新车百公里平均油耗目标分别为5.3L、4.5L、4.0L。

在纯电动汽车和插电式混合动力汽车方面，到2035年形成自主、完整的产业链，自主品牌纯电动汽车和插电式混合动力汽车产品技术水平和国际同步；新能源汽车占汽车总销量的50%以上，其中纯电动汽车占新能源汽车总销量的95%以上；实现纯电动技术在家庭用车、公务用车、出租车、租赁服务用车及短途商用车等领域的推广应用。

在智能网联汽车方面，到2025年，L2、L3智能网联汽车销量占比达到50%，L4智能网联汽车进入市场；到2030年，L2、L3智能网联汽车销售占比达到70%，L4智能网联汽车销售占比达到20%，实现L4智能网联汽车在高速公路广泛应用，在部分城市道路规模化应用；到2035年，L4、L5智能网联车辆具备与其他交通参与者间的网联协同决策与控制能力，各类网联式高度自动驾驶车辆广泛运行于中国广大地区。

在新能源汽车电驱动系统方面，到2035年，我国新能源汽车电驱动系统产品总体达到国际先进水平。其中，乘用车电机比功率达到7.0kW/kg，电机系统超过80%的高效率区95%，乘用车电机控制器功率密度达到70kW/L，纯电驱动系统比功率为3.0kW/kg。

阅读材料 3-2

新能源汽车技术路线如图 3.6 所示。

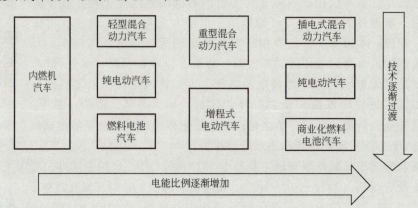

图 3.6　新能源汽车技术路线

表 3-1 为新能源汽车的基本特性。

表 3-1　新能源汽车的基本特性

类别	混合动力汽车（HEV）	插电式混合动力汽车（PHEV）	纯电动汽车（BEV）	燃料电池汽车（FCV）
驱动方式	以内燃机为主、电动机为辅	以电动机为主、内燃机为辅	电动机驱动	电动机驱动
能量系统	内燃机、蓄电池	内燃机、蓄电池	蓄电池	燃料电池
蓄电池种类	镍氢蓄电池、铅酸蓄电池	锂电池	锂电池	—
基础设施	加油站	充电站	充电站	氢气
排放量	较高排放量	低排放量	零排放量	零排放量
优势	技术成熟，成本低，无需新增配套设施	节能减排效果好，续驶里程长	节能减排效果好	能源效率高，节能减排效果好，续驶里程长
不足	混合程度低，节能减排效果有限	成本高，蓄电池技术待突破，需充电站等配套设施	成本高，蓄电池技术待突破，续驶里程短，需充电站等配套设施	成本高，技术有待提高
商业化进程	已规模化生产	已规模化生产	已规模化生产	有销售，但未规模化生产

由于新能源汽车本身具有优越性，因此它有着潜在而巨大的汽车市场。新能源汽车的开发是汽车工业新的经济增长点，可使汽车工业真正得到可持续发展。新能源汽车将给人类带来更多的便利，21 世纪将是新能源汽车的世界。

3. 我国发展新能源汽车的应对措施

大力发展新能源汽车是我国汽车行业发展的必然选择，而作为一种新生事物，新能源汽车的发展将是我国一项长期且艰巨的任务。我国汽车市场被认为是最大的汽车市场，如果我国不能顺应环境保护与充分利用现有能源的新趋势，那么不仅我国的环境会遭到破坏，而且汽车工业将更加落后，因此我国更有必要加快发展新能源汽车。

（1）新能源汽车产业。

与国外汽车产业相比，我国汽车产业在科研、生产规模、营销体系方面较落后，国家有必要在信息、人才、税收、贷款等方面对新能源汽车的科研、生产企业进行全方位扶持，努力实现产品的低成本和高质量，并且实施规模化生产，达到规模效益，实现产业化发展。同时加强统筹工作，组建专业联合体，由国家有关部门或委托相关企业牵头，就某一个项目联合攻关，集全国之力，走科研、实验、生产和推广一体化的开发之路。

（2）制定绿色标准。

在新能源汽车领域，研制动力性测试、安全性规范、经济性评价等整车标准，驱动电机系统、动力蓄电池系统、燃料电池系统等关键部件系统标准，汽车芯片、传感器等核心元器件标准，自动驾驶系统、功能安全、信息安全等智能网联技术标准，以及传导充电、无线充电、加氢等充换电基础设施相关标准。

3.2 纯电动汽车的基本结构

纯电动汽车和传统燃油汽车最直接的区别就是动力源不同，纯电动汽车的动力源是电动机。电动机和发动机的驱动原理不同，汽油机的动力来源主要是靠火花塞点燃混合气，然后由活塞带着曲轴运动。因此，发动机在低转速时为了保持汽车不熄火，只能产生很小的转矩。转速提高以后，对转矩的控制只能通过改变节气门的开度或者改变点火提前角实现，控制精度不高。电动机是通过电流控制转矩，可以很精确地控制转矩的变化，而且电动机对转速和转矩的控制响应速度比发动机快几十倍。

此外，纯电动汽车和传统燃油汽车的底盘布局不同，纯电动汽车的能量基本上是通过电缆传输的，取消了油管和高压油泵等部件。纯电动汽车是将电能转化为动能，能量转化发生在电池内部，取消了三元催化转化器等尾气处理装置，让底盘的布置具有很强的灵活性，方便车辆总体布置。

3.2.1 纯电动汽车一体化驱动传动系统的基本分类

纯电动汽车一体化驱动传动系统通常可分为三类：分布式一体化驱动传动系统、平行轴式一体化驱动传动系统和同轴式一体化驱动传动系统。

1. 分布式一体化驱动传动系统

在分布式一体化驱动传动系统中，电动机的动力通过车轮边的变速器（或者直接）到车轮，并集成制动器，从而实现四轮驱动和两轮驱动，如图3.7所示。图3.8所示为纯电动汽车车轮组成。

1—电动车轮；2—悬架支架；3—蓄电池及车架；4—悬架弹性元件。
图 3.7 分布式一体化驱动传动系统

1—定子；2—轴承；3—转子；4—车轮；5—磁芯与动力电控装置；6—悬架支架；7—制动器。
图 3.8 纯电动汽车车轮组成

2. 平行轴式一体化驱动传动系统

在平行轴式一体化驱动传动系统中，电动机的动力通过变速器、主传动、差速器和半轴等传到车轮，如图 3.9 所示。

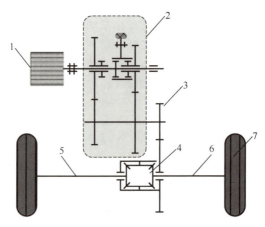

1—电动机；2—变速器；3—主传动；4—差速器；5，6—半轴；7—车轮。
图 3.9 平行轴式一体化驱动传动系统

3. 同轴式一体化驱动传动系统

同轴式一体化驱动传动系统将电动机、变速器和驱动桥集成一个总成,行业内通常称为三合一电动驱动桥。电动机和减速器安装在同一轴线上,电动机输出轴驱动减速器的主传动装置,主传动装置再将动力传至差速器,差速器的两个输出齿轮分别与左右半轴连接,将三合一电动驱动桥的驱动动力通过半轴传至传动轴,带动车轮转动,驱动车辆行驶。三合一电动驱动桥的外形如图 3.10 所示。

1—电动机;2—电动机控制器;3—减速器。
图 3.10　三合一电动驱动桥的外形

图 3.11 所示为三合一电动驱动桥传动示意图。电动机带有定子和转子。电动机总成相对于车桥同轴布置。定子固定在车辆的底盘车架上。三合一电动驱动桥具有减速装置,其输入构件连接到转子。减速装置沿车桥轴线方向布置,与电动机安装成一个整体。电动机的另一侧装有差速器,差速器的输入部件通过空心轴连接到减速装置的输出端,空心轴延伸穿过电动机的转子。差速器采用常规的机械差速器结构,将电动机转矩分配在左右侧输出半轴上。输出半轴通过传动轴连接至车桥的左右驱动轮。

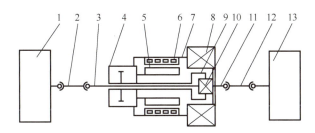

1,13—轮胎;2,12—传动轴;3,11—半轴;4—减速装置;5—转子;
6—定子;7—电动机总成;8—控制器;9—空心轴;10—差速器。
图 3.11　三合一电动驱动桥传动示意图

3.2.2　纯电动汽车动力传动系统的基本分类

纯电动汽车动力传动系统主要有单电动机直驱式动力传动系统、单电动机+AMT(机械式自动变速器)动力传动系统、双电动机耦合动力传动系统及轮毂电动机动力传动系统。

1. 单电动机直驱式动力传动系统

单电动机直驱式动力传动系统（图3.12）的特点是无离合器和变速箱，采用大功率、高转矩低速永磁同步电动机或交流异步电动机驱动系统。

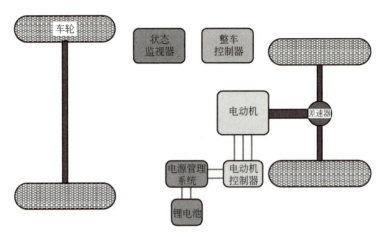

图3.12　单电动机直驱式动力传动系统

2. 单电动机＋AMT（机械式自动变速器）动力传动系统

单电动机＋AMT（机械式自动变速器）动力传动系统（图3.13）的特点是无离合器，采用多挡AMT和大功率中速永磁同步电动机驱动系统。

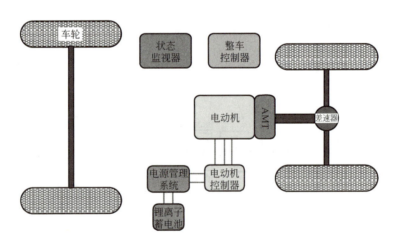

图3.13　单电动机＋AMT（机械式自动变速器）动力传动系统

3. 双电动机耦合动力传动系统

双电动机耦合动力传动系统（图3.14）的特点是体积小，质量轻，便于底盘布置和有效利用空间，有利于低地板结构，噪声小，双电动机运转平滑，双电动机协调工作，若单电动机失效，该系统仍能运行。

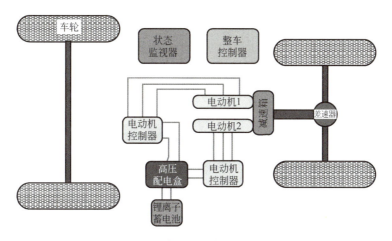

图 3.14 双电动机耦合动力传动系统

4. 轮毂电动机动力传动系统

轮毂电动机动力传动系统（图 3.15）的特点是无主减速器和差速器，利于低地板结构；电动机直接驱动车轮，制动时吸收车轮制动能量，效率高；双电动机分别驱动两个后轮，可实现精确差速控制和转向控制。

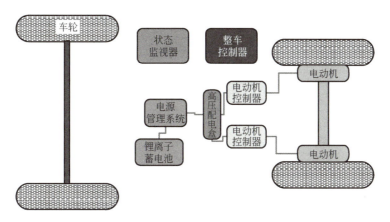

图 3.15 轮毂电机动力系统

3.3 新能源汽车储能系统

按储能方式，储能系统可分为化学储能系统、物理储能系统和电磁储能系统三大类。其中，化学储能系统通过扩大化学材料的应用范围、提高质量比能量来实现产业化应用，而各类电化学储能系统在生产和研究中具有不同的技术路线和应用方向。目前，主要电化学储能系统有超级电容器和锂离子电池等。物理储能系统主要有飞轮蓄能装置等，具有环保、绿色、循环寿命长和运行费用低等优点。电磁储能系统主要有超级电容器等。

1. 锂离子电池

根据电解质材料的不同,锂离子电池可以分为液态锂离子电池、凝聚态锂离子电池和聚合物锂离子电池。锂离子电池如图 3.16 所示。其中,液态锂离子电池是指 Li^+ 嵌入化合物为正负极的二次电池。正极采用锂化合物 $LiCoO_2$、$LiNiO_2$ 或 $LiMn_2O_4$,负极采用锂-碳层间化合物 Li_xC_6。

图 3.16　锂离子电池

典型的锂离子电池工作原理如图 3.17 所示。

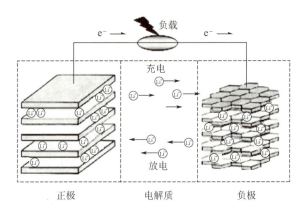

图 3.17　典型的锂离子电池工作原理

电池总反应:$LiCoO_2 + 6C = Li_{1-x}CoO_2 + Li_xC_6$

聚合物锂离子电池的原理与液态锂离子电池相同,主要区别是电解液与液态锂离子电池不同。锂离子电池的主要构造包括正极材料、电解质与负极材料三要素。聚合物锂离子电池是指在这三要素中至少有一项使用高分子材料,而在目前所开发的聚合物锂离子电池中,高分子材料主要应用于制造正极材料及电解质。正极材料包括导电高分子聚合物或一般锂离子电池所采用的无机化合物,电解质则可以使用固体高分子电解质、胶体高分子电解质或有机电解液。一般锂离子电池使用胶体高分子电解质或有机电解液,因此需要坚固的二次包装来容纳可燃的活性成分,既增加了质量,又限制了尺寸的灵活性。而聚合物锂离子电池中没有多余的电解液,因此更稳定,也不易因电池的过量充电、碰撞或其他损害及过量使用而造成危险。

锂离子电池的质量比能量已达到铅酸蓄电池的 3~4 倍，镍氢蓄电池的 2 倍，并且循环寿命较长，性价比明显优于镍氢蓄电池，被认为是最有希望的新能源客车用蓄电池。目前，市场上推出的混合动力汽车、插电式混合动力汽车及纯电动汽车基本采用锂离子电池。

2. 钠硫电池

钠硫电池应用于变电所负荷调平和不间断电源设备等，并于 2002 年开始进入商品化实施阶段。

钠硫电池以钠和硫分别作为负极和正极，$\beta\text{-}Al_2O_3$ 陶瓷起隔膜和电解质的双重作用。其结构及工作原理如图 3.18 所示。

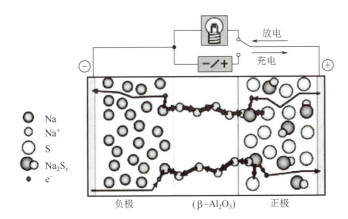

图 3.18　钠硫电池的结构及工作原理

电池形式：$(-)Na(l)/\beta\text{-}Al_2O_3/Na_2S_x(l)/C(+)$

电池总反应：$2Na+xS=Na_2S_x$

钠硫电池的特点如下。

（1）理论质量比能量高。钠硫电池的理论质量比能量高达 760 W·h/kg，没有自放电现象，放电效率几乎可达 100%。

（2）单体电池储能大。钠硫电池的基本单元为单体电池，用于储能的单体电池最大容量达到 650A·h，功率大于 120W。将多个单体电池组合后形成模块，模块的功率通常为数十千瓦，可直接用于储能。

（3）技术成熟。钠硫电池在国外是发展相对成熟的储能电池，其使用寿命为 10~15 年。

3. 锌空气电池

锌空气电池靠金属锌和空气在特种电解质作用下发生化学反应来获得电能，其实物图如图 3.19 所示。锌空气电池的容量比其他电池大 3~10 倍，具有工作电压平稳、噪声小等优点。但从严格意义上来讲，它并不是蓄电池，而是利用锌和空气直接发电的电池。在锌空气电池用完后，只需更换封装好的锌粉。

锌空气电池由正极、负极、电解液、隔离层、绝缘和密封层等组成，其结构示意图如图 3.20 所示。

图 3.19　锌空气电池实物图

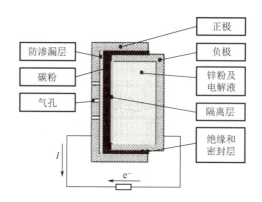

图 3.20　锌空气电池的结构示意图

成糊状的锌粉在正极，起催化作用的碳粉在负极，电池壳体上的气孔可让空气中的氧气进入腔体附着在负极的碳粉上，同时正极的锌粉被氧化，这一化学反应与小型银氧电池或汞氧电池的化学反应类似。其中：

负极——起催化作用的碳粉从空气中吸收氧。

正极——锌粉和电解液的混合物，呈糊状。

电解液——高浓度的氢氧化钾（KOH）水溶液。

隔离层——用于隔离两极间固体粉粒的移动。

绝缘和密封层——尼龙材料。

电池外表面——镍金属外壳，具有良好耐蚀性的导体。

锌空气电池的电池反应如下。

正极反应：$Zn + 2OH^- = ZnO + H_2O + 2e^-$

负极反应：$O_2 + 2H_2O + 4e^- = 4OH^-$

电池总反应：$2Zn + O_2 = 2ZnO$

在正极壳体上开有气孔，以便氧气源源不断地进入电池，使电池产生化学反应。

锌空气电池的特点如下。

（1）理论质量比能量高。锌空气电池的理论质量比能量约为 275W·h/kg，为碱性锌锰电池的 4～5 倍。

（2）体积小，质量轻（空气电极的活性物质不在电池内部），容量大。

(3) 内阻小,大电流放电性和脉冲放电性相当好。

(4) 储环寿命长。

(5) 使用温度范围广。锌空气电池能在－40～60℃下工作,但其最佳工作温度为0～50℃。

(6) 工作电压平稳,使用安全。

(7) 对生态环境污染小。

锌空气电池可以作为充电电池应用于电动车行业,如电动自行车、电动助动车、电动摩托车、电动出租车及电动城市公交客车等,原因是锌空气电池解决了现有电池在电动车应用方面所存在的主要问题。锌空气电池的理论质量比能量约为275W·h/kg,约为现有市场上铅酸蓄电池理论质量比能量的6倍,使电动汽车续驶里程大大提高;单位成本可与铅酸蓄电池相比,具有很好的市场性价比;能源再生体系可保证对环境无污染。

但是,由于锌空气电池内部含有高浓度的电解质(如氢氧化钾具有强碱性和强腐蚀性),一旦发生渗漏,就会腐蚀电池附近部件,并且这种腐蚀可能是不可修复和致命的。此外,电池上有气孔,电池在激活使用后存放时间很短,所以锌空气电池较易发生漏液。因其比功率小、不能输出大电流,故在新能源客车实际运用中常与其他蓄电池共同使用。由于锌空气电池不是充电,而是添加锌粉,因此废液处理成本是制约锌空气电池发展的瓶颈。近年来,铝空气电池的发展引人注目,其主要优势是废液处理方法简单、成本低。

4. 飞轮蓄能装置

飞轮蓄能装置是20世纪90年代才提出的新概念,突破了化学电池的局限,采用物理方法的飞轮旋转来实现储能,其结构及工作原理如图3.21所示。

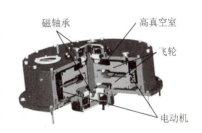

图3.21 飞轮蓄能装置的结构及工作原理

飞轮蓄能装置是从外部输入电能驱动电动机旋转,电动机带动飞轮旋转,飞轮储存动能;当外部负载需要能量时,飞轮带动发电机旋转,将动能转化为电能。由于输入、输出是彼此独立的,设计时,常将电动机和发电机整合为一台电机,合并输入变换器和输出变换器,可以大大减小装置的尺寸和质量;同时,由于在实际工作中飞轮的转速为40000～50000r/min,一般金属制成的飞轮无法承受这样高的转速,因此飞轮一般都采用碳纤维制成,既轻又强,进一步减轻了整个装置的质量。为了减少充放电过程中的能量损耗(主要是摩擦力损耗),电动机和飞轮都使用磁轴承以悬浮,从而减少机械摩擦;将飞轮和电动机放置在高真空室中,以减少空气摩擦。这样,飞轮储能装置的净效率约为95%。

飞轮是整个装置的核心部件,它直接决定了整个装置的储能量(储能量由公式$E=j\omega^2$决定,j为飞轮的转动惯量,与飞轮的形状和质量有关;ω为飞轮的旋转角速度)。

飞轮储能装置体积小、质量轻、充电快,其循环寿命长达25年。但将其用于新能源汽车仍面临两大问题,即当车辆转弯或产生颠簸偏离直线行驶时,飞轮将产生陀螺力矩,从而严重影响车辆的操作稳定性;若飞轮出现故障,以机械能形式储存在飞轮中的能量就会在短时间内释放,大功率输出将导致车辆损坏。因此,超高速飞轮在新能源汽车上使用需要在结构可靠性、充电、自放电、噪声及振动等方面进一步改进和完善。

5. 超级电容器

超级电容器（图3.22）不同于传统的化学电源，是一种介于传统电容器与电池之间的具有特殊性能的电源，主要依靠双电层和氧化还原赝电容电荷储存电能。超级电容器在其储能的过程中并不发生化学反应，并且这种储能过程是可逆的，也正因为如此，它可以反复充放电数十万次。其基本原理与其他种类的双电层电容器一样，都是利用活性炭多孔电极和电解质组成的双电层结构来获得超大容量。某车用超级电容器模块如图3.23所示。

图3.22 超级电容器

图3.23 某车用超级电容器模块

超级电容器具有功率密度高、充放电时间短、循环寿命长和工作温度范围大等优点，是投入量产的容量最大的双电层电容器。

超级电容器的电流是在电极/溶液界面通过电子或离子的定向排列引起电荷对峙而产生的，其结构及工作原理如图3.24所示。当在两个电极上施加电场后，电解液中的阴、阳离子分别向正、负电极迁移，在电极表面形成双电层；撤销电场后，电极上的正、负电荷与电解液中的相反电荷离子相互吸引而使双电层稳定，在正、负极间产生相对稳定的电位差。此时对某电极而言，会在一定距离内（分散层）产生与电极上的电荷等量的异性离子电荷以保持电中性；当两电极与外电路连通时，电极上的电荷迁移而在外电路中产生电流，电解液中的离子迁移到电解液中而呈电中性，这就是超级电容器的工作原理。

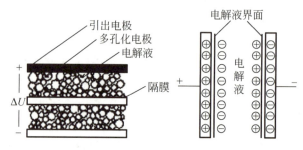

图3.24 超级电容器的结构及工作原理

超级电容器用途广泛，可用作起重装置的电力平衡电源，提供超大电流的电力；用作车辆起动电源，起动效率和可靠性都比传统蓄电池高，可以全部或部分替代传统蓄电池；用作车辆的牵引能源，可以生产电动汽车、替代传统的内燃机、改造现有的无轨电车等。采用超级电容器的插电式混合动力客车如图 3.25 所示。

图 3.25　采用超级电容器的插电式混合动力客车

纵观新能源汽车动力源的选择，在传统蓄电池的技术上，改进型铅酸蓄电池（主要指双极性、亚双极性水平电池）和聚合物锂离子电池被认为是发展方向。由于改进型铅酸蓄电池成本低、运行可靠，因此是目前使用较多的起动电池；而聚合物锂离子电池的性价比有望达到市场化的指标，是未来可以实现且市场能够接受的电池。镍氢蓄电池技术日趋成熟，在锂离子电池技术成熟以前，有一定的市场前景。业界对钠硫电池及锌空气电池等新型电池的发展寄予厚望，但目前钠硫电池技术还有待提高，安全性也有待评估。

3.4　新能源汽车技术

3.4.1　燃料电池电动汽车技术

燃料电池电动汽车可能主导未来

燃料电池电动汽车与传统的内燃机驱动汽车在构造及动力传输等方面不同。燃料电池电动汽车以其高效率和近零排放被普遍认为具有广阔的发展前景。美国、欧盟、日本和韩国都投入了大量资金和人力进行燃料电池电动汽车的研究，通用、福特、克莱斯勒、丰田、本田、奔驰等汽车公司都已经开发出燃料电池电动汽车并已经在公路上投入运行，并且普遍运行状况良好。

在我国"十五"国家高技术研究发展计划（863计划）、电动汽车科技发展"十二五"专项规划和节能与新能源汽车产业发展规划的支持下，中国的燃料电池电动汽车技术研发取得重大进展，初步掌握了整车、动力系统与核心部件的核心技术，基本建立了具有自主知识产权的燃料电池电动汽车与燃料电池城市客车动力系统技术平台，也初步形成了燃料电池发动机、动力电池、DC/DC电源变换器、驱动电机、供氢系统等关键零部件的配套研发体系，实现了百辆级动力系统与整车的生产能力。

1. 燃料电池电动汽车的特点

燃料电池电动汽车的工作原理是使作为燃料的氢气在汽车搭载的燃料电池中与大气中的氧气发生化学反应，从而产生电能起动电动机，进而驱动汽车。甲醇、天然气和汽油也可以替代氢气（从这些物质里间接提取氢气），但会产生少量二氧化碳和氮氧化物。但总的来说，这类化学反应除了电能就只产生水，因此燃料电池电动汽车称为"地道的环保车"。

燃料电池的能量转换效率极高。燃料电池不经历热机过程，不受卡诺循环限制，故燃料电池的能量转换效率在理论上可达100%，实际效率为60%～80%，是内燃机能量转换效率的2～3倍。因此，从节约能源的角度来看，燃料电池电动汽车明显优于内燃机汽车。

近年来，燃料电池技术的迅速发展也为燃料电池应用于汽车创造了条件。随着技术的进步，燃料电池的功率密度不断提高，电池组的输出功率不断增大，而电池的体积和成本明显降低。燃料电池的另一个吸引人的地方在于它将取代蓄电池用于电动汽车。由蓄电池驱动的电动汽车虽然摆脱了发动机的轰鸣，可以无噪声地行驶，但它有一个致命的缺点——单次充电续驶里程有限。

燃料电池的燃料主要有氢气、甲醇和汽油等。根据燃料电池的发电原理，氢气是最理想的燃料。一是氢气可以直接参与电化学反应；二是氢气燃料电池的产物中只有洁净的水蒸气，不会对环境造成任何污染。要将氢气作为燃料电池电动汽车的燃料，必须解决以下两个问题。

（1）经济地获取氢气。氢气可以从天然气等传统的化石燃料中通过重整或改质技术转化而来。这样一来，氢气的制取不仅要消耗大量的能量，而且并没有从根本上摆脱对化石燃料的依赖，也没有从根本上消除对环境的污染。自然界中，氢能大量储存于水中，虽然取之不尽，但直接使用热分解或是电解方法从水中制取氢气显然不划算。因此，多数科学家都将目光转向利用太阳能，但是还存在许多技术障碍。目前正在进行太阳能分解水制氢、阳光催化光解水制氢、太阳能生物制氢等方面的研究。只有到了能以再生性能源廉价地生产出氢气，氢燃料电池汽车的燃料问题才算获得了根本性的解决。

（2）为燃料电池供应燃料。向燃料电池供应燃料有两种形式：①非重整式，即氢气储罐直接装在车上供给燃料电池；②重整式，即车上装有液体燃料，利用车上装置制造氢气。常称制氢装置为重整装置，具有重整装置的燃料电池电动汽车称为重整式燃料电池电动汽车。

通常氢能以三种状态储存和运输：高压气态、液态和氢化物态。用常用的压缩气体储罐储存的氢只能供燃料电池电动汽车行驶相对较短的里程。由于氢气是最小的分子，因此很容易造成泄漏，哪怕是微量的泄漏都有可能造成极可怕的后果。在−253℃下储存液氢的深度制冷技术对于大众市场来说还不成熟，但可喜的是，储氢材料的开发已取得令人鼓舞的进展。据报道，一种碳纳米管储氢技术获得了新突破。

2. 燃料电池电动汽车的技术特性

燃料电池是一种把储存在燃料和氧化剂中的化学能，等温地按电化学原理转化为电能的能量转换装置。燃料电池由含催化剂的阳极、阴极和离子导电的电解质组成。燃料在阳极氧化，氧化剂在阴极还原，电子从阳极通过负载流向阴极而构成电回路，产生电能，从而驱动负载工作。燃料电池与常规电池的不同在于它工作时需要连续地向电池内输入燃料和氧化剂，通过电化学反应生成水，并释放出电能；只要保持燃料供应，电池就会不断工作提供电能。

燃料电池种类繁多，其性质和工作温度范围因电解质的不同而不同。质子交换膜燃料电池最适用于汽车。它的结构紧凑、工作温度低（只有80℃）、起动迅速、功率密度高、使用寿命长。质子交换膜燃料电池的核心是涂有铂催化剂的弹性塑料膜，铂催化剂把氢气转化为质子和电子，只有质子可以通过电解质膜，与膜另一侧的氧离子结合生成水，而电子在闭合的外电路中形成电流。质子交换膜燃料电池早在20世纪60年代就用于双子星座号飞船中。20世纪80年代晚期，洛斯阿拉莫斯国家实验室的研究人员对催化剂进行了大量的改进，使铂的用量减少了90％。加拿大的巴拉德动力系统公司通过改进电解质膜，使电池的质量比能量成倍增加，这是其他燃料电池所无法比拟的。图3.26所示为燃料电池电动汽车示意图。

图3.26　燃料电池电动汽车示意图

3. 燃料电池系统的构成及发电原理

（1）氢燃料电池。

图3.27所示为以氢为燃料的质子交换膜燃料电池系统的构成。

该燃料电池系统的氢气是由金属氢化物供应的，经过加湿器、燃料电池在系统内循环。空气由泵供应，与氢气一样，经过加湿器在系统内循环。在一般情况下，氢气与空气的压力从常压到数个大气压。当系统内压力升高时，功率输出密度也随之增加，这是空气泵负荷增加、效率下降的重要原因。

反应生成的水通过散热器水泵冷却后，由再循环器进行回收，经过加湿器，再次供应给燃料电池。为了防止离子交换膜干燥，必须进行加湿，多余的水会排出。另外，质子交换膜燃料电池的工作温度低，当生成的水在燃料电池内滞留时，会妨碍气体流动，这也是

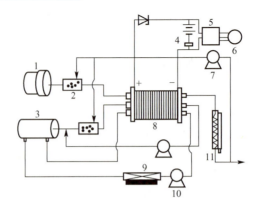

1—空气泵;2—加湿器;3—金属氢化物箱;4—蓄电池;5—转换器;6—电动机;
7—冷凝物供应泵;8—燃料电池;9—再循环器;10—散热器水泵;11—冷凝器。

图 3.27　以氢为燃料的质子交换膜燃料电池系统的构成

反应效率下降的重要原因。对金属氢化物加热,使氢气逸出而产生的热量通过冷凝器冷却。汽车用燃料电池要求具有快速起动性能和良好的响应性,燃料电池系统的起动时间约为 8s,但电池本体只要 1s 电压就可上升至预定值。

(2) 甲醇、天然气或汽油的重整燃料电池。

以氢气为燃料的质子交换膜燃料电池系统已经达到了要求的水平。但为了实用化,必须建立和完善氢气供应的基本设备,如甲醇、天然气或汽油在汽车上制备氢气的装置。利用甲醇制备氢气的反应式为

$$CH_3OH + H_2O \longrightarrow 3H_2\uparrow + CO_2\uparrow$$

甲醇中的碳原子与燃料电池反应无关,为了继续进行重整反应,必须不断供应热量。制备氢气不仅可以利用甲醇,而且可以利用天然气或汽油中的碳氢化合物。重整型甲醇燃料电池系统的构成如图 3.28 所示。

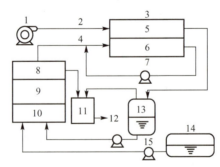

1—空气压缩机;2—空气;3—固体高分子型燃料电池;4—氢气;5—空气极;
6—燃料极;7—循环泵;8—CO 处理器;9—重整反应部;10—燃料汽化部;
11—燃烧部;12—排气泵;13—水;14—甲醇;15—进料泵。

图 3.28　重整型甲醇燃料电池系统的构成

图 3.29 所示为大客车用磷酸型燃料电池装车布置。车上装有热交换器、燃料重整器、燃料电池组、冷却液循环泵、ECU、斩波器、空气供应机和空调。

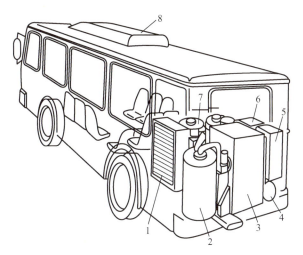

1—热交换器；2—燃料重整器；3—燃料电池组；4—冷却液循环泵；
5—ECU；6—斩波器；7—空气供应机；8—空调。

图 3.29　大客车用磷酸型燃料电池装车布置

在燃料电池组中，燃料和空气进行流动，产生电能和热能。燃料电池的发电原理与燃料重整如图 3.30 所示。图 3.30 中同时展示了燃料重整系统之间的关系。电解质膜是氧化铝（O^{2-} 流动）和高分子（H^+ 流动）。

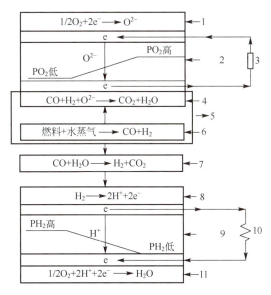

1—空气极；2，9—电解质膜；3—控制电路；4，8—燃料极；5—直接内部重整；
6—水蒸气重整；7—CO_2 形成；10—负载电路；11—空气极。

图 3.30　燃料电池的发电原理与燃料重整

当空气向空气极流动、燃料向燃料极流动时，产生氧（氢）分压差，即化学势能差，使氧（氢）向燃料极（空气极）流动。在电极中，离子与电子进行相应反应，电子在外部回路上流动，从而产生电流。对此时发生的现象进行热力学分析整理，燃料发生氧化反应的自由能不通过热机（如内燃机）即可直接转换为电能。

燃料电池由单体电池（电解质膜、燃料用电极、空气用电极）和双极板（分离器、内插接件）分层叠合，形成数十节甚至数百节电池组，从而形成功率较高的发电装置。

燃料重整系统因燃料电池的种类不同而有所不同。在低温磷酸燃料电池或高分子电解质型燃料电池中，对燃料进行水蒸气重整后，CO 与水蒸气进一步反应生成 CO_2 和 H_2。在高温型熔融盐燃料电池中，经过重整的燃料气体没有生成 CO。在固体氧化物燃料电池中，燃料重整在燃料电池内部进行。

水蒸气重整反应是必须具备 700～800℃条件的吸热反应，燃料重整系统使用外热式水蒸气重整器。它与热交换器一样价格高，成为决定燃料电池整个装置成本的关键。此外，水蒸气重整反应需要热源，利用天然气或汽油时，要回收残留燃料或排出热能，巧妙地组合燃料重整系统能够提高整个系统的效率。

3.4.2　混合动力汽车技术

1. 混合动力汽车的特点

雷克萨斯RX 400h混合动力技术

目前，采用混合动力驱动系统是解决电动汽车续驶里程短这一问题最快捷、最有效的途径。混合动力汽车有两套驱动系统，即燃油驱动系统和电驱动系统。其动力源主要是燃油，在低速、起动和加速时用电力，即不完全燃烧时用电力，从而提高燃料的燃烧效率。混合动力驱动系统既能发挥电驱动汽车在城市里运行时低排放量、低噪声的优点，又能保留内燃机汽车续驶里程长的优点，还可以利用驱动系统中的电机回收汽车制动能量。当汽车起动和爬坡时，可以利用电机的辅助转矩使汽车配置的内燃机排量减小。当汽车在城市内低速行驶时，可完全依靠电机。在长途运行过程中，可利用内燃机为电驱动系统中的蓄电池充电。

2. 混合动力汽车系统

混合动力汽车系统根据其动力系统的配置不同可分为三类：串联式混合动力汽车系统、并联式混合动力汽车系统和串并联灵活驱动式混合动力汽车系统。

（1）串联式混合动力汽车系统。

由发动机带动发电机，电能在控制器的调节下带动电机运转，以驱动车轮。发动机始终在热效率高且排放量较低的单一最佳工况下运转，单一工况运转也便于排气后处理装置始终保持高净化率。低负荷运转时，发动机发出的功率超过驱动车辆的需要，可用多余电能向蓄电池充电；高负荷运转时，除发电机发出的电能外，蓄电池组可提供额外电能。但最高输出功率要受到电机功率的限制。串联式混合动力汽车系统如图 3.31（a）所示，使用该系统的有城市运行公交汽车等。

（2）并联式混合动力汽车系统。

发动机和电机可以分别向汽车的驱动系统提供动力，而需要大功率时可以共同提供动力，改进了串联式混合动力汽车系统最大功率不足的缺陷。并联式混合动力汽车系统如图 3.31（b）所示，使用该系统的有经常在郊区和高速公路上行驶的车辆。

（3）串并联灵活驱动式混合动力汽车系统。

串并联灵活驱动式混合动力汽车系统通过一种行星齿轮系统组成的动力分配装置，将整个系统耦合在一起，根据行驶工况灵活采取串联方式或并联方式，以达到热效率最高、排气量最低的效果。一般控制策略如下：起步或低负荷行驶时，由电能驱动；匀速行驶时，由发动机提供动力；加速行驶时，发动机与电机共同提供动力；停车或滑行时，发动机带动发电机向蓄电池组充电；制动和减速时，通过能量回收系统向蓄电池组充电。串并联灵活驱动式混合动力汽车系统如图 3.31（c）所示，兼有串联式和并联式的特点，但控制系统最复杂。

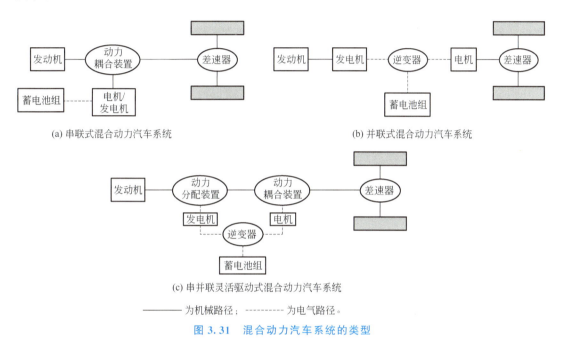

图 3.31 混合动力汽车系统的类型

3. 混合动力汽车的控制技术

混合动力汽车与内燃机汽车相比，燃油经济性提高 1 倍，CO_2 排放量减少，对减少气球温室效应作出了有益贡献。图 3.32 所示为混合动力汽车系统的结构。

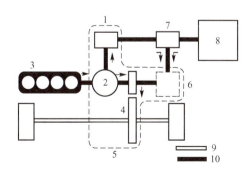

1—发电机；2—动力分配机构；3—发动机；4—减速装置；5—混合动力变速器；
6—电机；7—变换器；8—高压蓄电池；9—动力传递路径；10—电力传递路径。

图 3.32 混合动力汽车系统的结构

(1) 混合动力汽车系统的结构特点。

发动机为直列式,采用交流永磁同步电机和镍氢蓄电池,基本动力源为发动机。发动机动力通过动力分配机构形成车轮驱动力与发电机驱动力,由发电机发出电流,直接驱动电机。此外,电流由电流变换器变换为直流后,被储存在高压蓄电池中。

混合动力变速器由发电机、动力分配机构、减速装置和电机组合构成。发动机的动力按动力分配机构可分为两大部分:在输出轴一方为电机与车轮连接,另一方与发电机连接。也就是说,发动机的动力通过机械与电气两条路径传递。发动机的转速与发电机及电机的转速可以无级变速,具有电子控制变速器的作用。动力分配机构应用行星齿轮装置,发动机动力传递到直接连接的行星齿轮装置,通过小齿轮将动力分配到齿圈与太阳轮。齿圈旋转轴与电机直接连接,通过减速器将驱动力传递到车轮。另外,太阳轮的旋转轴与发电机直接连接。

(2) 混合动力汽车的控制系统。

混合动力汽车系统是有效利用发动机和电机的各自特点,进行优化组合控制的装置,所以具有显著节能的优点。为了获得高效率的控制,必须按汽车的运转条件做精确的优化。混合动力汽车系统对发动机、电机、发电机、蓄电池等构成部件的要求值或实际值进行确认与计算,因此,必须进行实时高速精密控制。图3.33所示为混合动力汽车的控制系统。

混合动力汽车组装过程

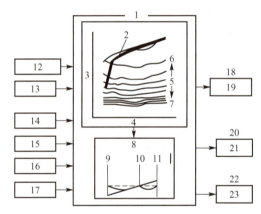

1—控制系统;2—发动机运转范围控制;3—转矩;4—发动机转速;5—燃油经济性;6—好;7—差;8—转速控制;9—发电机转速;10—发动机转速;11—电动机转速;12—加速踏板;13—车速;14—蓄电池;15—空调;16—变速器挡位;17—制动;18—节气门开度;19—电子节气门控制;20—目标转速;21—发电机控制;22—转矩指定值;23—电动机控制。

图3.33 混合动力汽车的控制系统

① 发动机运转域控制。发动机的运转域就是在燃油经济性良好的预先规定的高转矩域中正常运转。按汽车行驶工况,该控制系统对发动机转速与电子控制节气门开度进行自动控制。

② 行驶控制。在某状态下,当驾驶人踩加速踏板时,根据踏入量,以发动机运转域控制为基础,打开电子控制节气门;控制发电机转速,进而控制发动机转速;发动机驱动力被分配为直接驱动部分与发电引起的电动机驱动力部分的比例也得到控制,把发动机的直接驱动力与电动机的驱动力叠加,形成整车驱动力。当蓄电池必须充电时,在施加发电

电力的方向上，增加发动机的输出功率进行运转。

③ 发动机与电动机的驱动控制。发动机与电动机的驱动控制可以表示为以下两部分：a. 发动机的直接驱动力；b. 驱动发电机发出的电力与由蓄电池供给的电力共同成为电动机的驱动力。

④ 能量再生控制。图 3.34 所示为能量回收制动系统与液压制动系统的制动力优化分配。发动机制动或用脚踩制动踏板时，电动机作为发电机工作，即汽车的动能转变为电能，并由蓄电池回收电能，以减少制动器的负荷。在城市道路上行驶时频繁加速、减速的行驶工况下最适合回收制动能量。当踩下制动踏板时，可以协调控制能量回收制动系统与液压制动系统，以实现优先使用能量回收制动系统的节能目标，这显著提高了能量回收效率。

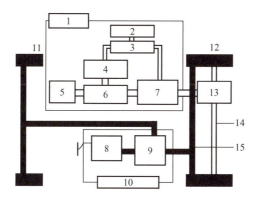

1—ECU；2—蓄电池；3—AC/DC 变换器；4—发电机；5—发动机；
6—动力分配机构；7—电动机；8—制动器液压源；9—液压调控部；10—制动系统 ECU；
11—后轮；12—前轮；13—差速器；14—能量再生制动；15—液压制动。

图 3.34　能量回收制动系统与液压制动系统的制动力优化分配

本 章 小 结

本章主要介绍了新能源汽车的类型及发展概况、纯电动汽车的基本结构，以及新能源汽车储能系统。以燃料电池电动汽车和混合动力汽车为例，分别介绍了其结构、特点及工作原理。

【关键术语】
新能源汽车　储能系统　纯电动汽车　混合动力汽车

综 合 练 习

1. 填空题

（1）新能源汽车主要有_____、_____和_____。

（2）混合动力汽车系统可分为_____、_____、_____。

2. 思考题

（1）为什么要发展新能源汽车？内燃机汽车存在哪些不能克服的缺陷？

（2）新能源汽车关键技术的研究对汽车工业的发展有什么意义？

（3）简述纯电动汽车的基本结构。

（4）试论述混合动力汽车系统的类型。

3. 简答题

（1）绘制三种燃料电池电动汽车的传动路线图，并比较其与内燃机汽车的区别。

（2）燃料电池的工作原理是什么？燃料电池发展的主要问题是什么？

（3）简述燃料电池电动汽车发展的背景及现状。

（4）比较纯电动汽车、混合动力汽车、燃料电池电动汽车的特点，提出对以上三种新能源汽车发展的预测。

（5）如何认识新能源汽车的发展前景？

第 4 章
现代汽车自动变速器技术

教学目标

通过本章的学习，读者可以理解并掌握现代汽车自动变速器技术的发展现状及各种变速器的基本原理，并且了解自动变速器自动换挡控制系统。

教学要求

知识要点	能力要求	相关知识
自动变速器技术概述	了解自动液力变速器、机械式自动变速器、机械无级变速器和双离合器变速器	自动变速器的种类
机械式自动变速器	了解机械式自动变速器的组成、分类及工作原理； 了解离合器和发动机节气门开度的自动控制	机械式自动变速器的优点及功能
机械无级变速器	了解机械无级变速器的分类、特点、关键部件，以及几种机械无级变速器的典型应用； 掌握机械无级变速器的结构； 理解机械无级变速器的工作原理	电磁离合器； 液力变矩器
双离合器变速器	了解双离合器变速器的结构和工作原理，以及典型应用	转矩传递路线； 双离合器的工作状态
自动变速器自动换挡控制系统	了解自动换挡规律和自动换挡特性	单参数控制的自动换挡规律； 双参数控制的自动换挡规律

导入案例

汽车发动机输出的动力需要经过一个变速的装置传递给车轮，这个装置就是变速器。图4.1所示为自动变速器控制示意图。

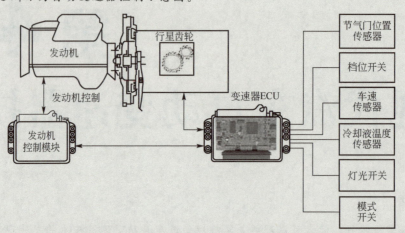

图 4.1　自动变速器控制示意图

汽车有手动换挡变速器、自动液力变速器（AT）、机械无级变速器（CVT）和双离合器变速器（DCT）。自动液力变速器体积大、结构复杂、动力损失大。机械无级变速器的最大特点是没有动力损失，发动机的动力均传递到车轮上，不像手动换挡变速器在换挡踩离合器踏板时发动机的动力会被浪费。

十几年前，自动变速器这个被称为汽车动力系统"神经中枢"的技术领域，主要由国外企业主导。党的二十大报告提出，坚持把发展经济的着力点放在实体经济上，推进新型工业化，加快建设制造强国、质量强国、交通强国。在绿色低碳理念的指引下，我国自动变速器技术正在开辟新赛道。

变速器是汽车传动系统的主要组成部分。汽车变速器主要有两大类：机械变速器与自动变速器。汽车自动变速器源于机械变速器，近年来，随着科技的进步、电子技术的发展、社会需求的提高，自动变速器广泛应用于各类汽车的传动系统。

4.1　自动变速器技术概述

自动变速器构造与原理

自动变速器种类很多，主要有自动液力变速器（AT）、机械式自动变速器（AMT）、机械无级变速器（CVT）和双离合器变速器（DCT）等。

1. 自动液力变速器

自动液力变速器由三大部分组成：液力变矩器、自动变速器和控制系统。其中，液力变矩器具有无级连续变速和变矩的能力，对外部负荷有良好的自动调节和适应性能，从根本上简化了操作过程。它既具有离合器的功能，又使发动机与传动系统之间实现柔性连接和传动，因而将发动机和底盘两大振动源分隔，减轻了车辆的振动，提高了车辆的乘坐舒适性，使车辆起步平稳，加速均匀、柔和。

目前，广泛应用的自动液力变速器在液力变矩器的基础上，利用液力传动、机械传动和功率分流原理，改善液力变矩器的特性，使之与多种发动机理想匹配，使各种车辆获得良好的动力性能和燃油经济性。自动液力变速器综合了液力传动技术、液压控制技术、机械传动技术和电子控制技术，成为现代汽车普遍采用的自动变速器。

2. 机械式自动变速器

机械式自动变速器是在固定轴式变速器的基础上发展起来的，由固定轴式变速器与电液控制系统组成。固定轴式变速器是有级排挡的传动机械，以其效率高、成本低、生产技术成熟的特点而获得广泛应用，但这种变速器存在换挡频繁、劳动强度大、动力中断及驾驶人水平对车辆行驶性能有较大影响等缺陷。随着电子技术的发展和微型计算机控制技术的应用，现已研制出以机械式手动起步而换挡自动控制的机械式自动变速器。1984 年，日本五十铃公司最先研发出机械式自动变速器 NAVI-5，并装于 ASKA 轿车，以 60km/h 行驶时，比自动液力变速器省油，受到了普遍欢迎；此后，美国及一些欧洲国家的汽车公司也相继开始研发机械式自动变速器。

机械式自动变速器的工作原理为：驾驶人通过加速踏板和选挡器（包括排挡范围、换挡点、巡航控制等），各种传感器随时检测车辆工况，微型计算机接收并处理信号输出指令，通过电动和液压分别对节气门开度、离合器接合及换挡三者进行控制，以执行最佳匹配，从而获得最佳的行驶性能、平稳起步性能和迅速换挡性能。

机械式自动变速器具有自动变速的优点，保留了固定轴式变速器传动效率高、成本低、容易制造的长处；但与自动液力变速器相比，机械式自动变速器控制的难度较高且控制精度的要求很高。

3. 机械无级变速器

省油、排气污染少、操作简便、行驶舒适的机械无级变速器（图 4.2）一直是人们追求的目标。早期通过控制双锥体改变接触半径获得传动比连续变化的方法，因接触部分挤压应力太高而难以实现。中小轿车上使用的机械无级变速器以金属 V 形传动带进行传动。这种金属 V 形传动带是荷兰 VDT 公司的专利，它利用 10 层 0.2mm 厚的铝合金薄钢带串上约 280 片钢片制成，这种金属 V 形传动带可承受很大的拉力和侧向压力，钢带装在工作半径可变的带轮上，靠液压改变带轮的半径来改变速比。机械无级变速器的最大优点是可以实现全程无级变速，电子控制机构可以使机械无级变速器在各种工作状态下保持最佳传动比和平滑的换挡性能，使汽车具有良好的牵引性能。

机械无级变速器由电子控制部分、液压控制部分、液力变矩器、金属 V 形传动带、槽宽可变的带轮、一组行星齿轮机构、一组前进多片离合器、一组倒挡多片制动器等组成。主动带轮和从动带轮的槽宽由液压油缸控制改变，从而改变金属 V 形传动带与带轮的接触位置，获得可变的传动比，以便执行变速。

图 4.2 机械无级变速器

ZF自动变速器

如果说从手动换挡变速器到自动液力变速器是第一次飞跃，那么从自动液力变速器到机械无级变速器可以称为第二次飞跃。由于机械无级变速器的出现，汽车的动力性、经济性和操作性发生了质的飞跃。近年来，机械无级变速器已被美国福特汽车公司和意大利菲亚特汽车公司用于中小排气量的轿车上，德国采埃孚股份公司和日本富士重工汽车公司等也都应用机械无级变速器作为改善汽车质量的主要手段。

在以上三种自动变速器中，自动液力变速器普遍应用于现代轿车上，机械无级自动变速器在世界汽车展览会上也越来越受到广大汽车制造商的青睐，并开始大量用于商用中小型轿车上。

4. 双离合器变速器

双离合器变速器（图 4.3）的工作原理可以简单理解为一个离合器对应奇数挡，另一个离合器对应偶数挡。当车辆挂入一个挡位时，另一个离合器及对应的下一个挡位已经位于预备状态，只要当前挡位分离就可以立刻接合下一个挡位，因此双离合器变速器的换挡要比一般的自动变速器甚至手动变速器换挡还快。

双离合器变速器主要由多片湿式双离合器、三轴式齿轮变速器、自动换挡机构、电子控制液压控制系统组成。其中最具创意的核心部分是多片湿式双离合器和三轴式齿轮变速器。

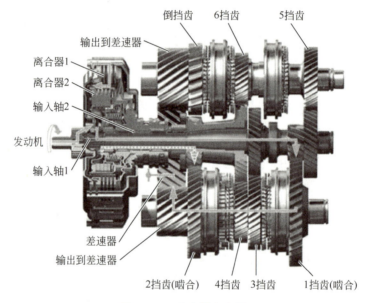

图 4.3　双离合器变速器

4.2　机械式自动变速器

由于机械式自动变速器是在固定轴式变速器的基础上加装自动操作机构实现自动换挡

的，因此它保留了原手动变速器传动效率高、成本低、易制造等优点，还具有自动液力变速器起步、换挡自动操作的优点。但是，机械式自动变速器的结构形式有所限制，与自动液力变速器相比，它在控制上难度较大，主要体现在以下几个方面。

机械式自动变速器

（1）它需要切断动力换挡，但又没有液力变矩器在起步、换挡过程中的缓冲及减振作用。

（2）与湿式离合器相比，干式离合器不允许长时间打滑，否则会烧坏摩擦片，因此对起步、换挡过程的控制要求较高。

（3）固定轴式变速器比旋转轴式变速器难于自动化，多采用拨叉换挡，比用离合器和液压制动器换挡冲击大。

（4）机械式自动变速器需要在换挡时变化节气门，而自动液力变速器的换挡过程是在节气门固定的状态下进行的。

（5）由于液力变矩器具有自适应性能，因此半坡起步较容易；而机械式自动变速器只有靠驾驶人的熟练操作使制动器、离合器和发动机节气门三者协调工作，才能实现半坡起步。因此，机械式自动变速器需要增加坡道辅助起动装置，以提高其安全性。

由此可以看出，起步与换挡是机械式自动变速器控制功能的关键。机械式自动变速器主要由干式离合器、同步器式变速器、微型计算机及其电子控制系统组成。

机械式自动变速器的电子控制系统是在手动换挡变速器和干式离合器的基础上，由 ECU 控制执行机构实现车辆起步、换挡自动操作。机械式自动变速器的工作原理如图 4.4 所示。

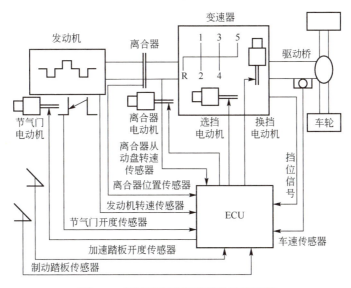

图 4.4　机械式自动变速器的工作原理

ECU 根据驾驶人的意图（加速踏板、制动踏板、调速器控制手柄）及车辆的状态（发动机转速、离合器从动盘转速、车速）按换挡规律实时、在线地担负起多路输入信号的采集、加工处理及控制决策和控制指令的发出等任务；同时，借助相应的执行机构自动完成节气门开度的调整、离合器的分离和接合、变速器的选换挡动作，使换挡过程自动完成。汽车上常用的机械式自动变速器采用了微型计算机控制，取消了离合器踏板和调速器控制手柄，只保留了加速踏板，通过它向微型计算机发出控制汽车的信息。

机械式自动变速器除具有自动变速功能外，还具有自动巡航控制、故障自诊断、手动变速、半坡辅助起步等功能。

1. 机械式自动变速器的组成及分类

（1）机械式自动变速器的组成。

机械式自动变速器主要由四大部分组成：被控制系统、ECU、执行机构和传感器。换挡时，发动机节气门开度的调节、离合器的分离和接合、变速器的选换挡机构都是自动控制的。

执行机构由离合器分离接合执行机构、变速器选换挡执行机构和节气门执行机构组成。离合器分离接合执行机构由直流伺服电动机驱动，通过控制减速机构实现离合器自动分离和平稳接合控制；变速器选换挡执行机构包括选挡机构和换挡机构，分别由两个步进电动机驱动，完成摘挡、选位和挂挡操作；节气门执行机构由步进电动机驱动，完成对加速踏板位置的跟踪及换挡过程中发动机转速的调节。

传感器用于实时监测车辆运行状态，采集 ECU 控制所需的各种信息，同时将采集到的信号转换成 ECU 能识别的信息，便于 ECU 进行处理，并对车辆运行做出及时反应以调整行驶状态。

（2）机械式自动变速器的类型。

机械式自动变速器根据选换挡和离合器操作方式的不同可分为液压驱动机械式自动变速器、气压驱动机械式自动变速器和电机驱动机械式自动变速器三种。

① 在液压驱动机械式自动变速器中，选换挡和离合器的操作靠油压来实现，因此必须建立一个液压系统。因为节气门的自动操纵可以独立于机械式自动变速器，所以对节气门的操作可以采用液压、电动机或者线形电磁铁等驱动方式。液压驱动机械式自动变速器根据 ECU 的指令控制电磁阀，使执行机构自动完成离合器的分离和接合及变速器的选换挡。该变速器的选换挡机构具有容量大、操作简便、易实现安全保护、具有一定的吸振与吸收冲击的能力及便于空间布置等优点。采用高速开关阀控制离合器存在一些缺点，最主要的是温度变化会使离合器的执行机构中液压油的黏度发生变化，因而使离合器回油管路压力损失产生变化；其次是液压元件对加工精度要求非常高，造成成本较高。

② 在气压驱动机械式自动变速器中，选换挡和离合器的操作靠气压来实现，因此必须建立一个气压系统。由于气压驱动机械式自动变速器存在压力波动较大、对离合器的精确控制不利等缺点，因此其应用目前较少。

③ 电机驱动机械式自动变速器是采用直流电动机来驱动选换挡机构和离合器的。与

液压驱动机械式自动变速器相比，它具有结构简单、控制灵活、对环境的适应能力强、成本低、能耗小等优点。目前电机驱动机械式自动变速器存在的缺点是电机的执行动作没有液压精确，而且选换挡动作比较迟缓。因此，在对于选换挡速度不需要太高的情况下可以采用电机驱动机械式自动变速器。

2. 机械式自动变速器的工作原理

机械式自动变速器的功能涉及车辆工作的方方面面，其工作原理如下。

（1）起步控制。

驾驶人接通电源后，微型计算机首先将变速器置于空挡，并分离离合器；然后起动发动机，当发动机转速达到某一给定值时，离合器接合；当变速器输入轴开始转动时，微型计算机把此时离合器的位置作为初始接合点，并作为基准对离合器进行控制。

当驾驶人选择某选挡开关起步时，离合器分离，变速器挂上相应挡位，在驾驶人未踩下加速踏板时，离合器一直处于分离状态的部分接合点之前。

当驾驶人进一步踩下加速踏板时，微型计算机根据加速踏板的位置，按离合器最佳接合规律控制离合器作动器的接合速度进行接合，与此同时，发动机节气门进行自适应调节加油，节气门开度到一定程度时，牵引力大于外界阻力，汽车起步。

（2）换挡控制。

换挡控制与起步控制类似，其次序是抬起加速踏板、分离离合器、摘空挡、挂新挡、接合离合器、踩加速踏板至离合器到主、从动片转速一致。

（3）离合器控制。

离合器液压系统使用的电磁阀均为高速开关阀，即它有两个状态：全开和全关。为了对离合器接合进行控制，要使泄油阀时开时关。对高速开关阀的控制主要有两种方式：脉宽调制和脉频调制。脉宽调制是使电磁阀开的频率不变，但开阀时间变化；脉频调制正好相反。

过去对离合器的接合控制采用的是开环控制，即给电磁通以一定频率的脉冲，而不管离合器怎样运动。这种控制很容易受到温度、压力等条件的影响。为了更好地控制离合器，可采用闭环控制，闭环控制采用脉宽调制，把整个控制过程分为若干个周期，每个周期都要检查上一周期的误差和误差的变化，根据上一周期的误差和误差的变化决定本周期的开阀时间。例如，若上一周期的误差为负，即未走到预定值，误差变化为正，误差变大，则本周期开阀时间应适当延长。每周期都有开、关、修正误差的过程，可以在一定范围内削弱环境的影响，使离合器的控制更加精确、平顺。

离合器的分离控制是当驾驶人抬起加速踏板而使汽车滑行，或操作变速器换挡，或车速低于选择开关所设定的车速，或驾驶人选择空挡，以及汽车制动时，微型计算机将控制离合器作动器分离离合器。

阅读材料 4-1

电机驱动机械式自动变速器

LUK 公司的电机驱动机械式自动变速器如图 4.5 所示。它是将选换挡轴、换挡臂集成到选换挡控制机构（图 4.6）上，通过蜗轮蜗杆机构将直线运动转变为圆周运动。

图 4.5　LUK 公司的电机驱动机械式自动变速器

图 4.6　选换挡控制机构

3. 离合器的自动控制

机械式自动变速器没有离合器，离合器的自动控制需与发动机节气门及换挡操作配合协调，自动控制系统对这种配合的要求很高。只有实现离合器的最佳接合规律，才能保证汽车起步、换挡过程的质量，减少对传动系统零部件的冲击，延长这些部件的使用寿命并提高乘坐舒适性。

（1）离合器的最佳接合规律。

在起步换挡过程中，离合器的自动控制不仅受车辆载荷、坡度、发动机转速、车速及挡位等因素的影响，还受驾驶人的人为因素和一些偶然因素影响。因此，离合器的最佳接合规律应以人机工程学来模拟优秀驾驶人的操作动作和感觉。

根据影响离合器接合的因素及使用性能对离合器提出的基本要求，经数学处理和优化后可能确定在各种节气门开度、发动机转速、道路坡度、传动比、车重及车速等条件下的离合器最佳接合规律，离合器以后就按此接合规律工作。离合器接合的主要影响因素包括以下内容。

① 离合器接合行程。从离合器分离到接合为止，其行程大致可分三个阶段（图 4.7）：零转矩传递阶段（第Ⅰ阶段）、转矩传递急速增长阶段（第Ⅱ阶段）、恒转矩传递阶段（第Ⅲ阶段）。

因第Ⅰ阶段无转矩传递，故离合器接合速度较快，可实现快速起步或减少换挡时功率中断的时间。第Ⅱ阶段速度较低，可以获得平稳起步或换挡，提高乘坐舒适性和减少传动系统的冲击载荷；过低的速度又会造成滑摩时间长，影响离合器的使用寿命，故第Ⅱ阶段需控制在一定时间内完成。第Ⅲ阶段速度较高，可以使压紧力尽快达到最大值，并保留分离轴承与分离叉之间的间隙。

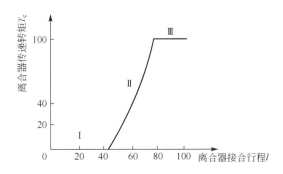

图 4.7 离合器接合行程的三个阶段

② 节气门开度。在离合器接合的前阶段,离合器接合速度与节气门开度成正比。但在踩下加速踏板准备起动发动机时,离合器不接合,而在发动机达到目标转速 n_{eo}(发动机在该节气门开度下最大转矩对应的转速)后平稳接合,从而防止熄火。在离合器接合的后阶段,因发动机与变速器输入轴已接近同步,故离合器接合速度不再受节气门开度控制。

汽车起步时离合器接合的速度分为缓慢、正常和急速,主要按加速踏板的踏入量控制。中、高车速范围时的离合器控制除受节气门开度的影响外,还与节气门开度的变化率有关。

③ 发动机转速。离合器接合时,发动机转速 n_e 会发生变化,离合器接合的速度越高,发动机转速 n_e 的波动量越大。为防止发动机输出转矩小于离合器从动轴转矩时发动机转速 n_e 下降过低而引起爆燃,从而造成车身振动甚至发动机熄火,控制系统需先计算发动机的目标转速 n_{eo},如果发现该节气门开度下的 $n_e < n_{eo}$,则分离离合器,停止接合。

④ 挡位与车速。由于变速器的输出转矩与挡位(传动比)成正比,因此低挡传动比大,后备牵引力就大,从而使汽车的加速度也大,传动系统可能产生的动载荷也越大。离合器接合速度与节气门开度的关系如图 4.8 所示。因此,从提高离合器接合平顺性、乘坐舒适性及减小动载荷考虑,应放慢离合器接合速度 v_c,故低挡时换挡时间长。此外,由于车速间接反映外界负荷,因此在同一节气门开度下行驶时,车速越高说明外部阻力越小,可以提高离合器接合速度。

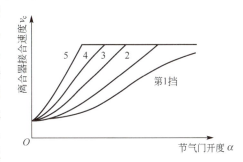

图 4.8 离合器接合速度与节气门开度的关系

⑤ 道路坡度与汽车载荷。道路坡度和汽车载荷的增大均会引起发动机转速的峰值及输出转矩的明显变化。为了降低动载荷与提高接合平稳性,离合器的接合速度应适当降低。

(2)离合器的执行机构。

离合器的执行机构有液动和气动两种。如果从使用性能来看,液动优于气动;但对已有气压系统的汽车而言,使用气动方案可降低成本。

机械式自动变速器的液压系统如图 4.9 所示。图中,操作离合器的是液压缸,系统由电磁阀 Y_1、Y_2、Y_3、Y_4 控制,这些电磁阀有直径不相同的节流孔,以满足离合器不同接合速度的要求。

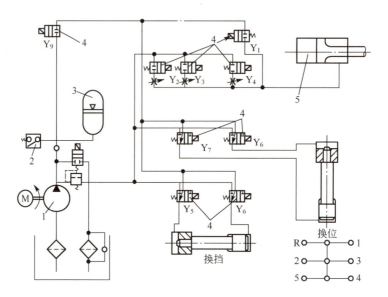

1—液压泵；2—压力继电器；3—蓄压器；4—电磁阀；5—液压缸。

图 4.9　机械式自动变速器的液压系统

机械式自动变速器液压系统的工作模式有以下四种。

① 分离。电磁阀 Y_1 接通，Y_2、Y_3 和 Y_4 关闭，液压油进入液压缸，离合器分离，防止发动机熄火及换挡。

② 保持分离。电磁阀 Y_1、Y_2、Y_3 和 Y_4 均关闭，液压油被封闭，活塞不动，离合器保持分离。

③ 接合。电磁阀 Y_1 关闭，Y_2、Y_3 和 Y_4 由驱动电磁阀的脉冲电流的脉冲幅值控制，分别或同时接通。脉冲越宽，活塞运动速度越高。系统根据行程传感器的信号，对执行机构的实际运动进行修正，实现按离合器最佳接合规律接合，配合车辆起步、换挡。

④ 保持接合。离合器接合后，除电磁阀 Y_2 外，其他电磁阀全部关闭，汽车开始正常行驶。

当电磁阀接通后，液压油进入液压缸左腔，推动活塞右移，使离合器分离；行程传感器将离合器的位置信号随时提供给微型计算机，以使微型计算机能根据工况对电磁阀进行控制，达到离合器适时分离或接合的目的。

关闭整车电源开关后，电磁阀电流也被切断，离合器接合。如果此时变速器还挂着挡，而发动机尚未完全停止运转，则会因离合器的接合产生很大的冲击，甚至有可能使车向前窜动。为保证安全，防止这种危险情况发生，电磁阀 Y_2 可采用常开型，并设置延迟电源电路，使其在电源切断后 2~3s 内仍使离合器保持分离状态。

4. 发动机节气门开度的自动控制

节气门开度控制的方法通常是用步进电动机代替机械传动，加速踏板的行程通过传感器传至微型计算机，微型计算机再按对应的节气门开度控制步进电动机。汽车正常行驶时，加速踏板踩下行程与步进电动机驱动的节气门开度是一致的。但在换挡过程中，步进电动机按换挡规律要求先减小节气门开度，以便挂空挡，在挂上新挡并接合离合器的同时，按微型计算机中设置的自适应调节规律供油，然后回到正常的节气门开度。

节气门执行机构的主要部件是步进电动机，它是由输入脉冲改变其电磁铁励磁条件而转动一定角度的电动机，它的控制电路保证了电压的变化不会对电动机的输出转矩产生影响。

机械式自动变速器同样有巡航控制功能。在巡航控制起作用时，随着道路坡度和阻力的变化，汽车自动变化节气门开度并进行挡位变换，以便按存储在微型计算机内的最佳燃油经济性规律行驶。

4.3 机械无级变速器

1. 机械无级变速器的分类

机械无级变速器可以分为摩擦式机械无级变速器、链式机械无级变速器和带式机械无级变速器三种。

（1）摩擦式机械无级变速器。摩擦式机械无级变速器是靠旋转体间的接触摩擦力来传递动力的，通过改变输入、输出的作用半径，连续改变传动比。胶带式机械无级变速器也属于摩擦式机械无级变速器。

（2）链式机械无级变速器。链式机械无级变速器（图4.10）的变速传动机构由主、从动链轮及套于其上的钢质挠性链组成，利用链条左、右两侧面与作为链轮的两锥盘接触所产生的摩擦力进行传动，并通过改变两锥盘的轴向距离来调整它们与链的接触位置和工作半径，从而实现无级变速传动。目前应用最多的是滑片链式机械无级变速器。

（3）带式机械无级变速器。带式机械无级变速器（图4.11）的变速传动机构是由作为主、从动带轮的两对锥盘及传动带组成的。其工作原理是利用传动带左、右两侧与锥盘接触所产生的摩擦力进行传动，并通过改变两锥盘的轴向距离来调整它们与传动带的接触位置和工作半径，从而实现无级变速传动。带式机械无级变速器根据传动带的形状不同分为平带式机械无级变速器和 V 形带式机械无级变速器。V 形带式机械无级变速器根据传动带的不同又可以分为 V 形橡胶带式机械无级变速器和 V 形钢带式机械无级变速器。

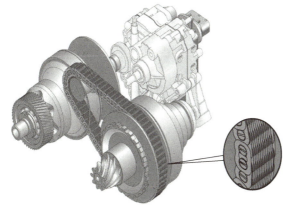

图 4.10 链式机械无级变速器

图 4.11 带式机械无级变速器

2. 机械无级变速器的特点

汽车采用机械无级变速器后，可以实现发动机与变速器的最佳匹配，使发动机长时间工作在最佳工况下，从而可以有效提高汽车的燃油经济性和动力性，减少排放量，节约成本，并改善驾驶舒适性。

（1）提高燃油经济性。

机械无级变速器可以在相当宽的工作范围内实现无级变速，从而获得传动系统与发动机工况的最佳匹配，提高整车的燃油经济性。

（2）提高动力性。

汽车的后备功率决定了汽车的爬坡能力和加速能力。汽车的后备功率越大，动力性就越好。由于机械无级变速器的无级变速特性，汽车能获得后备功率最大的传动比，因此机械无级变速器的动力性优于机械式自动变速器和自动液力变速器。

（3）减少排放量。

机械无级变速器的速比工作范围宽，能够使发动机在最佳工况下工作，从而改善燃烧过程，降低废气的排放量。ZF公司将自己生产的机械无级变速器装车进行测试，其废气排放量比安装四速自动液力变速器的汽车减少约10％。

（4）节约成本。

机械无级变速器结构简单，零部件数目比自动液力变速器少，一旦汽车制造商开始大规模生产，机械无级变速器的成本就会比自动液力变速器的成本低。由于采用机械无级变速器可以节约燃油，随着大规模生产及系统、材料的革新，机械无级变速器零部件（如传动带或传动链、主动轮、从动轮和液压泵等）的生产成本将降低20％～30％。

（5）改善驾驶舒适性。

安装机械无级变速器后，可以在保证发动机具有最佳动力性的同时实现无级变速，使驾驶人能够真正感到驾驶舒适。

3. 机械无级变速器的结构

机械无级变速器由电控系统、液压控制系统、传动装置、速比调节装置、安全缓冲装置和金属V形传动带等组成，其结构如图4.12所示。

（1）起步离合器。

目前，用作汽车起步的装置有湿式离合器、电磁离合器和液力变矩器。起步离合器可以使汽车以足够大的牵引力平顺地起步，提高驾驶舒适性，必要时切断动力传递。

（2）行星齿轮机构。

机械无级变速器的行星齿轮机构采用双行星齿轮机构，行星架上固定有内、外行星齿轮和右支架，其中右支架是通过螺栓固定在行星架上的，外行星齿轮和内齿圈啮合，内行星齿轮和太阳轮啮合。

（3）无级变速机构。

无级变速机构由金属V形传动带和主、从动工作轮组成。金属V形传动带由多个金属片和两组金属环组成，金属片在两侧工作轮挤压力的作用下传递动力。每组金属环都由数片带环叠合而成，金属环的作用是提供预紧力，在动力传递过程中支撑和引导金属片的运动，有时承担部分转矩的传递。主、从动工作轮由可动锥盘和固定锥盘组成。

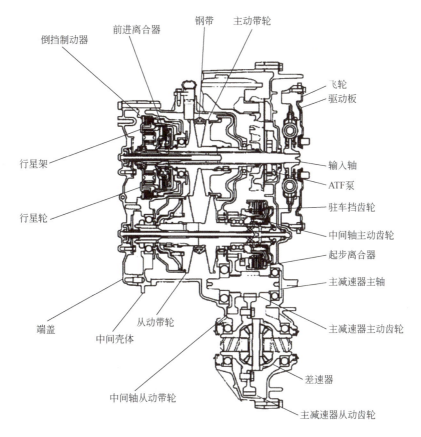

图 4.12　机械无级变速器的结构

（4）无级变速控制系统。

无级变速控制系统是用来实现机械无级变速器传动比无级自动变化的，一般采用机械液压控制系统和电液控制系统。它主要由油泵（齿轮泵或叶片泵）、液压调节阀（速比和带与轮间压紧力的调节）、传感器（节气门和发动机转速）和主、从动工作轮的液压缸及管道组成，实现传动比无级变速的调节。压紧力控制和起步离合器的控制是无级变速控制系统的关键。

（5）中间减速机构。

由于无级变速机构可提供的速比变化范围为 0.445～2.600，不能完全满足整车传动比变化范围的要求，因此设有中间减速机构。

汽车的横置发动机通过变速器壳内的离合器与换向机构带动金属带锥盘变速器、主减速器、差速器和半轴齿轮（未标）等，通过半轴带动左、右万向节轴驱动前轮。车辆行驶时，当主、从动工作轮的可动部分通过控制高压油使其按需要做轴向移动时，主、从动工作轮的工作半径比随之改变，从而满足外界对汽车的要求。

4. 机械无级变速器的工作原理

机械无级变速器的主动轮组和从动轮组都由可动盘和固定盘组成，与油缸靠近的一侧带轮可以在轴上滑动，另一侧则固定。可动盘与固定盘都呈锥面结构，它们的锥面形成 V 形槽来与金属 V 形传动带啮合。发动机输出轴输出的动力首先传递到机械无级变速器的主动轮，然后通过金属V形传动带传递到从动轮，最后经减速器、差速器传递给车轮来驱动汽车。工作时，主、从动轮的可动盘做轴向移动来改变主、从动轮锥面与金属V形传动带啮合的工作半径，从而改变传动比。可动盘的轴向移动量是由驾驶人根据需要通过控制系统调节主、从动轮液压泵油缸压力来实现的。主、从动轮的工作半径可以实现连续调节，从而实现无级变速，机械无级变速器的工作原理如图4.13所示。

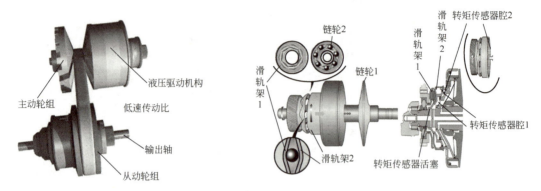

图4.13　机械无级变速器的工作原理

在机械无级变速器的液压系统中，从动油缸的作用是控制金属V形传动带的张紧力，以保证来自发动机的动力高效、可靠地传递。主动油缸控制主动锥轮的位置沿轴向移动，在主动轮组上金属V形传动带沿V形槽移动，由于金属V形传动带的长度不变，因此在从动轮组上金属V形传动带沿V形槽向相反的方向变化。金属V形传动带在主动轮组和从动轮组上的回转半径发生变化，从而实现速比的连续变化。

汽车开始起步时，主动轮的工作半径较小，机械无级变速器可以获得较大的传动比，从而保证驱动桥有足够的转矩保证汽车有较高的加速度。随着车速的增大，主动轮的工作半径逐渐增大，从动轮的工作半径相应减小，机械无级变速器的传动比下降，使汽车能够以更高的速度行驶。

5．机械无级变速器的关键部件

（1）金属V形传动带。

机械无级变速器的核心元件是金属V形传动带，它是由几百片V形金属片和两组金属环组成的高柔性金属带，如图4.14所示。每个金属V形片的厚度均为1.4～2.2mm，

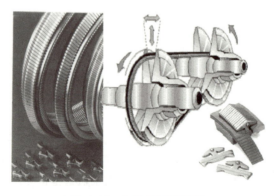

图4.14　金属V形传动带

在两侧工作轮挤压力的作用下推挤前进以传递动力。两侧金属环由多层薄金属带、带环叠合而成，在传动过程中正确引导金属元件的运动，较小的厚度对减少运动噪声十分重要。较多元件与带轮接触可以降低接触面压力，还可以允许其表面偶尔出现一两处损坏，有利于元件耐久性的提高。金属V形传动带的特点是带轮能以最小的卷绕半径工作，速比范围大，转矩传递容量高。

（2）工作轮。

主、从动工作轮构成变速机构，主动工作轮由固定部分（固定锥盘）和可动部分（可动锥盘）组成，从动工作轮也是由固定部分和可动部分组成的。主、从动工作轮的可动部分可做轴向移动；工作轮的固定部分和可动部分间形成V形槽，金属V形传动带在槽内与其啮合；工作面大多为直线锥面体，也有球面体。在控制系统的作用下，可动锥盘依靠钢带—滑道结构做轴向运动，连续改变传动带的工作半径，从而实现无级变速传动。工作轮的工作原理如图4.15所示。

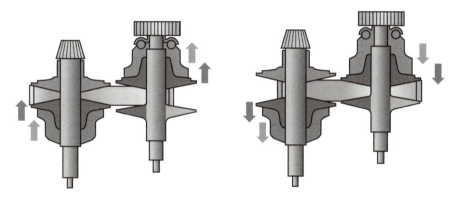

图4.15 工作轮的工作原理

机械无级变速器动力传递由发动机飞轮经离合器传到主动工作轮、金属V形传动带和从动工作轮后，经中间减速齿轮机构和主减速器，最后传递给驱动轮。

（3）液压泵。

液压泵为系统控制的液压源，有齿轮液压泵和叶片液压泵两种。

（4）机械无级变速器的控制系统。

机械无级变速器的控制系统一般采用机械液压控制系统和电液控制系统。

① 机械液压控制系统。机械液压控制系统主要由油泵、主阀体、控制阀、离合器和制动器等组成。有些轿车（如日产天籁）的机械无级变速器还装有液力变矩器。图4.16所示为机械液压控制系统的工作原理。当驾驶人踩下加速踏板时，通过柔性钢索带动换挡凸轮转动，控制速比控制阀。由发动机驱动的液压泵将压力油输送给主压力控制阀。主压力控制阀根据工作轮位置传感器的液压信号，控制速比控制阀中的压力，从而控制主、从动工作轮可动部分液压缸中油液的压力，以调节金属V形传动带与工作轮的工作半径，从而实现无级自动变速。

② 电液控制系统。机械无级变速器的电液控制系统主要有单压力回路和双压力回路两种，其工作原理如图4.17所示。电液控制系统包括对电磁离合器的控制和对主、从带轮传动比的控制。传动比由发动机节气门开度和主、从带轮转速决定。ECU根据发动机

转速、车速、节气门开度和换挡控制信号等控制主、从动带轮上伺服液压缸的压力，主、从动工作轮的可动部分做轴向移动，改变金属带与工作轮间的工作半径，从而实现无级变速。

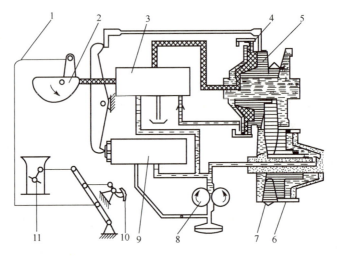

1—柔性钢索；2—换挡凸轮；3—速比控制阀；4—工作轮位置传感器；
5—主动工作轮液压缸；6—从动工作轮液压缸；7—金属 V 形传动带；
8—液压泵；9—主压力控制阀；10—加速踏板；11—节气门。

图 4.16 机械液压控制系统的工作原理

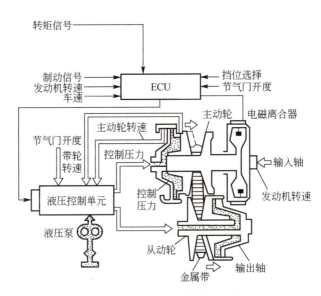

图 4.17 电液控制系统的工作原理

6. 几种机械无级变速器的典型应用

机械无级变速器的动力源直接来自发动机，它的工作范围必然受到发动机最低稳定转速的约束，所以起步阶段仍需要离合器；如果用干式离合器，工作过程与普通手动换挡变速系统相同，起步性能较差。另外，机械无级变速器的传动比范围为 0.4～7.0，似乎已满足一般变速要求；但由于它的高挡传动比很小（约为0.4），为了保证在良好道路上获得正常行驶的驱动力，因此其固定降速比将比同类汽车的主传动比高出近一倍。这样大的固定降速比在汽车起步、爬坡和克服较大的行驶阻力时会使发动机处于不利的区域工作。

基于上述原因，一般将机械无级变速器与其他传动系统配合使用。典型的组合形式有如下几种。

(1) 机械无级变速器与电磁离合器组成的无级变速传动系统。

图4.18所示为机械无级变速器与电磁离合器组成的无级变速传动系统。日本富士重工开发的就是这种类型。电磁离合器是靠本身的电磁力来传递转矩的。在离合器主、从动部分之间有密闭空间，内有直径为 $30\sim50\mu m$ 的磁粉（磁化钢微粒），密闭空间外有线圈缠绕。通电后，散状磁粉在磁场中开始"凝固"，即磁粉在磁场中形成磁链，把从动毂与电磁铁连在一起。通电电流越大，磁链越多，磁链强度也越高，电磁离合器传递转矩的能力也越强。当电流大到足以使电磁离合器主、从动部分牢牢地接合在一起时，电磁离合器便停止打滑。磁粉的黏结力特性与电流值成正比，所以可通过发动机节气门开度与车速两个参数来控制线圈中的电流和通电时间。

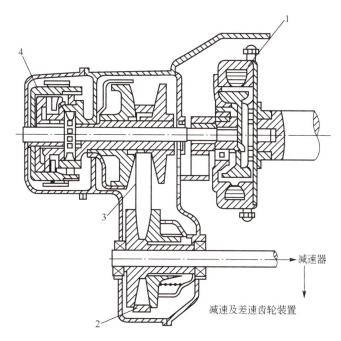

1—电磁离合器；2—工作带；3—机械无级变速器；4—行星齿轮变速器。

图4.18 无级变速器与电磁离合器组成的无级变速传动系统

这种离合器结构简单，容易实现转矩平稳增大，主、从动部分不接触，无磨损，而且电磁铁与从动毂之间的间隙在工作中不发生变化，故无需调整间隙，并且允许主、从动部分存在较长时间的滑磨。因此，它不仅很理想地解决了装用机械无级变速器车辆的起步问题，而且与装用液力耦合器的机械无级变速器车辆相比，可以防止变速时爬行和消除始终存在的滑转损失；但它要求磁粉材料的化学性能和物理性能稳定。

(2) 机械无级变速器与液力变矩器组成的无级变速传动系统无级变速传动。

液力耦合器、电磁离合器等仅解决起步平稳问题，因为其转矩均不改变，所以并未扩大机械无级变速器总传动比的变化范围。但用机械无级变速器与液力变矩器组合不仅能提供最佳起步性能，而且它的变矩作用扩大了总传动比的变化范围，缩小了机械无级变速器自身的变化范围，机械无级变速器传动易使发动机调节到处于最佳燃油经济性的区域内工作。

图 4.19 所示为机械无级变速器与液力变矩器组成的无级变速传动系统。其动力传动路线如下：发动机动力经液力变矩器（或锁止离合器）—行星齿轮机构—机械无级变速器—减速齿轮—差速器—半轴—驱动轮。

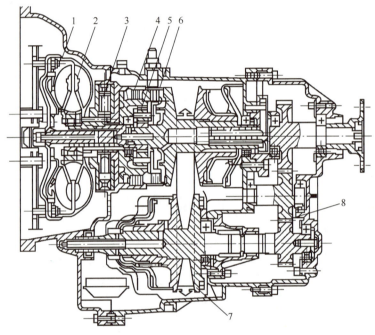

1—锁止离合器；2—液力变矩器；3—液压泵；4—前进挡离合器；5—行星齿轮机构；
6—倒挡离合器；7—机械无级变速器；8—减速齿轮。

图 4.19　机械无级变速器与液力变矩器组成的无级变速传动系统

当起步和低速行驶时，液力变矩器工作；当速度增大至变矩器耦合点工况时，机械无级变速器传动，液力变矩器转换成锁止离合器而在锁止工况下工作。这种先为液力变矩器变速，后转为机械无级变速器变速的传动系统，又称双状态无级变速传动系统。图 4.20 所示为双状态无级变速系统的工作原理，液力变矩器的功率通过传动链传至差速器，机械无级变速器与液力变矩器平行布置。这种组合在传动比为 7:1 时可提高 30% 的效率，故即使在公路上行驶也可将燃油经济性提高 5%～8%。当加速行驶接近液力变矩器耦合点工况时，转换离合器和机械无级变速器开始工作。传递液力变矩器动力的传动链的传动比基本上与机械无级变速器钢带传动的低挡传动比相同，故当液力变矩器传动转换为机械无级变速器传动时，车辆在重载、大节气门开度下工作，转换离合器基本上能与机械无级变速器的工作轮同步转换。因此，从液力变矩器转为机械无级变速器非常平顺。

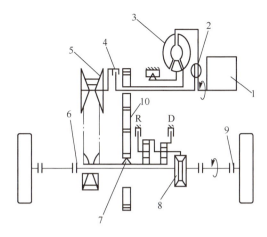

1—发动机；2—扭转减振器；3—液力变矩器；4—转换离合器；5—工作轮；
6，9—内、外侧万向节；7—单向离合器；8—差速器；10—传动链；
D—前进挡离合器；R—倒挡离合器。

图 4.20　双状态无级变速传动系统的工作原理

4.4　双离合器变速器

双离合器变速器（dual-clutch transmission，DCT），大众汽车公司称之为DSG（direct shift gearbox），中文直译为"直接换挡变速器"。它除拥有手动换挡变速器的灵活性、燃油经济性及机械无级变速器的舒适性外，还能提供无间断的动力输出。它已经在普通轿车上广泛应用，也成为汽车变速器未来的发展方向，受到各大汽车公司的重视。

大众汽车
7-DSG双离合
自动变速箱

1. 双离合器变速器的结构和工作原理

（1）双离合器变速器的结构。

双离合器变速器由双离合器系统模块、液压控制系统、扭转减振系统、电子控制系统等组成。其中，双离合器系统模块和液压控制系统是双离合器变速器的核心部件。双离合器变速器的传动结构示意图如图4.21所示。

（2）双离合器变速器的工作原理。

① 双离合器变速器的工作原理。

双离合器变速器之所以能够实现高效和节能，是因为其具有特殊的内部结构和工作原理（图4.22）。发动机的输入轴通过缓冲器与离合器K1和离合器K2的外片相连，离合器K1和离合器K2分别控制奇数挡位（1挡、3挡、5挡）和偶数挡位（2挡、4挡、6挡）。双离合器变速器有两根同轴的输入轴，输入轴1装在输入轴2里面，输入轴1和离合器K1相连，输入轴1上的齿轮分别和1挡、3挡、5挡的齿轮啮合；输入轴2是空心的，和离合器K2相连，输入轴2上的齿轮分别和2挡、4挡、6挡齿轮啮合。倒挡齿轮通过中间轴齿轮和输入轴啮合。当汽车挂上挡开始行驶时，离合器K1结合，输入轴1工作，离合器K2分离；当达到换挡车速时，将正在接合的离合器K1分离，接合离合器K2，就可以达到换挡目的。双离合器变速器工作过程中，总有两个挡位是接合的，一个正在工作，另一个在

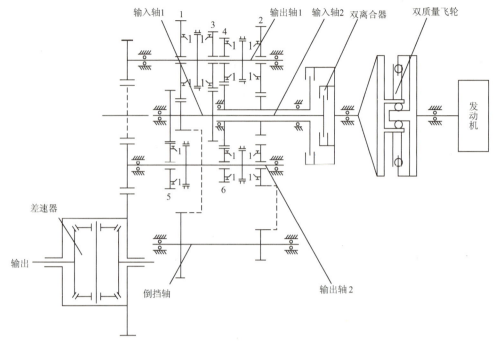

1—1挡被动齿轮；2—2挡被动齿轮；3—3挡被动齿轮；4—4挡被动齿轮；
5—5挡被动齿轮；6—6挡被动齿轮。

图 4.21　双离合器变速器的传动结构示意图

为下一次换挡做好准备。在手动模式下可以进行跳跃降挡，如果起始挡位和最终挡位由同一个离合器控制，则会通过另一个离合器控制的挡位转换；如果起始挡位和最终挡位不由同一个离合器控制，则可以直接换到所定挡位，在换挡过程中，不需要将动力完全切断。

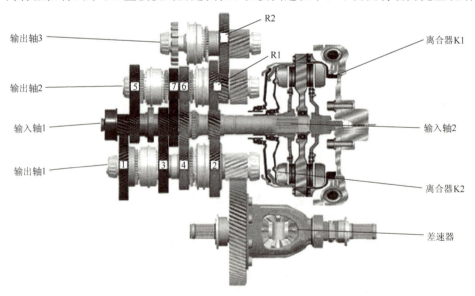

1～7—1挡至7挡；R1—倒挡中间齿轮；R2—倒挡齿轮。

图 4.22　双离合器变速器的工作原理

② 双离合器的转矩传递。

从动轴的转矩传递和大众的手动换挡变速器的基本一致，但双离合器使从动轴上的同步器可以实现提前挂挡。双离合器安装在变速器壳体内，两个传统离合器结合成一个双离合器。离合器 K1 通过花键将转矩传递给输入轴 1，输入轴 1 将 1 挡和 3 挡的转矩继续在输出轴 1 上传递，将 5 挡和 7 挡的转矩传递给输出轴 2。离合器 K2 通过花键将转矩传递给输入轴 2，后者将 2 挡和 4 挡的转矩继续传递给输出轴 1；将 6 挡和倒挡的转矩传递给输出轴 2。此后，转矩通过倒挡中间齿轮 R1 继续传递给输出轴 3 的倒挡齿轮 R2。三个输出轴都与差速器的主减速器齿轮连接。

双离合器主动轮的支撑环将转矩传递给双离合器内的主动轮。支撑环与主动轮固定连接。主动轮以浮动轮方式支撑在输入轴 2 上。如果操作其中一个离合器，则转矩通过主动轮传递给相应的离合器从动盘，然后传递给相应的输出轴，如图 4.23 所示。

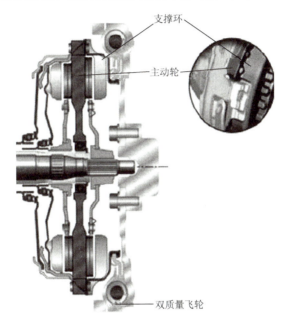

图 4.23　双离合器的转矩传递

③ 双离合器的工作状态。

双离合器中有两个独立的干式离合器。这些离合器分别将转矩传递给一个子变速器。离合器可以处于两个位置：发动机停机和怠速运转时，两个离合器分离；行驶状态时，两个离合器中始终有一个离合器接合。离合器 K1 将 1 挡、3 挡、5 挡和 7 挡的转矩传递给输入轴 1，离合器 K2 未工作。

离合器 K1 工作时，接合杆将接合轴承压向盘形弹簧，这种压力运动在多个转向点处转换为拉力运动。离合器压盘拉向离合器从动盘及主动轮，转矩传递给输入轴 1，离合器 K1 的工作状态如图 4.24 所示。

离合器 K2 将 2 挡、4 挡、6 挡和倒挡的转矩传递给输入轴 2。离合器 K2 操作接合杆时，接合轴承压向离合器压盘的盘形弹簧。由于盘形弹簧支撑在离合器壳体上，因此离合器压盘压向主动轮，转矩传递给输入轴 2。离合器 K2 的工作状态如图 4.25 所示。

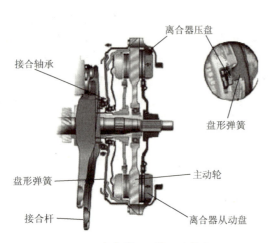

图 4.24 离合器 K1 的工作状态

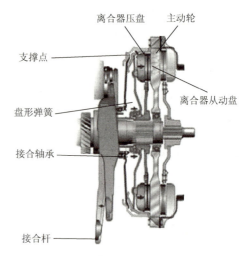

图 4.25 离合器 K2 的工作状态

2. 双离合器变速器的典型应用

常见的双离合器变速器有大众 DSG、福特 Powershift、三菱 TC‐SST 和保时捷 PDK 等。

（1）大众 DSG。

大众汽车在 2002 年于德国沃尔夫斯堡首次向世界展示 DSG（图 4.26），它采用双离合器和六个前进挡的传统齿轮变速器作为动力的传送部件，主要与高转矩的发动机配合使用。这套变速器较短，可以用于前置前驱汽车上。

配置了大众 DSG 的车辆，其加速时间比手动换挡变速器的加速时间短。以 2.0T 发动机的高尔夫 GTI 为例，带有 DSG 的车型 0～100km/h 的加速时间仅为 6.9s，比手动挡汽车快；百公里油耗只有 8.0L/100km，与手动挡汽车相当，无传统自动变速器急加速时的滞后感；但由于没有液力变矩器的缓冲，换挡加速不如传统变速器柔和，因此适用于注重加速和操控的跑车，而不适用于注重舒适性的豪华车。

图 4.26 大众 DSG

（2）福特 Powershift。

福特 Powershift（图 4.27）于 2008 年问世，由福特汽车公司与变速器供应商格特拉克（Getrag）共同研发。在国内的沃尔沃 C30、XC60、S60 及福特蒙迪欧致胜的部分车型上均有配套。

图 4.27 福特 Powershift

与大众 DSG 不同，福特 Powershift 采用湿式双离合器，它将离合器片浸泡在机油中进行冷却。离合器可以将动力输送给六个挡位中的任何一个，由微型计算机控制的离合器根据汽车速度和转速对驾驶人的换挡意图作出判断，可以预选择下一挡位从而实现挡位的快速切换。搭载 2.0L 四缸涡轮柴油机的沃尔沃 C30、S40 和 V50 是首批配备这款变速器的车型，虽然这台发动机的最大功率和转矩分别为 100kW 和 320N·m，但这种双离合器变速器可承受的最大输出转矩可达 450N·m。

（3）三菱 TC‑SST。

2007 年 7 月，三菱汽车公司在东京发布了自己研发的双离合器变速器——TC‑SST（twin clutch‑super sport transmission）（图 4.28）。TC‑SST 给驾驶人提供了三种模式：正常模式、运动模式及超级运动模式，以满足行驶于各种路面的需求，能够保证市区行驶的快速反应，而在城外快速路上也可以实现线性的运动感受。

（4）保时捷 PDK。

保时捷的双离合器变速器——PDK（porsche doppelkupplung）（图 4.29）是保时捷汽车公司的独创技术，早在 1983 年保时捷汽车公司便将 PDK 用于保时捷 956 赛车上，但这一技术并不成熟。在 25 年后，随着电子控制技术与液压控制组件的成熟，保时捷汽车公司正式在保时捷 911 的小改款中推出以 7 速的 PDK 全面取代手自一体变速器（tiptronic），并投放于市场。

图 4.28 三菱 TC‑SST

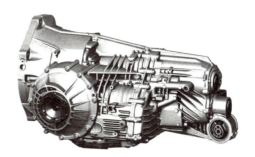

图 4.29 保时捷 PDK

PDK 由一个传统手动换挡变速器和一个分为两个独立变速器的液压控制系统组成。两个沿径向布置的湿式离合器可以通过液压控制，并使用变速器油实现冷却和润滑。PDK 在保时捷 911、Boxster、Cayman、Panamera 等车型上都有装备。

4.5　自动变速器自动换挡控制系统

电子控制系统是自动变速器的组成部分，它用于控制换挡点和锁定离合器的工作，由传感器、ECU和作动器三部分组成。ECU根据传感器检测到的汽车行驶状况及发动机的运转情况，十分紧密地控制换挡时刻、锁定定时、系统油压和换挡平顺性等，这些控制是通过若干个电磁阀改变液压控制系统的油路，再由液压控制系统执行动作的。

控制系统的主要作用是根据自动变速器操作手柄的位置及汽车行驶状态（车速、负荷等因素），按设定的换挡规律，在汽车行驶过程中自动选择挡位，并通过控制换挡执行元件的工作使变速器齿轮传动比改变，来完成挡位变换的。

自动变速器对液压控制系统的基本要求如下。

(1) 最佳换挡规律，以便具有良好的燃油经济性和动力性，同时兼顾低污染。
(2) 换挡过程平稳，无冲击和振动，换挡质量好，驾驶舒适，使用寿命长。
(3) 换挡准确与及时，避免发生错误的操作。
(4) 驾驶人可以干预更换自动换挡，以适应复杂的交通状况和地形条件。
(5) 操作系统稳定、可靠，能在高温、低温、大颠簸、冲击振动、强磁场、电场干扰等环境下正常工作；当系统发生故障时，紧急系统可确保行驶安全。

1. 自动换挡规律

自动换挡规律是自动换挡系统的基本特征。了解换挡规律的基本概念有助于对自动换挡元件的作用和自动换挡理论进行深入理解。

自动换挡由节气门开度及车速中的一个或两个参数来控制。这些参数应按设计要求的换挡时刻自动换挡，以保证车辆获得良好的燃油经济性和动力性。相邻两排挡间自动换挡点的诸多控制参数之间的关系称为自动换挡规律。自动换挡规律是按车辆燃油经济性和动力性对自动换挡系统的要求来设计的。

图4.30所示为两种形式的自动换挡规律。图4.30 (a) 为单参数控制的自动换挡规律，换挡点只与车速有关。当车速达到 v_2（直线 AA'）时换入Ⅱ挡；反之，当车速降至 v_1（直线 BB'）时换回Ⅰ挡。

现代自动变速器大多数按双参数控制自动换挡，如图4.30 (b) 所示。双参数控制的自动换挡规律表明了换挡时刻与节气门开度 α 和车速 v 的关系。图中，曲线 AA' 决定了从Ⅰ挡换入Ⅱ挡的时刻，曲线 BB' 决定从Ⅱ挡换回Ⅰ挡的时刻。在这两条曲线之间，升挡时Ⅰ挡工作，降挡时Ⅱ挡工作。曲线 AA' 的右边只能用Ⅱ挡工作，而曲线 BB' 左方只能用Ⅰ挡工作。水平线1表示节气门全开，水平线2表示发动机怠速时的节气门开度。

每一个自动换挡系统都有一个自动换挡规律，它的曲线形状取决于车辆传动的要求及自动换挡系统的结构和参数。下面用图4.30 (b) 来说明自动换挡过程。

节气门开度不变，设为 α_2，当车速小于 v_1 时，若在 a 点，则以Ⅰ挡行驶；当行驶阻力减小，车速增大至超过 v_2 时，自动换入Ⅱ挡。若在 b 点，如果车速 v_2 减小，则当车速降至 v_1 时，换回Ⅰ挡。

车速不变，设为 v_1，当节气门开度小于 α_1 时，在Ⅱ挡下行驶。当行驶阻力增大，节

气门开度增大到 $α_2$ 时，自动换入Ⅰ挡行驶，当行驶阻力减小，节气门开度减小到小于 $α_1$ 时，换回Ⅱ挡。这就使驾驶人有可能控制节气门开度 α 来干预自动换挡：松开加速踏板提前换高挡，猛踩加速踏板强制换低挡。

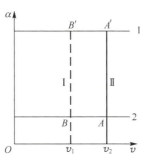 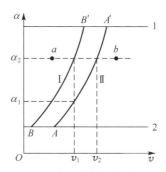

(a) 单参数控制的自动换挡规律　　(b) 双参数控制的自动换挡规律

图 4.30　两种形式的自动换挡规律

由此可见，在控制参数相同的情况下，升挡和降挡的换挡时刻是不同的。降挡的换挡时刻比升挡的换挡时刻晚，即有延迟，这种现象称为换挡延迟。换挡延迟的程度根据传动性质要求确定，由换挡机构的结构参数保证。

换挡延迟对自动换挡系统是十分必要的，其作用主要有以下几点。

（1）保证自动换挡系统的稳定性。如果升挡点和降挡点在一条曲线上重合，那么车速以此曲线附近的参数行驶时，行驶阻力的偶然增减而使车速升降，不可避免地在两相邻排挡之间出现反复换挡的现象。当有了换挡延迟，自动换上新挡后，不会由于加速踏板振动或车速稍降而换回原来的排挡。

（2）驾驶人可以对自动换挡进行干预，可以提前升挡或强制降挡。

（3）改变换挡延迟可以改变自动换挡规律，以适应汽车动力性、燃油经济性、使用性等方面的要求。

阅读材料 4-2

在装备电液一体化式自动变速器的汽车（图 4.31）上，有经济模式、运动模式和雪地模式可供选择。

在经济模式下，微型计算机控制自动变速器在低转速下换挡，以达到省油的目的；在运动模式下，微型计算机控制自动变速器在高转速下换挡，以发挥发动机的动力性；在雪地模式下，微型计算机控制自动变速器直接用 2 挡起步，以免因轮胎打滑而失控。

图 4.31　装备电液一体化式自动变速器的汽车

2. 自动换挡特性

自动换挡特性是相邻两挡在自动换挡过程中各节气门开度下加速度与车速的关系、牵引力与车速的关系及油耗与车速的关系。据此，可研究在自动换挡过程中整车动力和燃油消耗的变化情况，以此获得保证汽车最佳性能的自动换挡规律。

本章小结

本章主要介绍了现代自动变速器新技术的发展现状及各种自动变速器的组成和工作原理，以及自动变速器的自动控制系统。

自动变速器主要有自动液力变速器、机械式自动变速器、机械无级变速器和双离合器变速器。

【关键术语】

自动变速器　自动液力变速器　机械式自动变速器　机械无级变速器　双离合器变速器

综合练习

1. 填空题

（1）常见的机械无级变速器有_____、_____和_____。

（2）按自动换挡控制方式的不同，自动变速器可分为_____、_____、_____。

（3）自动变速器，所谓"自动"是指变速器每个挡位的变换是根据_____和_____来控制换挡系统的动作元件而完成的，驾驶人只需操作加速踏板以控制车速。

（4）自动变速器的主要优点有_____、_____、_____、_____、_____、_____、_____。

（5）自动变速器的主要缺点有_____、_____。

（6）按汽车行驶中离合器操作和换挡操作自动化的程度，自动变速器可分为_____和_____。

（7）自动液压变速器是通过机械的手段，将汽车行驶时的车速及节气门开度两个参数转变为_____信号。

（8）中、小型轿车上使用的机械无级变速器均以_____进行传动。

2. 思考题

（1）机械无级变速器是如何实现无级变速的？控制张紧力的主要目的是什么？

（2）自动变速器与手动换挡变速器主要有什么差别？电子控制对自动变速器的发展起了什么作用？

（3）锁止离合器接合和分离由什么参数控制？

（4）换挡时间主要是根据哪些参数控制的？

（5）换挡控制模式主要有哪几种？如何根据工况进行选择？

3．简答题

自动变速器是否保证了车辆行驶动力性、经济性及可操控性？说明其理由。

第 5 章
现代汽车转向技术

 教学目标

通过本章的学习,读者可以掌握液压式电控动力转向系统、电动式电控动力转向系统及各四轮转向系统的结构及工作原理。

 教学要求

知识要点	能力要求	相关知识
现代汽车转向技术概论	了解电控动力转向系统的功能	电控动力转向系统
液压式电控动力转向系统	熟悉流量控制式 EPS、反力控制式 EPS 和阀灵敏度控制式 EPS 的工作原理	电磁阀; 三种转向力特性曲线
电动式电控动力转向系统	熟悉电动式 EPS 的结构、工作原理与特点,以及电动式 EPS 主要部件的结构及工作原理	单片干式电磁离合器; 减速机构
四轮转向系统	掌握各四轮转向系统的结构和工作原理	相位控制系统
线控转向系统简介	熟悉线控转向系统的结构和工作原理	线控转向系统的优势

现代汽车转向技术 第5章

导入案例

党的二十大报告指出,中国式现代化为人类实现现代化提供了新的选择,提供更多更好的中国智慧、中国方案、中国力量。我们清醒地看到,在这场波澜壮阔的汽车革命进程中,电动化是序幕,接下来智能化的竞争将更为激烈。

在国家发展改革委等机关联合印发的《智能汽车创新发展战略》的通知中提出,到2025年,实现有条件自动驾驶的智能汽车达到规模化量产,实现高度自动驾驶的智能汽车在特定环境下市场化应用。高阶智能驾驶发展方向是明确的。

一般而言,智能驾驶技术可分为感知、决策、执行三个环节。线控底盘则是高阶自动驾驶汽车执行环节的载体,线控底盘主要包括线控制动、线控转向、线控悬架、线控油门等系统部件。其中,线控转向是控制车辆横向运动的核心执行机构之一。

线控转向系统取消了传统转向系统中方向盘与转向执行器间的机械连接,主要由路感反馈、转向执行、控制器及相关传感器等部分组成。汽车线控转向技术的基本结构如图5.1所示。

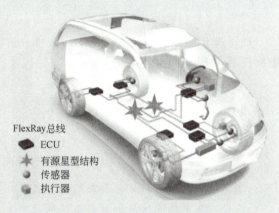

图5.1 汽车线控转向技术的基本结构

5.1 现代汽车转向技术概论

汽车转向时,一方面要求操作简便,即以较小的转向盘操作力获得较大的转向力矩;另一方面要求转向灵敏,即以较小的转向盘转角获得较大的转向角。但传统的转向系统无法同时满足这两方面的要求,如果设计的转向助力放大倍数可以适应汽车在低速行驶状态下转动转向盘的操作力,那么当汽车高速行驶时,转动转向盘的操作力就显得太小,不利于对高速行驶的汽车进行方向控制。如果设计的转向助力放大倍数可以适应汽车在高速行驶状态下转动转向盘的操作力,那么当汽车停止或低速行驶时,转动转向盘就显得非常吃力,即转向沉重。为了实现在各种车速下转向的操作力都是最佳值,电动动力转向系统(以下简称EPS)是最好的选择,它可以随行驶条件及时调整转向助力放大倍率。具体来说,EPS具有如下功能。

(1)既要保证转向轻便省力,又要很好地反馈地面作用力,即"路感"。

(2)转向结束时,转向盘能平顺地自动回正,使车轮回到直线行驶的位置上。

(3)当EPS发生故障时,仍能依靠人力转向。

(4)在保证转向性能的前提下,尽可能降低转向的动力消耗。

EPS的出现基本满足了汽车在各种车速下对转向系统的要求,适应了现代汽车高速行驶和安全行驶的发展趋势。

EPS 根据动力源不同可分为液压式 EPS 和电动式 EPS。液压式 EPS 在传统的液压动力转向系统的基础上增设了控制液体流量的电磁阀、车速传感器和 ECU 等。ECU 根据检测到的车速信号控制电磁阀，使转向助力放大倍率实现连续可调，从而满足高、低速时的转向助力要求。电动式 EPS 利用直流电动机作为动力源，ECU 根据转向参数和车速等信号控制电动机的转矩和方向。电动机的转矩在电磁离合器的作用下通过减速机构向汽车的转向机构增加转矩，使之得到一个与工况相适应的转向作用力。

5.2 液压式电控动力转向系统

液压式 EPS 根据控制方式的不同，可分为流量控制式 EPS、反力控制式 EPS 和阀灵敏度控制式 EPS。

1. 流量控制式 EPS

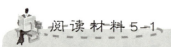

行使工况对转向盘力的要求

不同工况对操作稳定性要求的侧重点是不一样的。在低速、低侧向加速度行驶工况下，汽车应具有适度的转向盘力与转向盘转角，还应有良好的回正性能。考虑到高速行驶时汽车应具有较大的转向灵敏度，转向系统总传动比不宜过大。但总转动比不够大会带来低速行驶时转向盘力过于沉重的问题，可以通过选装合适的动力转向系统来解决。在高速、转向盘小转角和小侧向加速度范围内，汽车应具有良好的横摆角速度频率特性、直线行驶能力与回正性能。转向盘的力要适度，特别是随着车速的提高，转向盘力不宜过小，而要保持一定的数值；采用随行驶车速而改变转向盘操作力特性的动力转向器可以显著改善高速行驶时的转向盘力。图 5.2 所示为电控液压反馈动力转向器的一组转向盘力特性曲线。

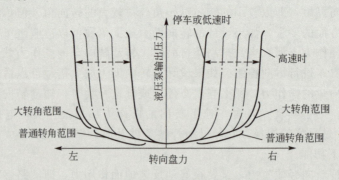

图 5.2 电控液压反馈动力转向器的一组转向盘力特性曲线

流量控制式 EPS（图 5.3）是根据车速传感器信号，调节液压动力转向装置中油液的输入流量、输出流量和压力，来控制液压动力大小的。一般是在液压动力转向系统上增加流量控制电磁阀、车速传感器、ECU 和转换开关等部件。

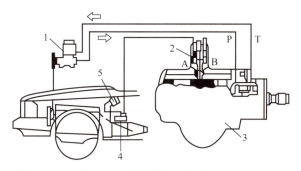

1—动力转向油缸；2—电磁阀；3—动力转向控制阀；4—ECU；5—车速传感器。

图 5.3　流量控制式 EPS

流量控制式 EPS 有分流电磁阀控制式 EPS 和旁通流量控制阀式 EPS 两种。

（1）分流电磁阀控制式 EPS。

流量控制式 EPS 的工作原理如图 5.4 所示。发动机驱动液压泵产生的液压油被送到控制阀，当汽车直线行驶时，控制阀处于中间位置，液压油将流过控制阀进入泄流口并返回储油罐。此时，动力缸活塞两边的压力相等，活塞不会向某方向移动；而当汽车转弯时，转向主轴转向任一方，控制阀都会随之转动，并关闭一个液压通道，使另一个液压通道开得更大，液压油被送到活塞一侧，在活塞两侧形成压力差，把活塞推向压力小的一侧，从而起到转向助力的作用。

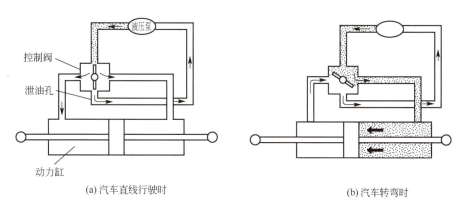

(a) 汽车直线行驶时　　　　　　　　(b) 汽车转弯时

图 5.4　流量控制式 EPS 的工作原理

分流电磁阀控制式 EPS 在普通液压式 EPS 的基础上增加了分流电磁阀、ECU、车速传感器等部件。在动力缸两侧的油道上设置了一条连通动力缸两腔的分流油道，油道流量受分流电磁阀控制，当分流电磁阀根据汽车行驶车速升高而将分流油道逐渐打开时，动力缸高压侧的高压油有部分分流到动力缸低压油室中，同时返回到储油罐，使转向动力缸中的活塞两侧油压差减小，动力转向的增力减小，此时汽车转向，驾驶人需要施加较大的转向操作力以兼顾转向灵敏性和轻便性，形成良好的路感。其主要工作过程如下：汽车行驶时，由车速传感器检测汽车速度，并转化为电信号输送给 ECU，ECU 通过车速信号发出指令，控制分流电磁阀电流的占空比，进而控制油道的开度，调节控制动力缸的助力。

其控制原则如下：在车速较低时，所需的转向操作力较小；在车速较高时，所需的转向操作力较大。分流电磁阀控制式EPS的工作原理如图5.5所示。分流电磁阀驱动信号如图5.6所示。分流电磁阀控制式EPS的转向电路如图5.7所示。

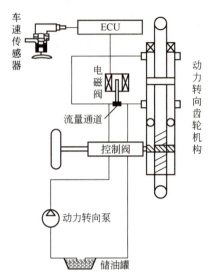

图 5.5 分流电磁阀控制式 EPS 的工作原理

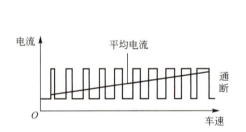

图 5.6 分流电磁阀驱动信号

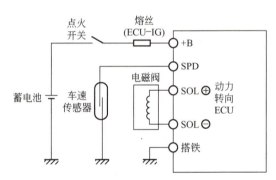

图 5.7 分流电磁阀控制式 EPS 的转向电路

（2）旁通流量控制阀式 EPS。

旁通流量控制阀式 EPS 如图 5.8 所示。其特点是在普通液压式 EPS 的基础上增加旁通流量控制阀、转向角速度传感器、转换开关和 ECU 等部件。在转向液压泵与转向机体之间设有旁通管路，由旁通流量控制阀控制。

ECU 根据车速传感器、转向角速度传感器和转换开关等信号及汽车的行驶状态向旁通流量控制阀发出控制信号，旁通流量控制阀控制旁通流量，调整向转向器供油流量，进而调节液压活塞两侧的油压差。旁通流量控制阀式 EPS 的工作原理如图 5.9 所示。其主要部件的结构和工作原理如下。

① 旁通流量控制阀。旁通流量控制阀的结构如图 5.10 所示，阀体内主要有主滑阀和稳压滑阀。

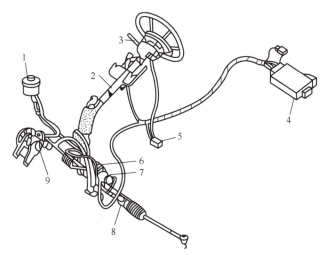

1—动力转向油缸；2—转向柱；3—转向角速度传感器；4—ECU；5—转向角速度增幅传感器；
6—旁通流量控制阀；7—电磁线圈；8—转向齿轮联动机构；9—转向液压泵。

图 5.8 旁通流量控制阀式 EPS

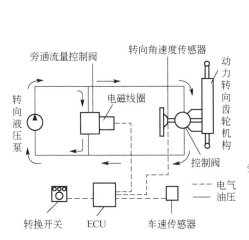

图 5.9 旁通流量控制阀式 EPS 的工作原理

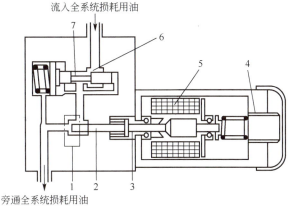

1—流量主孔；2—主滑阀；3—电磁线圈柱塞；
4—调节螺钉；5—电磁线圈；
6—节流孔；7—稳压滑阀。

图 5.10 旁通流量控制阀的结构

主滑阀的右端与电磁线圈柱塞连接，主滑阀在电磁线圈的作用力下移动，改变主滑阀左端的流量主孔的流通面积，调整调节螺钉以调节旁通流量。

稳压滑阀的作用是保持流量主孔前后压差的稳定。当转向负荷的变化使流量主孔前后压差偏离设定值（与稳压滑阀左侧弹簧压力相关）时，稳压滑阀将在其左侧弹簧压力和右侧油压的作用下发生滑移。如果压差大于设定值，则稳压滑阀左移，使节流孔开口面积减小，流入流量主孔的液压油减少，前后压差减小；如果压差小于设定值，则稳压滑阀右移，使节流孔开口面积增大，流入流量主孔的液压油增加，前后压差增大。流量主孔前后压差的稳定确保了旁通流量与主滑阀控制的流量主孔的开口面积。

② 转向角速度传感器。转向角速度传感器用于检测转向盘是否位于中间位置及转向盘的偏转方向角度和偏转速度。常用的光电式转向角速度传感器，其安装位置和结构如图5.11所示。

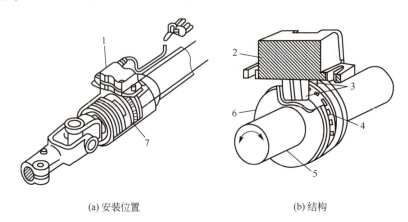

(a) 安装位置　　　　　　　　　　(b) 结构

1—转向角速度传感器；2—转换装置；3—光电元件；4—遮光盘；5—轴；6—护板；7—传感器圆盘

图5.11　常用的光电式转向角速度传感器的安装位置和结构

在转向盘的转向轴上装有一个带窄缝的遮光盘，窄缝呈等距均匀分布。传感器的光电元件由发光二极管和光敏接收元件（光敏晶体管）组成，对称装在遮光盘两侧。当转向盘的转轴带动圆盘偏转时，传感器发光二极管的光线通过窄缝圆盘空隙或被遮光盘遮挡，光敏接收元件就有 ON、OFF 变换，形成脉冲信号。光电式传感器的工作原理和电路原理如图5.12所示。

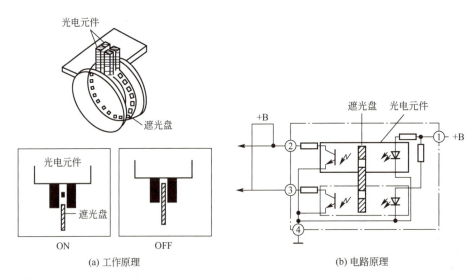

(a) 工作原理　　　　　　　　　　(b) 电路原理

图5.12　光电式传感器的工作原理和电路原理

转向开关可根据脉冲信号的变化来判断转向盘的转角和转速。一般传感器在结构上采用两组光电耦合器，两个遮光器在安装时它们的 ON、OFF 变换的相位错开一定的角度，这样就可根据检测到的脉冲信号的相位差来判断转向盘的偏转方向，即通过判断哪个遮光器先转变为 ON 状态，转向轴就偏向哪个方向。当向左转时，左侧光敏接收元件总是先于右侧光敏接收元件达到 ON 状态；当向右转时，右侧光敏接收元件总是先于左侧光敏接收元件达到 ON 状态。

③ 转换开关。驾驶人利用仪表板上的转换开关可以选择适应不同行驶条件的转向力特性，图 5.13 所示为三种转向力特性曲线。

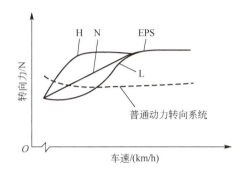

H—高转向力；N—正常转向力；L—低转向力。

图 5.13　三种转向力特性曲线

④ 旁通流量控制阀式 EPS 的转向电路。旁通流量控制阀式 EPS 的转向电路如图 5.14 所示，系统中 ECU 接收车速传感器、转向角速度传感器及转换开关的信号，用以控制旁通流量控制阀的电流。该系统具有故障自诊断功能。

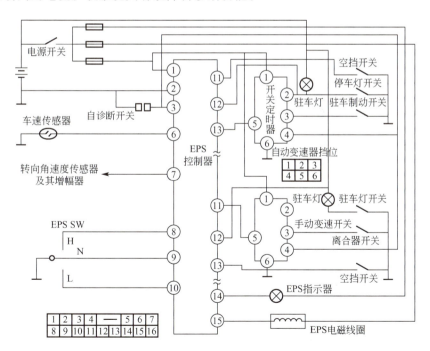

图 5.14　旁通流量控制阀式 EPS 的转向电路

流量控制式 EPS 通过车速传感器信号调节动力转向装置供应油压，其优点是在原来液压动力转向功能的基础上增加了压力油流量控制功能，所以结构简单、成本较低。当转向机构的压力油降低到极限值时,快速转向会导致压力不足,并且响应较慢,因此其推广应用受到一定的限制。

2. 反力控制式 EPS

反力控制式 EPS 主要由转向控制阀、分流阀、分流小孔、电磁阀及 ECU 等组成,其结构如图 5.15 所示。

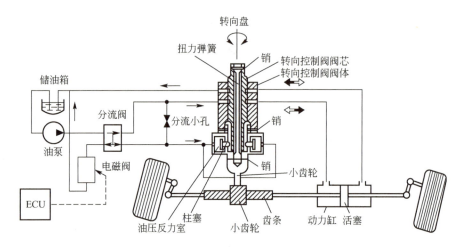

图 5.15　反力控制式 EPS 的结构

其主要部件的结构和工作原理如下。

(1) 转向控制阀。

转向控制阀的结构如图 5.16 所示。反力控制式 EPS 是在传统的整体转阀式 EPS 的基

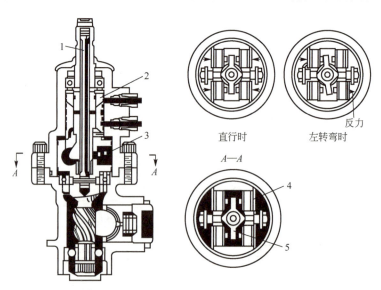

1—扭杆;2—回转阀;3—油压反力室;4—柱塞;5—控制阀轴。

图 5.16　转向控制阀的结构

础上增设了油压反力室。扭力弹簧的上端通过销与转向控制阀阀芯相连，下端用销与小齿轮和转向控制阀阀体相连。

转向时，转向力通过扭力弹簧传递给小齿轮，带动小齿轮旋转，使齿条运动，实现转向。当转向力增大、扭力弹簧发生扭转变形时，转向控制阀阀芯和转向控制阀阀体之间将发生相对转动，以改变其间油道的通断和工作油液的流动方向，从而实现液压助力转向。

（2）分流阀。

分流阀的结构示意图如图 5.17 所示，主要有阀门、弹簧、进油道和出油道。分流阀的作用是将来自转向油泵的液流分送至转向控制阀、油压反力室和电磁阀。送至电磁阀和油压反力室中的液压油流量是由转向控制阀中的油压调整的。当转动转向盘时，转向控制阀中的油压增大，分配到电磁阀和油压反力室的液压油流量增大；当转向控制阀中的油压达到一定值

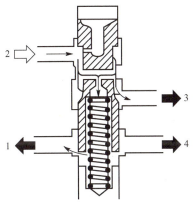

1—至电磁阀；2—至转向油泵；
3—至转向控制阀；4—至油压反力室。

图 5.17 分流阀的结构示意图

后，转向控制阀中的油压便不再增大，而分配给电磁阀和油压反力室的液流量不变。

（3）分流小孔。

分流小孔的作用是把供给转向控制阀的部分流量分配到油压反力室一侧。

（4）电磁阀。

电磁阀的结构及其特性如图 5.18 所示。电磁阀的作用是根据需要将油压反力室一侧的油液压回储油箱。ECU 根据车速控制电磁阀油路的开口面积，开口面积随电磁线圈通电电流占空比而变化，进而控制油压反力室一侧的液压油压力。

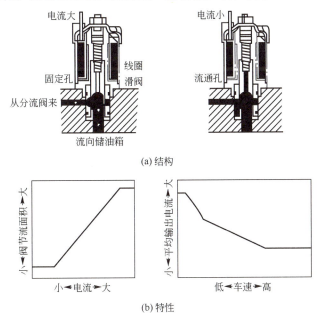

图 5.18 电磁阀的结构及其特性

(5) ECU。

ECU 的作用是根据车速传感器的输入信号控制通入电磁阀的电流,实现相应的控制功能。当车速提高时,为了增大转向力,需要增大电磁阀的电流;当车速超过 120km/h 时,为防止电流过大而造成过载,ECU 使通往电磁阀的通电电流保持恒定。

当车辆静止或车速较低时,ECU 使电磁线圈的电流增大,电磁阀开口面积增大,经分流阀分流的液压油和小孔分流的液压油通过电磁阀开口重新回流到储油箱中的油量增大,作用于柱塞的背压(油压反力室压力)降低,柱塞推动转向控制阀阀芯的反力较小,因此只需要较小的转向力就可使扭力弹簧扭转变形,使转向控制阀阀芯和转向控制阀阀体发生相对转动而实现转向助力。当车辆在中高速转向时,ECU 使电磁线圈的电流减小,电磁阀开口面积减小,经分流阀分流的液压油和小孔分流的液压油通过电磁阀开口重新回流到储油箱中的油量减小,油压反力室的油压升高,作用于柱塞的背压增大,于是柱塞推动转向控制阀阀芯的反力增大,此时需要较大的转向力使转向控制阀阀芯和转向控制阀阀体之间相对转动,从而实现转向助力,使驾驶人获得良好的转向手感。

反力控制式 EPS 根据车速大小控制反力室油压,从而控制转向力的大小。其优点是具有较好的转向力,驾驶人可以感受到稳定的转向手感;其缺点是结构复杂、成本较高。

3. 阀灵敏度控制式 EPS

阀灵敏度控制式 EPS 根据车速控制电磁阀,直接改变动力转向缸的油压。其结构简单、成本较低,而且具有较大的选择转向力的自由度。与反力控制式 EPS 相比,转向刚性较差,但是可以通过提高原来的弹性刚度加以克服,从而获得较好的转向手感和良好的转向特性。

阀灵敏度控制式 EPS 的结构如图 5.19 所示,主要有转子阀、电磁阀及 ECU 等。其主要部件的结构和工作原理如下。

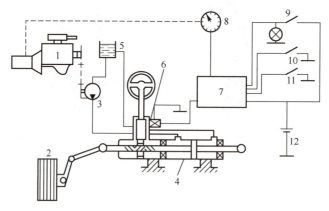

1—发动机;2—前轮;3—转向油泵;4—转向动力缸;5—储油箱;6—电磁阀;7—EPS ECU;
8—车速传感器;9—车灯开关;10,11—空挡开关;12—蓄电池;13—外体;14—内体。

图 5.19 阀灵敏度控制式 EPS 的结构

(1) 转子阀。

转子阀的结构及工作原理如图 5.20 所示。转子阀的等效液压油路如图 5.21 所示。转子阀内体圆周上有 6 条或 8 条沟槽,各沟槽与转子阀外体构成的油路和转向油泵、转向动力缸、电磁阀及储油箱连接。

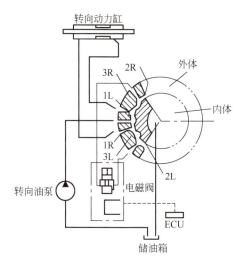

图 5.20　转子阀的结构及工作原理

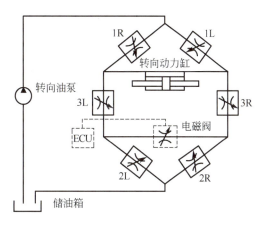

图 5.21　转子阀的等效液压油路

转子阀的可变小孔分为低速专用节流小孔(1R、1L、2R、2L)和高速专用可变控制小孔(3L、3R)两种,在高速专用可变控制小孔的下边设有电磁阀回路。

当车辆静止时,电磁阀完全关闭,此时若向右转动转向盘,则高灵敏度低速专用节流小孔 1R 和 2R 在较小的转向力作用下即可关闭,转向油泵的高压油经 1L 孔流向转向动力缸右腔室,其左腔室的液压油经 1R、2L 流回储油箱。所以,此时具有较大的转向助力。同时施加在转向盘上的转向力越大,1L、2L 的开口面积越大,节流作用就越小,转向助力作用越明显。

随着车速的提高,在 ECU 的控制下,电磁阀的平均电流增大,如果向右转弯转动转向盘时,则转向油泵的高压油经 1L、3R、电磁阀、2R 流回储油箱。此时,转向动力缸右腔室油压取决于电磁阀和低灵敏度高速专用可受控制小孔 3R 的开度。车速越高,电磁阀的开度越大,转向助力越小;在车速恒定的情况下,作用在转向盘上的转向力越小,3R 的开度越大,转向助力作用也越小,当转向盘转矩增大时,3R 的开度逐渐减小,转向助力作用也随之增大,驾驶人可获得非常自然的转向手感。

(2) 电磁阀。

电磁阀的结构及工作原理如图 5.22 所示,电磁阀上设有控制进、出的旁通油道,是可变的节流阀。车速低时,ECU 向电磁线圈通以较大的电流,使控制孔关闭;随着车速的升高,通电电流逐渐减小,控制孔逐渐开启;车速高时,开启通道达到最大值。电磁阀在汽车转向时,转向油流动的方向可以变换。

(3) ECU。

ECU 可接收车速传感器的信号,控制电磁阀电磁线圈的电流。

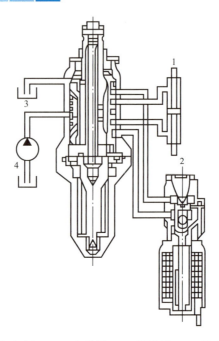

1—转向动力缸；2—电磁阀；3—储油箱；4—转向油泵。

图 5.22　电磁阀的结构及工作原理

5.3　电动式电控动力转向系统

由于液压式 EPS 具有成本低、工作灵敏度较高的特点，因此其获得了广泛的应用；但各种 EPS 的共同缺点是结构相对复杂、功率消耗大，容易产生泄漏而造成环境污染，以及转向力控制性能差。随着微型计算机和新型传感器在汽车上的广泛应用，电动式 EPS 出现。

1. 电动式 EPS 的结构、工作原理与特点

（1）电动式 EPS 的结构。

电动式 EPS 的结构如图 5.23 所示，电动式 EPS 一般由 ECU、电动机、电磁离合器和

电动式EPS的结构

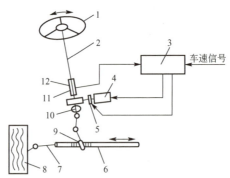

1—转向盘；2—转向轴；3—ECU；4—电动机；5—电磁离合器；6—转向齿条；7—横拉杆；
8—转向轮；9—输出轴；10—扭力杆；11—转矩传感器；12—转向齿轮。

图 5.23　电动式 EPS 的结构

转矩传感器等组成。电动机是电动式 EPS 的助力源,ECU 根据车速和转矩等参数控制电动机工作,实现助力转向。

(2) 电动式 EPS 的工作原理。

转向时,装在转向轴上的转矩传感器不断检测出转向轴上的转矩,并把它变成输出信号,该信号与车速信号同时输入 ECU。ECU 根据这些输入信号判断汽车的运行工况,确定助力转矩的数值和方向,控制电动机电流的数值和方向,进而调整转向助力的数值。

电动机的转矩通过电磁离合器向减速机构增矩后施加在汽车的转向机构上,使之获得与汽车工况相适应的转向作用力。

(3) 电动式 EPS 的特点。

电动式 EPS 的特点如下。

① 质量轻。电动式 EPS 结构紧凑、质量较轻,与液压式 EPS 相比,质量减轻约 25%。

② 能源消耗少。因为电动机只在转向时才接通电源,所以动力消耗和燃油消耗均可降到最低程度。而液压式 EPS 的转向油泵始终处于工作状态,动力消耗较大。

③ 减少环境污染。电动式 EPS 省去了油压系统的油路,没有漏油现象。

④ 转向助力特性好。微型计算机计算速度高、灵敏度高,可以按汽车性能的需要进行设置、修改转向助力特性。

2. 电动式 EPS 主要部件的结构及工作原理

电动式 EPS 主要部件的结构及工作原理如下。

(1) 转矩传感器。

转矩传感器的作用是测量转向轴与转向盘之间的相对扭矩。转矩传感器可分为无触点式转矩传感器和有触点式转矩传感器。

① 无触点式转矩传感器。图 5.24 所示为无触点式转矩传感器的结构及工作原理。

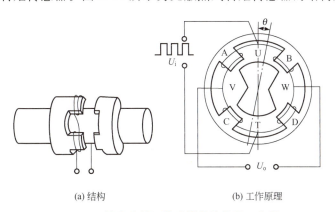

(a) 结构　　　(b) 工作原理

图 5.24　无触点式转矩传感器的结构及工作原理

在输出轴的极靴上分别绕有 A、B、C、D 共四个线圈。汽车直行时,转向轴处于中间位置,扭力杆的纵向对称面正好处于极靴 AC、BD 的对称面上。当在 V、W 两端加上连续的输入脉冲电压信号 U_i 时,由于通过 A、C、U、T 的闭路磁通量为 0,因此在 U、T 两端检测到的输出电压信号 $U_o=0$。汽车转向时,扭力杆和输出轴极靴之间发生相对扭转位移 θ,极靴 A、D 之间的磁阻增大,B、C 之间的磁阻减小,A、D 与 B、C 之间的磁通量不能相互抵消，于是在 U、T 之间就出现了电位差，其电位差与扭力杆的扭转角 θ 和输入电压 U_i 成一定的函数关系。通过测量 U、T 两端的电位差就可以测量出扭力杆的扭转位移 θ，也就可以计算出转向盘施加的转动转矩。

② 有触点式转矩传感器。图 5.25 所示为有触点式转矩传感器的结构及工作原理。它是将转向力引起的扭力杆角位移转换为电位器电阻的变化，从而引起输出电压的变化，并经滑环作为转矩信号传递出来。

(2) 电动机。

电动式 EPS 一般采用直流电动机。其工作原理与起动用直流电动机的原理基本相同。其电压为 12V，最大通过电流约为 30A，额定转矩约为 10N·m。

左右转向助力时，需用直流电动机正反转控制，图 5.26 所示为直流电动机正反转控制电路。a_1、a_2 为 ECU 触发信号端。当 a_1 端得到输入信号时，晶体管 VT_3 导通，VT_2 得到基极电流而导通。电流经 VT_2→电动机 M→VT_3 构成闭合回路，电动机正转。当 a_2 端得到输入信号时，电流则经 VT_1→电动机 M→VT_4 构成闭合回路，因电流方向相反，电动机反转。通过控制触发信号端的电流值，可以控制通过电动机的电流值。

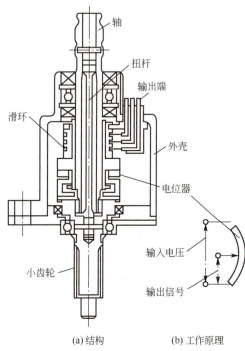

图 5.25　有触点式转矩传感器的结构及工作原理

(3) 电磁离合器。

图 5.27 为单片干式电磁离合器的结构及工作原理。在图 5.25 所示的有触点式转矩传感器中，当电流通过滑环进入电磁离合器线圈时，主动轮产生电磁吸力，带花键的压板与主动轮压紧，于是电动机的动力经过轴、主动轮、压板、花键、从动轴传递给执行机构。

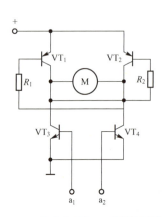

图 5.26　直流电动机正反转控制电路

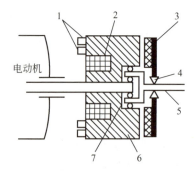

1—滑环；2—电磁离合器线圈；3—压板；4—花键；
5—从动轴；6—主动轮；7—滚动轴承。

图 5.27　单片干式电磁离合器的结构及工作原理

电动式 EPS 一般都有一个设定的工作范围。例如，当车速达到 45km/h 时，不需要辅助动力转向，电动机停止工作。为了不使电动机和电磁离合器的惯性影响转向系统的工作，离合器应及时分离，以切断辅助动力。另外，当电动机发生故障时，离合器自动分离，仍可利用手动控制转向。

电动转向助力器

电动转向助力器的结构如图 5.28 所示，其工作原理如图 5.29 所示，其由静止和旋转两部分构成。静止部分包括外部磁路（壳体等）和励磁线圈，励磁线圈紧固在壳体上。旋转部分包括永磁体［图 5.29（a）］和齿型组件［图 5.29（b）］。永磁体由 30 个磁极构成的永久磁环和塑料保持架组成，并通过注塑连接在阀芯轴上。齿型组件由一个较大的内齿环和一个较小的齿轮组成。齿环和齿轮各有 15 个轮齿，齿轮套在齿环的中心部位，两者齿顶相对，但错开半个轮齿，并且齿顶间留有一定的间隙，齿环和齿轮用金属板固结成一体（齿型磁回路），并固定在阀套［图 5.29（c）］上。永磁体插入齿型组件的齿顶间的间隙［图 5.29（d）］中，而励磁线圈位于齿型组件的下方。

图 5.28 电动转向助力器的结构

当驾驶人转动转向盘时，因扭杆产生角位移，永磁体与齿型组件之间既产生相对转动，又随转向盘一起旋转。当 ECU 接收车速信号并发出适合这一车速的电流指令时，电磁助力器的励磁线圈接收这一电流，产生相应的磁通量，磁力线通过齿型组件时，齿顶端部出现磁极［图 5.29（e）、图 5.29（f）］。这些磁极与永久磁环的磁极相互作用，使永磁体和齿型组件之间的磁性作用力增大（加大扭杆刚性）或减小（减小扭杆刚性），从而改变转向盘的转向力（增大或减小）。若励磁线圈为右旋绕组，则当通过正向电流时，按右手定则，磁力线应是自下而上由中心向外环流，将齿轮的齿顶端部磁化成 N 极，齿环的齿顶端部磁化为 S 极，这两种磁极分别与永久磁环的磁极发生磁力作用（同性相斥，异性相吸），其结果使永久磁环处于稳定的平衡状态。永久磁环离开此平衡位置（与齿型组件产生相对位移）时，需要克服电磁力的作用实现，增大了转向阻力，使车辆高速运行更加稳定。

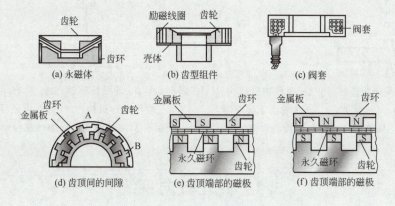

图 5.29 电动转向助力器的工作原理

(4) 减速机构。

减速机构是电动式 EPS 不可缺少的部件。目前实用的减速机构有多种组合方式,一般采用蜗轮蜗杆与转向轴驱动组合式,也有的采用两级行星齿轮与传动齿轮组合式。为了减少噪声和提高耐久性,减速机构中的齿轮采用树脂材料制成。减速机构分为蜗轮蜗杆减速助力传动机构和差动轮系助力减速传动机构等。

① 蜗轮蜗杆减速助力传动机构。蜗轮蜗杆减速助力传动机构由蜗轮蜗杆机构、电磁离合器和电动机等组成,如图 5.30 所示。电动机提供的转向助力通过蜗轮蜗杆机构放大并作用于转向盘,辅助驾驶人进行转向动作。车辆高速行驶(不需要助力)或在助力转向系统出现故障时,为了提高转向的可靠性,在电动机与助力机构之间采用电磁离合器来实现电动机与转向系统的分离。

② 差动轮系助力减速传动机构。差动轮系助力减速传动机构由转角传感器、差动行星齿轮机构和蜗轮蜗杆机构等组成,如图 5.31 所示。转向轴与差动轮系的中心轮相连,电动机经过一级蜗轮蜗杆减速机构带动齿圈运动,合成的运动由行星架输出。其工作原理是根据车速和手动转向角度,ECU 按事先设定的控制规律使电动机提供一个与手动转向同方向的辅助转角,并利用差动轮系的运动合成得到前轮转向角度,这间接地减小了转向系统的传动比,从而减小了手动转向角度和驾驶人消耗的转向功。在电动机不转(手动转向)的条件下,由于蜗轮蜗杆机构设计成反向自锁,因此齿圈固定,转向动作通过行星架减速输出。差动轮系助力减速传动机构的最大特点是不需要电磁离合器,而且不会造成手力突变。

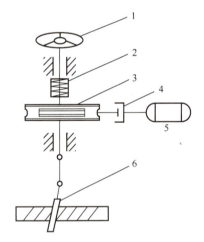
1—转向盘;2—转矩传感器;3—蜗轮蜗杆机构;
4—电磁离合器;5—电动机;6—齿轮齿条转向器。

图 5.30 蜗轮蜗杆减速助力传动机构

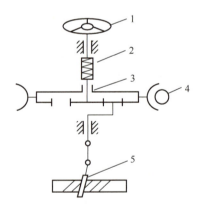
1—转向盘;2—转角传感器;3—差动行星齿轮机构;
4—蜗轮蜗杆机构;5—齿轮齿条转向器。

图 5.31 差动轮系助力减速传动机构

5.4 四轮转向系统

四轮转向系统(4WS)是指四个车轮都是转向车轮或四个车轮都能起转向作用的汽车

系统。根据其控制方式，四轮转向系统可分为转向角比例控制四轮转向系统、横摆角速度比例控制四轮转向系统和车速前馈控制四轮转向系统。

四轮转向系统

1. 转向角比例控制四轮转向系统

转向角比例控制是指后轮转角与前轮转角成比例的控制。在低速区，前后轮逆向；在中高速区，前后轮同向。中高速区的转向操作应能使前后轮平衡稳定并处于恒定转向状态，以便汽车的前进方向和车体的朝向一致，从而获得稳定的转向性能。

（1）转向角比例控制四轮转向系统的结构。

转向角比例控制四轮转向系统的结构如图 5.32 所示。系统前后轮的转向机构机械连接，转向盘的转动传到前转向齿轮箱，齿条使前转向横拉杆做左右运动以控制前轮转向。同时，输出小齿轮旋转，通过连接轴传递到后转向齿轮箱，后轮的转角与转向盘的转角成比例变化，使其低速转向时，后轮与前轮反向转动；中高速行驶时，后轮与前轮同向转动。

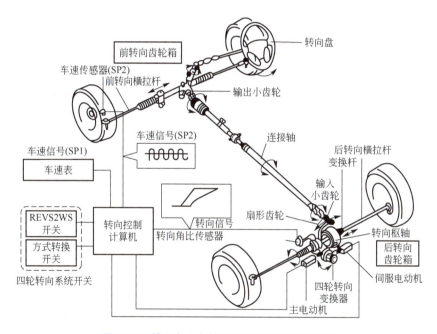

图 5.32 转向角比例控制四轮转向系统的结构

① 转向枢轴。

转向枢轴的结构如图 5.33（a）所示。转向枢轴的外圈与扇形齿轮为一体，可绕转向枢轴左右倾斜运动，内座圈与偏心轴相连，连杆由四轮转向变换器中的电动机驱动，绕其旋转中心，可正、反向运动，并使偏心轴在转向枢轴内上、下旋转55°。

与连杆相连的输入小齿轮向左或向右转动时，旋转力传到扇形齿轮，扇形齿轮带动转向枢轴并通过偏心轴使变换杆左右摆动，从而使后转向横拉杆移动，带动后转向节臂转动，使后轮转向。

偏心轴与转向枢轴的相对运动使后轮产生与前轮同向或反向转动的关系，如图 5.33（b）所示。当偏心轴的前端与转向轴左右旋转中心一致时，转向枢轴左右倾斜，连杆不动，此时后轮处于中间位置。当偏心轴的前端位于转向枢轴旋转中心的上方或下方，并有一定的偏距时，转向枢轴的左右倾斜会使连杆产生较大的位移量。当偏心轴的前端处于转向枢轴的上方时，后轮相对前轮反向转动；当偏心轴的前端处于转向枢轴的下方时，后轮相对前轮同向转动。

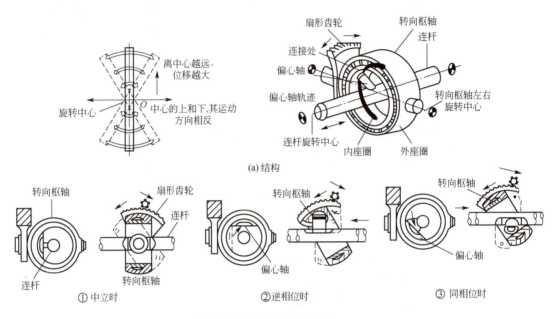

图 5.33　转向枢轴

② 四轮转向变换器。

四轮转向变换器的结构如图 5.34 所示。四轮转向变换器由主电动机与辅助电动机组成的驱动部分、行星齿轮组成的减速部分和使连杆转动的蜗杆等组成。通常主电动机工作时，辅助电动机不工作。辅助电动机的输出轴与行星齿轮机构中的太阳轮相连，主电动机

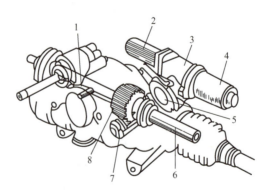

1—偏心轴；2—辅助电动机；3—四轮转向变换器；
4—主电动机；5—四轮转向变换器输出轴；
6—连杆；7—蜗杆及蜗轮；8—转角比检测用齿轮。

图 5.34　四轮转向变换器的结构

输出轴与行星齿轮相连，而行星齿轮机构中的齿圈是四轮转向变换器输出轴。太阳轮固定，与主电动机相连的行星齿轮轴转动，即行星齿轮在围绕太阳轮公转的同时自转，带动四轮转向变换器输出轴转动。

当主电动机不工作时，行星齿轮成为一个中介惰轮（只自转，不公转），直接将辅助电动机的转动传递给四轮转向变换器输出轴，从而带动连杆同向转动。

③ 车速传感器。

ECU 根据车速传感器检测的车速信号控制后轮转向角和相位。

④ 转角比传感器。

转角比传感器（图 5.35）安装在执行器上，为一个可变电阻。检测转角比传感器输出的电压值可表明执行器的状态和转向情况、转向比例，以及根据前轮转向情况所得到的后轮最大偏转量。

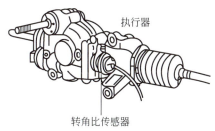

图 5.35 转角比传感器

（2）转向角比例控制四轮转向系统的工作原理。

转向角比例控制四轮转向系统的工作原理如图 5.36 所示。

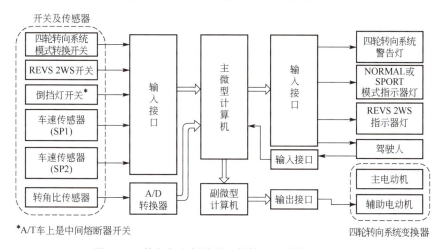

图 5.36 转向角比例控制四轮转向系统的工作原理

① 转角比控制。

按图 5.36 所示进行转角比控制，再根据行驶车速控制主电动机，从而实现对转角的控制。驾驶人可使用四轮转向模式转换开关，选择 NORMAL 或 SPORT 模式。

② 两轮转向选择开关。

当两轮转向选择开关设定在 ON 位置，并且变速器被挂入倒挡时，后轮转向量被设置为零。

③ 故障诊断控制。

当系统发生异常情况时,驾驶室内的四轮转向警告灯亮起,以提示驾驶人。同时,故障以代码的形式存储在故障存储器中。

a. 主电动机异常。此时,驱动辅助电动机,仅利用转角控制图中 NORMAL 模式的同向转向部分,进行与车速相对应的转角比控制。

b. 车速传感器异常。使用车速传感器 SP1、SP2 中输出的较高车速值,通过主电动机仅进行同向转向的转角比控制。

c. 转角比传感器异常。利用辅助电动机驱动到同方向最大值,然后停止其后的控制,若此时辅助电动机异常,则用主电动机完成上述工作。

d. ECU 异常。利用辅助电动机驱动到同方向最大值,然后停止其后的控制,此时要避免出现反方向转向。

2. 横摆角速度比例控制四轮转向系统

横摆角速度比例控制四轮转向系统附加横向摆动率反馈控制,利用横向摆动率传感器检测汽车转向,抵消转弯力以控制后轮转向,使汽车能主动适应行驶中横向摆动率的变化,确保汽车行驶的稳定性。

(1) 横摆角速度比例控制四轮转向的结构。

横摆角速度比例控制四轮转向系统的结构如图 5.37 所示,根据检测出的车速横摆角速度控制后轮转向量,使用多个传感器检测转向信息和汽车行驶状况,并用后转向执行器主动控制后轮的转向角度。该系统主要由机械转向控制模块(改善低速下的操作性)和电

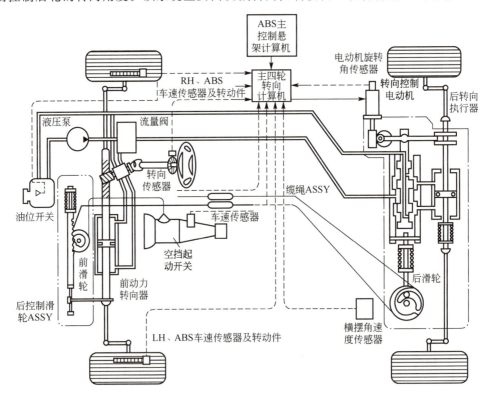

图 5.37 横摆角速度比例控制四轮转向系统的结构

子转向控制模块（改善中、高速时的操作性和稳定性，提高抗干扰能力）组成。

① 前轮转向机构。

前轮转向机构的结构如图 5.38 所示，转向盘的转动传到转向器中的齿轮齿条，齿条端部的移动控制齿条左右移动，带动小齿轮转动，使与小齿轮做成一体的前滑轮产生正反方向的转动。滑动轮的转动通过缆绳传递到后轮转向机构中的滑轮。控制齿条存在一个不敏感行程，转向盘左右 25°以内的转角正好处于此范围内。因此，在此范围内不产生与前轮联动的后轮转向，高速行驶时不可能产生这样大的转角，后轮仅由脉动电动机控制转向。

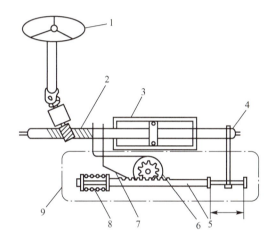

1—转向盘；2—齿轮齿条；3—油缸；
4—齿条端部；5—控制器齿条；6—前滑轮；
7—缆绳；8—回位弹簧；9—滑轮驱动。

图 5.38　前轮转向机构的结构

② 后轮转向机构。

后轮转向机构的结构如图 5.39 所示，机械转向时，缆绳传递到后滑轮，带动控制凸

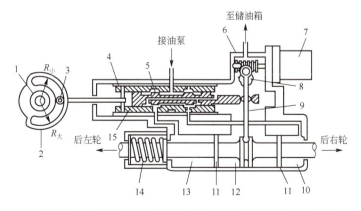

1—后滑轮；2—凸轮；3—凸轮随动件；4—阀管衬套；5—阀轴；
6—驱动齿轮；7—脉动电动机；8—从动齿轮；9—阀控制杆；10—右室；
11—动力活塞；12—油缸轴；13—左室；14—回位弹簧；15—阀管。

图 5.39　后轮转向机构的结构

轮转动，凸轮随动件沿凸轮的轮廓线运动，使阀管左右移动。当转向盘左转时，后滑轮右移，此时凸轮的轮廓线向半径减小的方向转动，将凸轮随动件拉出，使阀管向左移动。当转向盘右转时，凸轮的轮廓线向半径增大的方向转动，把凸轮随动件推向里面，使阀管向右移动，来自油泵的油压油路根据阀管与阀轴的相对位移进行切换。当转向盘左转时，阀管向左移动，将来自油泵的高压油输进油缸的右室，驱动动力活塞向左移动。此时，与动力活塞做成一体的油缸被推向左方，带动后轮向右转向。相反，当前轮向右转向时，动力活塞被推向右方，带动后轮向左转向。

电动转向时，阀管固定不动，此时，由脉动电动机驱动阀控制杆左右摆动，使阀轴左右移动，从而引起动力活塞的左右运动，其动作原理与上述机械转向时一样。脉动电动机可根据 ECU 的指令进行正、反向转动，因此它可完成与前轮转向无关的后轮转向操作。

（2）横摆角速度比例控制回轮转向系统的工作原理。

与前轮的转向量相对应，后轮转角控制可分为大转角控制与小转角控制两种。

① 大转角控制（机械式转角控制）。

当前轮转角处在不敏感范围内时，阀轴与阀管的相对位置处于中间状态。因此，来自油泵的油液流回储油箱，动力油缸中的左、右室仅储存较低油压，油缸轴在回位弹簧的作用下处于中间位置。

当前轮左转时，阀管向左移动，与阀轴之间产生相对位移，使图 5.40 中 a 部与 b 部的节流面积减小，高压作用于油缸的右室，将动力活塞推向左方，使后轮向右转向。此时油缸轴也向左移动，由于脉动电动机没有起动，因此阀控制杆绕支点 A 转动，带动阀轴移动到比 B 点更左边的 B' 点。减小的 a 部与 b 部的节流面积又增大，使油缸右室内的压力下降。当油缸轴移动到目标位置后，a 部与 b 部的节流面积正好达到与由车轮产生的外力相平衡的位置，从而使后轮不产生过大的转向。

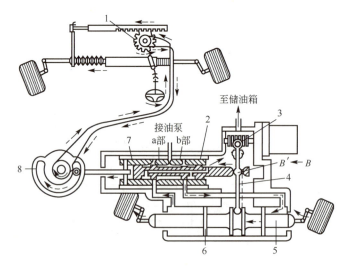

1—后控制器滑轮；2—阀轴；3—支点 A；4—阀控制杆；5—油缸轴；
6—活塞；7—阀管；8—后控制器凸轮。

图 5.40　大转角控制

当外力发生变化时,油缸轴也产生微量的移动变化,这会立刻引起阀控制杆对阀轴产生一个相应的反馈量,变化到与外力相平衡所需的活塞压力的节流面积,使其始终保持平衡。

② 小转角控制(电动转角控制)。

脉动电动机的旋转由蜗轮传递到被动齿轮,再通过曲轴使阀控制杆摆动。被动齿轮左转时,阀控制杆的上端支点 A 以被动齿轮的中心点 O 为转动中心向 A' 点摆动。由于在脉动电动机起动的瞬间后转向轴没有移动,因此阀控制杆以 C 点为中心向左摆动,杠杆的中间点 B 移到 B' 点,带动阀轴向左移动。在缆绳没有移动时,阀管固定不动,因此阀轴的移动使阀管、阀轴之间产生相对位移,图 5.41 中 a 部和 b 部的节流面积减小,使高压作用于油缸左室。

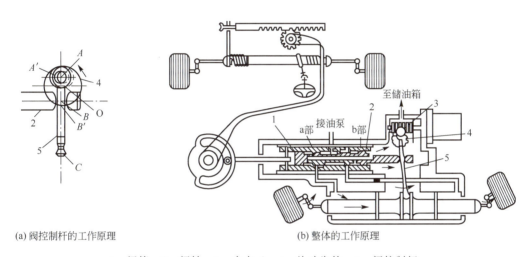

(a) 阀控制杆的工作原理 (b) 整体的工作原理

1—阀管;2—阀轴;3—支点 A;4—从动齿轮;5—阀控制杆。

图 5.41 小转角控制

当油缸轴向右移动时,反馈杆以支点 A' 为中心转动,带动阀轴向右移动到 B',使 a 部和 b 部的节流面积增大,油压降低,达到与机械转向时相同的平衡。

3. 车速前馈控制四轮转向系统

车速前馈控制四轮转向系统如图 5.42 所示。它采用车速前馈控制法,其前、后轮均采用液压助力转向,但后轮转向为机—液—电联合控制。后轮偏转的角度根据车速及转向盘转动角度,按事先设定好的程序由微型计算机控制,即后轮的转角根据车速及前轮的转角而定,与转向力的数值无关。

液压助力转向和电子助力转向

(1) 车速前馈控制四轮转向系统的结构。

车速前馈控制四轮转向系统主要包括前轮转向系统、后轮转向系统、转角比传感器和电控油阀等。

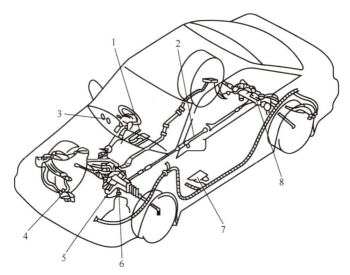

1—四轮转向继电器与定时器；2—后转向轴；3—2号车速传感器；4—风门式泵；
5—前动力转向系统；6—1号车速传感器；7—ECU；8—后转向控制箱。

图 5.42　车速前馈控制四轮转向系统

① 前轮转向系统。前轮转向系统为普通液压助力转向系统，如图 5.43 所示。前轮转向系统的转向器为齿轮齿条式转向器，齿条被加长，还设置一个小齿轮与齿条啮合，其固定在与后轮转向传动轴相连的齿轮轴上。当转动转向盘使前轮转向时，齿条的水平移动一方面推动前轮转向，另一方面通过小齿轮带动后轮转向传动轴旋转，将转向盘转动的信号（转动的方向、快慢和转动的角度）传给后轮转向系统，以控制后轮转向。

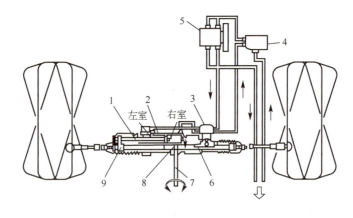

宝马集成式主动转向控制

1—转向动力缸活塞杆；2—转向动力缸；3—转向控制阀；4—转向油泵；
5—储油箱；6—齿条；7—后轮转向传动轴；8—小齿轮；9—连接板。

图 5.43　前轮转向系统

② 后轮转向系统。后轮转向系统如图 5.44 所示，主要包括后轮转向动力缸、液压控制阀及步进电动机等部件。

③ 转角比传感器。转角比传感器用于检测相位控制器中扇形控制齿板的转角位置，并将检测出的信号反馈给四轮转向控制器，作为监督和控制信号使用。

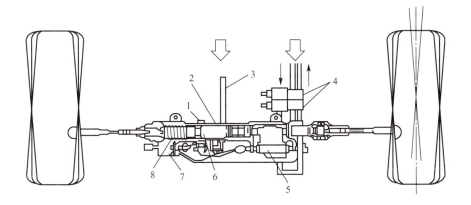

1—转角比传感器；2—后轮转向动力缸；3—后轮转向传动轴；4—电控油路；
5—液压控制阀；6—动力输出杆；7—步进电动机；8—回位弹簧。

图 5.44　后轮转向系统

④ 电控油阀。电控油阀用于控制由转向油泵输向后轮转向动力缸的油路通断。当液压回路或电子控制线路出现故障时，电控油阀切断由转向油泵通向液压控制阀的油液通道，使四轮转向装置处于两轮转向工作状态，起到失效保险的作用。

（2）车速前馈控制四轮转向系统的工作原理。

车速前馈控制四轮转向系统的工作原理如图 5.45 所示。ECU 根据车速传感器的信

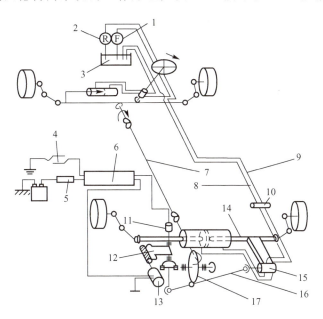

1—F 前动力转向系统油压；2—R 后轮转向控制箱油压；3—风门式泵；4—车速传感器；
5—四轮转向继电器；6—ECU；7—后转向轴；8—回流管；9—压力管；10—电磁螺线管；
11—后转向传感器；12—控制拨叉；13—步进电动机；14—动力杆；
15—控制阀；16—控制阀杆；17—扇形齿轮。

图 5.45　车速前馈控制四轮转向系统的工作原理

号，把对应于车速的信号传送到后转向控制箱的步进电动机，使控制拨叉转动；利用转向操作，只在与此对应的方向与角度上利用后转向轴使后转向控制箱内的扇形齿轮旋转，控制拨叉的转动与扇形齿轮的旋转在相位控制机构内叠加，从而决定控制阀杆的行程方向和行程（与转向操作、车速相对应的方向和行程）。这样，在控制阀内油路被切换，动力杆控制后轮转向。

如图 5.46（a）所示，当车速低于 35km/h 时，相位控制器中的扇形控制齿板在步进电动机的控制下向负方向转动，车速越低，其偏转角度越大。假设这时转向盘向右转动（前轮向右偏转），与后轮转向传动轴连接的小锥齿轮向图中空白箭头所示方向转动，与小锥齿轮啮合的大锥齿轮也向图中空白箭头所示方向转动，同时带动大锥齿轮中心贯通的控制杆围绕大锥齿轮轴线旋转，控制杆的运动带动摆臂随之运动。由于扇形控制齿板向负方向转动，因此摆臂向右上方摆动。控制杆在摆臂这种合成运动的作用下，推动液压控制阀输入杆向右移动，其行程与扇形控制齿板的转角成正比。当液压控制阀输入杆向右移动时，由转向油泵输送的高压油液进入后轮转向动力缸的左腔，使后轮向左偏转，即后轮相对于前轮反向偏转。

如图 5.46（b）所示，当车速高于 35km/h 时，相位控制器中的扇形控制齿板向正方向转动，若转向盘仍向右转动（前轮向右偏转），则摆臂向左上方摆动，将液压控制阀输入杆向左移动，使后轮向右偏转，即后轮相对于前轮同向偏转。

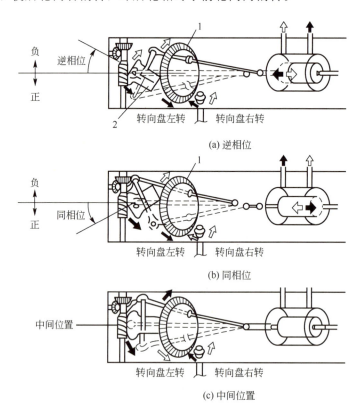

1—大锥齿轮；2—扇形控制齿板。

图 5.46　相位控制系统的工作原理

当车速等于 35km/h 时,相位控制器中的扇形控制齿板处于图 5.46(c)所示的中间位置,摆臂处于与大锥齿轮轴线垂直的位置。控制杆和液压控制阀输入杆(柱塞)均不产生轴向位移,后轮转向动力缸左、右油腔均没有高压油液输入,后轮保持与汽车纵向轴线平行的直线行驶状态。

要保证四轮转向系统工作安全、可靠,应满足以下要求。

① 当四轮转向系统的电子控制系统出现故障时,应使后轮处于中间位置,汽车转向系统自动进入前轮转向状态(两轮转向)。

② 当四轮转向系统的液压控制系统出现故障时,汽车应保持在前轮转向(两轮转向)状态下行驶。

5.5 线控转向系统简介

线控技术源于飞机控制系统,将这种控制方式引到汽车驾驶上就是将驾驶人的操作动作经过传感器转变成电信号,通过电信号传输到功率放大器,再推动执行机构。

针对不同水平的驾驶人,汽车的易操作性显得尤为重要。线控转向系统正好可以满足这种客观需求。

线控转向系统一般由转向盘总成、转向执行总成和主控制器和故障处理控制器等组成,其结构如图 5.47 所示。

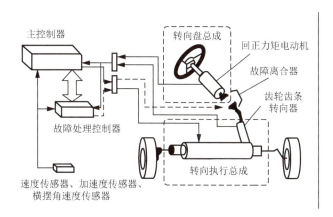

图 5.47 线控转向技术的结构

线控转向系统是继 EPS 后发展起来的新一代转向系统,操作稳定性比 EPS 好。它取消了转向盘与转向轮之间的机械连接,完全由电能实现转向,彻底摆脱传统转向系统固有的限制,提高了汽车的安全性和驾驶舒适性。

转向盘总成包括转向盘、转向盘转角传感器、力矩传感器和回正力矩电动机等。转向盘总成的主要功能是将驾驶人的转向意图(通过测量转向盘转角)转换成数字信号,并传递给主控制器;同时接收主控制器送来的力矩信号,产生转向盘回正力矩,以提供给驾驶人相应的路感信息。转向执行总成包括前轮转角传感器、转向执行电动机、转向电动机控制器和前轮转向组件等。转向执行总成的功能是接收主控制器的命令,通过转向电动机控制器控制转向车轮转动,实现驾驶人的转向意图。

主控制器对采集的信号进行分析处理,以判别汽车的运动状态,向转向盘回正力矩电动机和转向电动机发送指令,控制两个电动机的工作,保证各种工况下都具有理想的车辆响应,以减少驾驶人对汽车转向特性随车速变化的补偿任务,减轻驾驶人的负担。主控制器还可以对驾驶人的操作指令进行识别,判定在当前状态下驾驶人的转向操作是否合理。当汽车处于非稳定状态或驾驶人发出错误指令时,线控转向系统会将驾驶人错误的转向操作屏蔽,而自动进行稳定控制,使汽车尽快恢复到稳定状态。

故障处理控制器是线控转向系统的重要组成.它包括一系列的监控和实施算法,针对不同的故障形式和故障等级作出相应的处理,以求最大限度地保持汽车的正常行驶。作为应用较广泛的交通工具,汽车的安全性是必须首先考虑的因素,是一切研究的基础,因而故障的自动检测和自动处理是线控转向系统最重要的技术。它采用严密的故障检测和处理逻辑,可以更大地提高汽车安全性能。

线控转向系统的工作原理如图 5.48 所示。转向盘转角传感器检测驾驶人的转向数据信号,然后通过数据总线将信号传递给 ECU,并从转向控制系统获得反馈指令,转向控制系统也从转向执行机构获得驾驶人的转向指令,并从转向系统获得车轮情况,从而指挥整个转向系统的运动。转向系统控制车轮转到需要的角度,并将车轮的转角和转动转矩反馈给系统的其余部分,如转向操作机构,以使驾驶人获得路感,这种路感可以根据不同的情况由线控转向系统控制。

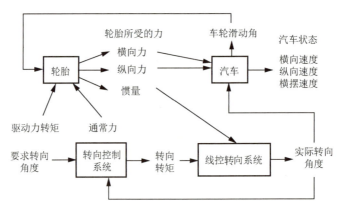

图 5.48　线控转向系统的工作原理

线控转向系统有以下优势。

(1) 提高整车设计自由度,便于操控系统布置。如果没有机械连接,就可以很容易把左舵驾驶换为右舵驾驶。

(2) 转动效率高,响应时间短。控制单元接收各种数据,可以在瞬时转向条件下立刻提供转向动力,转动车轮。

(3) 改善驾驶特性,增强操作性。

(4) 取消转向柱和转向器,有利于提高汽车碰撞安全性和整车主动安全性。

(5) 有利于整合底盘技术和降低底盘综合开发成本。

围绕汽车开发的节能、环保和安全主题,未来汽车的主体将是零排放汽车。混合动力汽车和燃料电池电动汽车等的推广应用为线控转向系统的应用带来了非常广阔的应用前景。

本 章 小 结

本章主要介绍了液压式EPS、电动式EPS、四轮转向系统的结构及工作原理。

电控动力转向系统根据动力源不同可分为液压式EPS和电动式EPS。液压式EPS在传统的液压动力转向系统的基础上增设了控制液体流量的电磁阀、车速传感器和ECU等部件。ECU根据检测到的车速信号控制电磁阀,使转向助力放大倍率实现连续可调,从而满足高、低速时的转向助力要求。电动式EPS利用直流电动机作为动力源,ECU根据转向参数和车速等信号控制电动机转矩的数值和方向。

四轮转向系统是指四个车轮都是转向车轮或四个车轮都能起转向作用的汽车,其控制方式有转角比控制、横摆角速度比例控制和车速前馈控制。

【关键术语】

汽车转向 液压式EPS 电动式EPS 四轮转向系统

综 合 练 习

1. 填空题

(1) 汽车液压式EPS主要由_____、_____、_____等组成。

(2) 汽车电动式EPS主要由_____、_____、_____等组成。

(3) 汽车四轮转向系统的控制方式有_____、_____、_____。

2. 简答题

(1) 简述汽车四轮转向技术的原理。

(2) 简述EPS的基本要求。

第 6 章
汽车防滑和制动力分配技术

 教学目标

通过本章的学习，读者可以熟悉并掌握驱动防滑系统的基本组成与工作原理，以及制动力分配系统的基本原理和控制过程，了解驱动防滑系统的理论基础及电子控制防滑差速器。

 教学要求

知识要点	能力要求	相关知识
汽车防滑技术概述	了解驱动防滑系统的理论基础及控制方式	车轮滑动率； 附着系数
驱动防滑系统	熟悉并掌握驱动防滑系统的基本组成与工作原理； 了解驱动防滑系统的传感器	电磁式车轮转速传感器； 霍尔式车轮转速传感器
电子控制防滑差速器	了解电子控制防滑差速器的种类	湿式差速器； 限滑差速器； 四轮驱动防滑差速器
电子制动力分配系统	熟悉并掌握电子制动力分配系统的基本原理和控制过程	前、后轮制动器制动力之间的关系曲线

汽车防滑和制动力分配技术 第6章

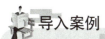导入案例

习近平总书记2020年视察中国一汽集团研发总院时强调，推动我国汽车制造业高质量发展，必须加强关键核心技术和关键零部件自主研发，实现科技自立自强，做强做大民族品牌。汽车技术性能要求提升、车速太快造成交通事故的增多等对人身安全造成了巨大的威胁，汽车高效制动正变得越来越重要。

图6.1所示为驱动防滑（ASR）系统示意图。ECU根据各轮速传感器的信号，确定驱动轮的滑转率和汽车的参考速度。当ECU判定驱动轮的滑转率超过设定的极限值时，使驱动副节气门的步进电动机转动，减小节气门开度，此时，即使主节气门的开度不变，发动机的进气量也会减少，从而使输出功率减小，驱动轮上的驱动力矩随之减小。如果驱动车轮的滑转率仍未降低到设定的控制范围内，ECU就会控制ASR制动压力调节装置和ASR制动压力装置对驱动车轮施加一定的制动压力，使制动力矩作用于驱动轮，从而实现对驱动轮的控制。

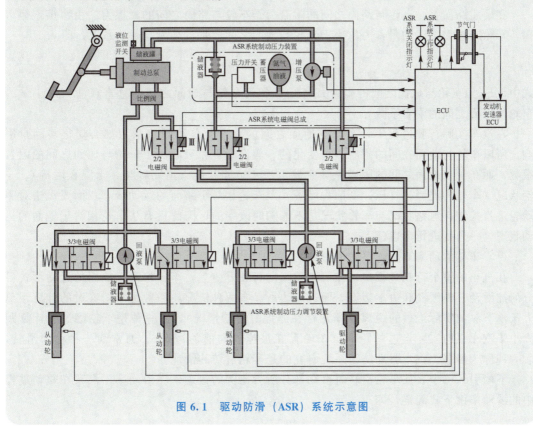

图6.1 驱动防滑（ASR）系统示意图

6.1 汽车防滑技术概述

驱动防滑系统主要包括制动防滑系统和驱动防滑系统两种。制动防滑系统一般指防抱装置（antilock braking system，ABS），其功能是防止汽车在制动过程中车轮被抱死滑

移，使汽车的制动力达到最大值，缩短车辆的制动距离，并且提高汽车在制动过程中的方向稳定性和转向操作力。但是，当汽车在驱动过程（如起步、转弯、加速等）中，ABS不能防止车轮的滑转，因此针对这个要求又出现了防止驱动车轮发生滑转的驱动防滑（acceleration slip regulation，ASR）系统。由于驱动防滑系统是通过调节驱动车轮的驱动力工作的，因此又称牵引力控制系统（traction control system，TCS）。

1. 驱动防滑系统的理论基础

在由驾驶人、汽车、道路三者组成的行车系统中，影响车辆行驶状态的基本因素是车轮与路面之间的作用力，而该作用力又是由车辆行驶方向的纵向作用力和垂直于车辆行驶方向的横向作用力组成的。驾驶人对车辆控制的实质是控制车轮与路面之间的作用力，而该作用力又受车轮与路面间的附着系数的限制。车辆纵向驱动力受纵向附着系数限制，而抵抗外界横向力是受横向附着系数限制。

在硬质路面上，车轮与路面之间的附着力是车轮与路面之间的摩擦力。由摩擦定律可知，车轮与地面之间的附着力取决于车轮与地面之间的垂直载荷与附着系数，即

$$F_\delta = G \cdot \varphi$$

式中，F_δ 为车轮与地面之间的附着力（N）；G 为车轮与地面之间的垂直载荷（N）；φ 为车轮与地面之间的附着系数。

在汽车实际行驶过程中，车轮与地面之间的垂直载荷和附着系数都会受很多因素影响，所以车轮与地面之间的附着力是变化的。假设附着力只取决于车轮与地面之间的附着系数，而车轮与地面之间的附着系数主要取决于道路状况（道路种类、干湿程度等）、车轮状况（车轮的类型、气压、新旧程度等）及车轮相对于路面的运动状态。而要设法对驱动轮进行控制，道路状况与车轮状况是不能随时改变的，因此只有从车轮相对于地面的运动状态这一角度进行考虑。

（1）车轮滑动率对附着系数的影响。

在汽车的整个行驶过程中，在汽车的纵向行驶方向上，车轮相对于地面的运动形式可分为纯滑动、纯滚动和边滚边滑。而边滚边滑又有两种情况：一种是车轮滚过的计算距离大于汽车纵向实际走过的距离（车轮存在原地打转的情况），另一种是车轮滚过的计算距离小于汽车纵向实际走过的距离（车轮存在被拖着向前的情况）；通常前一种称为滑转，后一种称为滑移。汽车驱动防滑系统研究的是车轮滑转的情况。

下面引入一个表征车轮滑转时滑动部分所占比例的概念——滑动率。汽车在驱动过程中的滑动率由下式确定，即

$$S_{驱} = \frac{r\omega - v}{r\omega} \times 100\%$$

式中，$S_{驱}$ 为车轮相对于地面的滑动率（%）；r 为车轮的滚动半径（m）；ω 为车轮的转动角速度（rad/s）；v 为车轮中心点的纵向移动速度（m/s）。

若 $S_{驱} = 0$，则说明车轮中心的纵向速度与车轮滚动的计算速度相等，即车轮纯滚动（纯滚动 $r\omega = v$）；若 $S_{驱} = 100\%$，则说明车轮中心点的纵向移动速度为零，即车轮纯滑动（纯滑动 $v = 0$）；若 $0 < S_{驱} < 100\%$，则说明车轮处于边滚边滑状态，并且 $S_{驱}$ 值越大，车

轮滑转得越严重。

经试验测得，在硬质地面上，弹性车轮与地面之间的附着系数 φ 和滑动率 $S_{驱}$ 之间存在图 6.2 所示的关系。当车轮滑动率处于 20% 左右时，纵向附着系数最大，说明此时驱动车轮有最大的驱动力。各种地面条件下车轮与地面间的最大纵向附着系数见表 6-1。

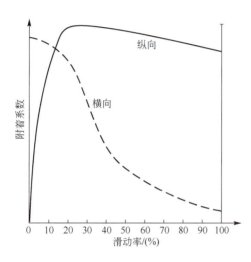

图 6.2　附着系数与滑动率之间的关系

表 6-1　各种地面条件下车轮与地面间的最大纵向附着系数

地面种类	最大纵向附着系数
沥青或混凝土	0.8～0.9
沥青（湿）	0.5～0.7
混凝土（湿）	0.8
石子	0.6
土（干）	0.68
土（湿）	0.55
雪（压实）	0.2
冰	0.1

从图 6.2 还可以看出，当车轮在地面上做纯滚动（$S_{驱}=0$）时，车轮与地面之间的横向附着系数最大，随着滑动率的增大，横向附着系数迅速减小；当车轮在地面上做纯滑动时，横向附着系数减小到几乎为零，车轮则几乎完全失去抵抗外界横向干扰力的能力。此时，若车轮上存在外界横向的干扰力（如汽车重力的横向分力、地面不平产生的横向力及横向风力等），则车轮将会发生横向滑移。

当横向附着系数达到 50%～70% 时，车辆能达到良好的行驶效果，因为此时纵向附着力很大，车轮具有很大的驱动力，而且此时横向附着力也较大，有利于车辆的操作和抵抗横向的滑移。

（2）驱动防滑系统的功能。

为了使汽车获得较大的纵向附着力和横向附着力，很多现代汽车中都装备了驱动防滑系统，其功能是使汽车能够自动地将车轮控制在纵向附着系数和横向附着系数都比较大的滑动率范围内，一般滑动率为 15%～20%。

在车辆的实际行驶过程中，垂直载荷不但与汽车实际装载质量及静态分布有关，而且与汽车的行驶状态有关。例如，汽车上坡时，后轮的垂直载荷增大，而前轮的垂直载荷减小；汽车下坡时，与上述刚好相反；汽车转弯时，内侧车轮的垂直载荷减小，而外侧车轮的垂直载荷增大；汽车加速时，前轮的垂直载荷减小，而后轮的垂直载荷增大；此外，空气的作用和地面干扰引起的车轮跳动也会使车轮的垂直载荷发生变化。

综上所述，实际车轮附着力受很多因素影响，它是一个随机变量。因此，为了控制滑动率，需要对作用于车轮上的力矩进行实时的自适应调节，即要求驱动防滑系统具有足够高的反应速度和调节精度，否则难以将滑动率控制在理想的范围内。

阅读材料 6-1

车辆动态控制系统

车辆动态控制（VDC）系统除具有 ABS 和 ASR 的优点外，还集成了车辆悬架控制技术，当所有工作模式达到极限状态时可增强车辆的操作稳定性和行驶能力。即使在极端的转向操作中，也可增强车辆的稳定性，使滑转的危险迅速减少；同时改善车辆的驱动能力并缩短制动距离。车辆动态控制系统布置示意图如图 6.3 所示。

汽车上安装的各种传感器可以检测汽车的速度、角速度、转向盘转角及其他的汽车运动状态信息，根据需要可以主动对车轮进行制动，来改变汽车的运动状态，使汽车达到最佳的行驶状态，增加汽车的附着性、控制性和稳定性。图 6.4 所示为车辆在极端转向操作时的行驶轨迹。

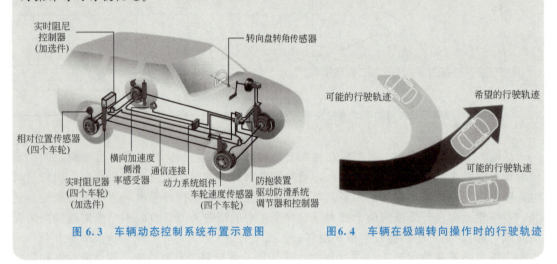

图 6.3　车辆动态控制系统布置示意图　　图 6.4　车辆在极端转向操作时的行驶轨迹

2. 驱动防滑系统的控制方式

控制驱动车轮的滑动率是通过控制作用于车轮上的力矩实现的。合理地减小汽车发动机转矩或动力传动中任一部件的转矩都可以达到驱动防滑的目的。控制驱动车轮的滑动率主要有以下途径。

（1）发动机输出转矩控制。

当驱动车轮发生滑转时，表明作用于驱动车轮的驱动力矩过大，此时如果以自适应的方式调节发动机的输出转矩使作用于驱动车轮的驱动力矩适度调节，就可对驱动车轮的滑动率进行控制。调节发动机输出转矩的途径主要有调节发动机的进气量、供油量、点火参数。

减小发动机的进气量可以通过调节节气门开度来实现，即在原节气门通道的基础上串联一个副节气门，副节气门的开度通过步进电动机控制。但由于副节气门从全开位置驱动到全闭位置需要一定时间，因此使用节气门调节发动机输出转矩的时滞大，响应时间略长。这种控制方式工作平稳、过渡圆滑，易与其他控制方式配合使用。

减少发动机的供油量或暂停供油是当发现驱动轮发生过度滑转时，电子调节装置将自动减少发动机的供油量,甚至暂停供油来减小发动机的输出转矩。

调节发动机的点火参数主要是减小点火提前角。这是一种比较迅速的驱动防滑控制方式,反应时间仅为30～100ms。但是调节发动机的点火参数和供油量都会导致发动机的非正常工作,影响发动机和传动系统的使用寿命,使发动机噪声偏大,振动比较厉害,而且运转不平稳。燃油燃烧不充分还会造成排气污染。

(2) 驱动轮制动力矩控制。

驱动轮制动力矩控制是在发生滑转的驱动轮上施加制动力矩,使车轮转速下降,把滑动率控制在理想的范围内。该控制方式反应时间短,是防止滑转最迅速的一种控制方式。但在车轮速度较高的情况下,该控制方式会影响汽车的驾驶舒适性和操作稳定性。同时,特别在高速行驶的状况下,驱动轮制动力矩控制容易造成车身抖震,而且由于制动系统的摩擦较大,摩擦力做功后,把车轮的动能转化为摩擦片的热能,使摩擦片过热,影响摩擦片的使用寿命。所以,该控制方式一般在高速下作为发动机输出转矩控制的补充方式。

驱动轮制动力矩控制主要应用在左右车轮在不同附着系数上行驶的情况,如图6.5所示,施加制动力矩能够起到控制差速的作用。图6.5中,右驱动轮处于低附着力系数地面,左驱动轮处于高附着力系数地面,此时汽车的驱动力只取决于低附着力系数地面上的驱动力,要降低低附着力系数地面车轮的轮速,即降低滑转轮的轮速,可以在这个驱动轮上施加制动力。对低附着系数地面上的驱动轮施加制动力实际上增大了非滑转轮的驱动力,这就可以充分利用高附着地面的附着条件来提高汽车的驱动力,从而使两个半轴产生差速的作用,改善汽车的滑转情况。

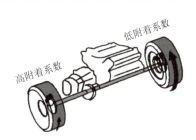

图6.5 左右车轮在不同附着系数上行驶的情况

驱动轮制动力矩控制的特点是反应速度高、控制强度大和灵敏度强;但控制强度大会影响汽车行驶的平稳舒适性,因此在高速行驶中应尽量避免使用该控制方式。

(3) 差速锁控制。

差速锁控制示意图如图6.6所示。普通的开式差速器在任何时刻都向左右轮输出相同的转矩,这在地面两侧附着系数差别较大时,高附着系数一侧驱动轮的驱动力得不到充分发挥,会限制车辆的牵引性。当汽车起步时,调节差速器的锁止程度能使驱动力充分发挥,提高车速与行驶稳定性;当左右驱动轮在不同附着系数地面上或弯道上行驶时,差速锁能提高汽车稳定行驶的能力。但该控制方式成本较高,主要用在高档轿车上。

调节作用在离合片上的油液压力可调节差速器的锁止程度。油压逐渐降低时,差速器的锁止程度逐渐减小,传递给驱动轮的驱动力逐渐减小;反之,油压升高时,驱动力逐渐增大。

(4) 离合器或变速器控制。

离合器控制的原理是当发现汽车驱动轮发生过度滑转时,减弱离合器的接合程度,使离合器主、从动盘出现部分相对滑转,从而减小传输到半轴的发动机输出转矩。变速器控制的原理是通过改变传动比来改变传递到驱动轮的驱动转矩,以减小驱动轮滑转程度。由于离合器和变速器控制反应较慢,变化突然,因此一般不作为单独的控制方式;受压力和磨损等问题的影响,其应用受到很大限制。

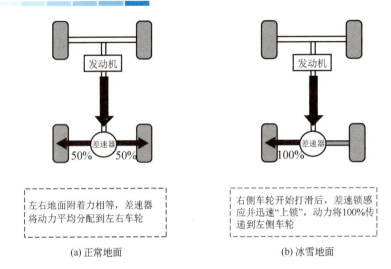

图 6.6 差速锁控制示意图

（5）采用电控悬架实现车轮载荷分配。

当各驱动轮的附着条件不一致时，可以通过电控悬架的主动调整使载荷较多地分配在附着条件较好的驱动轮上，使各驱动轮附着力的总和增大，从而有利于增大汽车的牵引力，提高汽车的起步加速性能；也可以通过悬架的主动调整使载荷较多地分配在附着条件较差的驱动轮上，使各驱动轮的附着力差异减小，从而有利于各驱动轮之间牵引力的平衡，提高汽车的行驶方向稳定性。在 ASR 系统中，电控悬架参与控制技术日趋成熟，而且这项技术综合多项汽车行驶信息，集成多项汽车控制技术，形成了汽车平身电子稳定系统。

几种控制方式及其组合控制在性能上的对比见表 6-2。由于单一控制方式的局限性，因此一般不仅仅使用一种控制方式，而是组合应用。现在广泛采用的控制方式是发动机节气门开度调节和驱动轮制动力矩调节的组合应用。

表 6-2 几种控制方式及其组合控制在性能上的对比

控制方式	牵引性	操作性	稳定性	舒适性	经济性
发动机节气门开度调节	－－	－	－	＋＋	＋
点火参数调节及燃油供油调节	0	＋	＋	－	＋＋
驱动轮制动力矩调节（快）	＋＋	－	－	－－	－
驱动轮制动力矩调节（慢）	＋	0	0	0	0
差速器锁止控制	＋＋	＋	＋	－	－－
离合器或变速器控制	＋	0	＋	－－	－
发动机节气门开度调节＋驱动轮制动力矩调节（快）	＋＋	＋＋	＋＋	＋	－
发动机节气门开度调节＋驱动轮制动力矩调节（慢）	＋	0	0	＋	－
点火参数调节＋驱动轮制动力矩调节	＋	＋＋	＋＋	＋	－

注："＋"表示性能改善程度，"－"表示性能下降程度，"0"表示性能不变。

6.2 驱动防滑系统

1. 驱动防滑系统的基本组成与工作原理

（1）驱动防滑系统的基本组成。

驱动防滑（ASR）系统是防抱装置（ABS）的延伸。ASR 系统判定车轮的运动状态往往采用与 ABS 共用的车轮转速传感器，而 ASR 系统的 ECU 既可以是与 ABS 共用的，也可以是独立的，ASR 系统的制动压力调节器也通常与 ABS 的制动压力调节器共用。在发动机输出功率的控制中，节气门开度控制通常是通过副节气门和节气门位置传感器（TPS）来实现的，最佳点火提前角的控制是通过发动机 ECU 对点火系统的控制来实现的。因此 ASR 系统并非独立工作，它的工作过程往往与 ABS 及发动机电子控制系统交织在一起，但 ASR 系统有自己的警告装置（故障指示灯）。

图 6.7 所示为典型 ASR 系统的基本组成。其中，ASR 系统与 ABS 共用 ECU 和车轮转速传感器，只是在通往驱动车轮制动轮缸的制动管路上增设了 ASR 系统制动压力调节器，在由加速踏板控制的主节气门的前方增设由步进电动机控制的副节气门，并在主、副节气门轴的一侧分别设置节气门位置传感器。

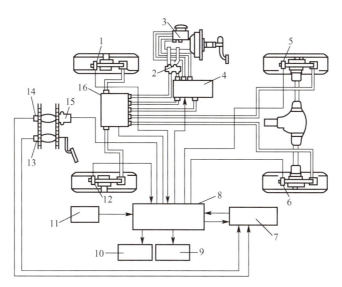

1—右前车轮转速传感器；2—比例阀和差压阀；3—制动主缸；4—ASR 系统制动压力调节器；
5—右后车轮转速传感器；6—左后车轮转速传感器；7—发动机/变速器 ECU；
8—ABS/ASR 系统 ECU；9—ASR 系统关闭指示灯；10—ASR 系统工作指示灯；
11—ASR 系统选择开关；12—左前车轮转速传感器；13—节气门开度传感器；
14—副节气门开度传感器；15—副节气门驱动步进电动机；
16—ABS 制动压力调节器。

图 6.7 典型 ASR 系统的基本组成

（2）驱动防滑系统的工作原理。

ASR 系统的工作原理如图 6.8 所示。汽车在驱动过程中，ABS/ASR 系统 ECU 根据

博士iBooster
机电伺服助
力机构

各车轮转速传感器发出的车轮转速信号，通过计算、分析、比较来确定驱动车轮的滑动率和汽车的参考速度；当 ABS/ASR 系统 ECU 判定驱动车轮的滑动率超过设定的极限值时发出指令，副节气门驱动步进电动机开始工作，副节气门的开度减小。在这个过程中，虽然主节气门的开度不变，但发动机的进气量因副节气门的开度减小而下降，发动机的输出功率随之减小，驱动车轮的滑动率也随之减小。ABS/ASR 系统 ECU 通过车轮转速传感器随时监测车轮的运动状况，当它认为驱动车轮的滑动率还未降到设定的范围内时，ABS/ASR 系统 ECU 就会控制 ASR 系统制动压力调节器和 ABS 制动压力调节器向驱动车轮施加一定的制动压力，使驱动车轮受到制动力矩的作用。

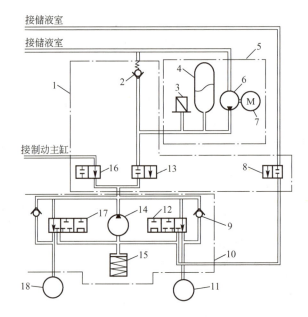

1—ASR 系统电磁阀总成；2—单向阀；3—压力开关；4—蓄能器；5—制动供能装置；6—电动泵；
7—电动机；8—电磁阀Ⅰ；9—单向阀；10—ABS 制动压力调节器；11—左后驱动车轮；
12—电磁阀Ⅳ；13—电磁阀Ⅱ；14—回液泵；15—储液室；16—电磁阀Ⅲ；
17—电磁阀Ⅴ；18—右后驱动车轮。

图 6.8　ASR 系统的工作原理

ABS/ASR 系统中的 ASR 制动压力调节器主要由制动供能装置和 ASR 系统电磁阀总成两部分组成。制动供能装置主要由电动泵和蓄能器组成；ASR 系统电磁阀总成中有三个二位二通电磁阀。ABS 制动压力调节器与 ASR 系统制动压力调节器组成制动液压系统。

当 ABS/ASR 系统 ECU 判定要对驱动车轮施加制动力矩时，ABS/ASR 系统 ECU 使 ASR 系统制动压力调节器中的三个二位二通电磁阀通电，电磁阀Ⅲ把制动主缸至后制动轮缸的制动管路切断，电磁阀Ⅱ打开蓄能器至 ABS 制动压力调节器的制动管路，电磁阀Ⅰ打开储液室至 ABS 制动压力调节器的制动管路。蓄能器中具有一定压力的制动液经过处于开启状态的电磁阀Ⅱ、电磁阀Ⅳ和电磁阀Ⅴ进入两个后制动轮缸，驱动车轮的制动力矩随着制动轮缸制动压力的增大而增大。当 ABS/ASR 系统 ECU 判定对两驱动车轮施加的制动力矩合适时，ABS 制动压力调节器中的两个三位三通阀（电磁Ⅳ和电磁Ⅴ）通以较小的电流,此时这两个电磁阀把两个后制动轮缸的进出油管路切断,两个后制动轮缸的制动压力处于保持状态。当 ABS/ASR 系统 ECU 判定两驱动车轮的制动力矩需要减小时,电磁阀Ⅳ和Ⅴ则通以较大的电流,此时这两个电磁阀把两个后制动轮缸的进油管路切断,而出油管路打开,两个后制动轮缸中的制动油液通过电磁阀Ⅳ、Ⅴ和Ⅰ流回制动主缸,两个后制动轮缸中的制动压力下降。

在整个制动压力调节过程中,ABS/ASR 系统 ECU 随时接收车轮转速传感器的信号,对驱动车轮的滑动率实施监控,并且通过控制流过电磁阀Ⅳ和电磁阀Ⅴ中电流的情况来实现对驱动轮缸中制动压力的控制,即进行以下循环:增大—保持—减小,从而使驱动车轮的制动力矩满足要求。当 ABS/ASR 系统 ECU 需要对两个驱动车轮实行不同控制时,它分别调节通过电磁阀Ⅳ和电磁阀Ⅴ中的电流,并对两个驱动车轮的制动力矩进行独立调节。当 ABS/ASR 系统 ECU 无须对驱动车轮实行防滑转控制时,所有的电磁阀都不通电,两个后制动轮缸中的制动油液通过电磁阀Ⅳ和电磁阀Ⅴ流回制动主缸,制动力矩完全消除。在 ABS/ASR 系统 ECU 解除驱动车轮的制动力矩的同时,还控制步进电动机,使副节气门打开。

尽管不同车型 ASR 系统的具体结构有所差别,但它们都具有以下特点。

① ASR 系统是否进入工作状态可以由驾驶人通过操作 ASR 系统选择开关进行控制。当 ASR 系统处于工作状态时,ASR 系统工作指示灯会自动点亮;当 ASR 系统处于关闭状态时,ASR 系统关闭指示灯会自动点亮。

② 当 ASR 系统处于关闭状态时,副节气门会自动处于打开状态;ASR 系统制动压力调节器不会影响车辆制动系统的正常工作。

③ 当 ASR 系统处于工作状态时,若驾驶人踩下制动踏板,则 ASR 系统会自动退出工作状态,而不会影响车辆的正常制动过程。

④ ASR 系统的工作是有速度条件的,车速超过某值(一般为 80km/h 或 120km/h)后,ASR 系统会自动退出工作状态。

⑤ ASR 系统在其工作范围内具有不同的优先选择性。当车速较低时,ASR 系统以提高牵引力为优先选择,此时对两个驱动轮所加的制动力矩可以不一样,即对两个后制动轮缸进行独立调节;当车速较高时,ASR 系统以提高行驶的方向稳定性作为优先选择,此时对两个驱动车轮所加的制动力矩是相同的,即对两个后制动轮缸进行统一调节。

⑥ ASR 系统具有故障自诊断功能。当 ASR 系统发生故障时,它会自动关闭,同时向驾驶人发出警告信号。

2. 驱动防滑系统的传感器

ASR 系统的传感器主要由车轮转速传感器和节气门位置传感器组成。车轮转速传感器的功能是检测车轮的速度,并把它转变为电信号输送给 ASR 系统 ECU。目前,汽车上用的车轮转速传感器主要有两种类型,即电磁式车轮转速传感器和霍尔式车轮转速传感器。节气门位置传感器的功能是检测节气门开度,并将节气门开度转换成电信号输送给 ECU。

(1)车轮转速传感器。

① 电磁式车轮转速传感器。电磁式车轮转速传感器是通过改变磁通量来产生感应电动势的,它主要由齿圈和传感头等部分组成,其结构如图 6.9 所示。

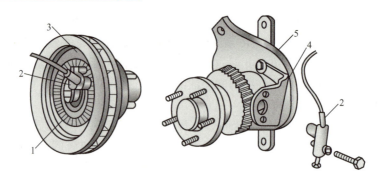

1—齿圈；2—传感头；3—制动盘；4—托架；5—轴座。

图 6.9　电磁式车轮转速传感器的结构

齿圈一般安装在轮毂或轴座上，对于后轮驱动且后轮采用统一控制的汽车，齿圈也可以安装在差速器或传动轴上。齿圈与车轮或传动轴一起转动，传感头通过固定在车身上的支架安装在齿圈附近，传感头与齿圈之间的间隙约为 1mm。传感头安装必须可靠，否则在汽车的制动过程中容易因振动而产生干扰信号。

图 6.10 所示为传感头的结构。它主要由永磁体、感应线圈和极轴等部分组成，永磁体与极轴相连，感应线圈套在极轴的外面。齿圈旋转时，齿顶和齿隙交替对向极轴，当齿顶与极轴相对时，磁路中的空气间隙最小，磁阻也最小，通过感应线圈的磁通量最大；反之，当齿隙与极轴相对时，磁路中的空气间隙最大，磁阻最大，通过感应线圈的磁通量最小。如此反复，在齿圈的旋转过程中，通过感应线圈的磁通量产生交替变化，因而在其内部产生感应电动势，该信号通过感应线圈末端的电缆输入 ASR 系统 ECU，当车轮转速发生变化时，感应电动势也随之发生变化（图 6.11），ASR 系统 ECU 就是根据信号的频率来检测车轮的转速的。

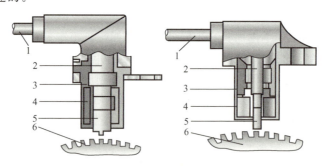

1—电缆；2—永磁体；3—外壳；4—感应线圈；5—极轴；6—齿圈。

图 6.10　传感头的结构

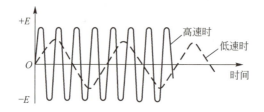

图 6.11　车轮转速传感器产生的感应电动势

电磁式车轮转速传感器的主要优点是结构简单、制造成本低;主要缺点是输出感应电动势信号的幅值随车轮转速不同而变化,一般在规定的转速下,输出感应电动势信号的幅值范围为1～15V。当车速过低、车轮转速过低时,其输出的信号低于1V,太低的信号电压将导致ECU无法检测出来;当车速过高、车轮转速过高时,传感器频率的响应跟不上,容易产生误信号(信号失真)。此外,尤其是在其输出的信号幅值较小时,它的抗电磁波干扰能力差。

目前国内外ASR系统的车速控制速度范围一般为15～160km/h,未来的控制范围要求达到8～240km/h,甚至更大。电磁式车轮转速传感器很难符合要求,因此霍尔式车轮转速传感器的应用会越来越广泛。

② 霍尔式车轮转速传感器。霍尔式车轮转速传感器主要由传感头和齿圈组成,传感头由永磁体、霍尔元件等组成,永磁体的磁力线穿过霍尔元件通向齿圈,其结构如图6.12所示。

当齿圈转到图6.12(a)所示位置时,穿过霍尔元件的磁力线比较分散,磁场较弱;当齿圈转到图6.12(b)所示位置时,穿过霍尔元件的磁力线比较集中,磁场较强。

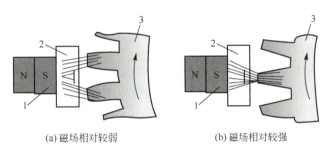

1—永磁体;2—霍尔元件;3—齿圈。
图6.12 霍尔式车轮转速传感器的结构

齿圈在转动过程中,穿过霍尔元件的磁力线密度发生变化,使霍尔电压随之变化,于是霍尔元件会输出一个毫伏级的准正弦波电压,该电压信号再由电子电路转换成标准的脉冲电压,转换过程可用图6.13表示。霍尔元件输出的电压经运算放大器放大为伏级的电压信号,再送到施密特触发器,施密特触发器将正弦波信号转换成标准的脉冲信号,脉冲信号送到输出级经放大后再输出。

图6.13 霍尔式车轮转速传感器电压信号转换图

霍尔式车轮转速传感器相对于电磁式车轮转速传感器具有以下优点:①输出电压信号的幅值不受车轮转速的影响,在电源电压正常的情况下,其输出信号电压为11.5～12.0V,即使车速下降到接近零,其幅值也基本不变;②它的频率响应高,可达20kHz,相当于车速为1000km/h时所检测的信号频率;③抗电磁波干扰能力强,这是因为其输出的信号电压不随车轮转速变化,而且幅值较高。

(2)节气门位置传感器。

节气门位置传感器一般有开关式节气门位置传感器和线性式节气门位置传感器两种。

其中，线性式节气门位置传感器安装在节气门轴的一侧，其结构、电路和信号输出特性曲线如图 6.14 所示。

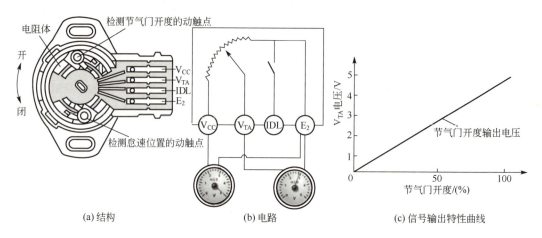

V_{CC}—电源；V_{TA}—节气门开度输出信号；IDL—怠速信号；E_2—地线。

图 6.14　线性式节气门位置传感器结构、电路和信号输出特性曲线

传感器芯部是可以转动的，它与节气门轴联动，在传感器芯部周围设置固定的怠速信号（IDL）触点、节气门开度输出信号（V_{TA}）触点、地线（E_2）接点、电源（V_{CC}）接头，其内部电路实际为滑动电阻。当节气门全关时，节气门位置传感器中的 IDL 触点闭合，此时 V_{TA} 电压在 0.5V 以下；当节气门全开时，IDL 触点断开，此时 V_{TA} 电压约为 5V。ECU 根据 V_{TA} 和 IDL 输入的信号判断节气门开度，从而进行空燃比修正、功率修正的断油控制。

（3）ASR 系统 ECU。

ECU 是 ASR 系统的中枢，它的功能是接收传感器的信号，并对信号进行放大、分析、运算、比较、处理，得出驱动车轮的滑动率，再发出指令，从输出级输出，控制制动压力调节器、点火系统及副节气门电动机。

ASR 系统 ECU 由输入级电路、运算电路、输出级电路、安全保护电路等组成。

① 输入级电路。输入级电路的功能是把车轮转速传感器输入的正弦交流信号转换成方波脉冲信号，经整形放大后输入运算电路。输入级电路主要由低温滤波器和用以抑制干扰并放大输入信号的输入放大器组成。

② 运算电路。运算电路的功能是进行车轮线速度、初速度、滑动率、加速度、减速度的运算，以及调节电磁阀控制参数的运算和监控运算。把放大处理后的车轮转速传感器信号输入运算电路，由电路计算出车轮的瞬时速度。对瞬时速度进行积分、比较运算，得出车轮的初速度、滑动率、加速度、减速度，电磁阀控制运算电路根据滑动率和加速度、减速度计算出电磁阀控制参数。

ECU 一般都有两套运算电路，同时进行运算和传递数据。这两套运算电路利用各自的运算结果进行比较，相互监督，以确保工作的可靠性。

③ 输出级电路。输出级电路的功能是接收运算电路输入的电磁阀控制参数信号，控制大功率晶体管向电磁阀提供控制电流。

④ 安全保护电路。安全保护电路的功能是将汽车电源系统的电压（12V 或 24V）转

变为计算机标准电压5V,对电源电压是否稳定进行监控,同时对车轮转速传感器输入放大电路、运算电路及输出级电路的故障进行监控。当系统出现故障时,安全保护电路将停止系统的工作,车辆转入正常的驱动状态,警告指示灯亮,并自动将故障以代码的形式存入存储器。

(4) 驱动防滑系统的执行器。

ASR 系统的执行器主要由 ASR 系统制动压力调节器和副节气门执行器组成。

① ASR 系统制动压力调节器调压方式。

ASR 系统制动压力调节器可以采用流通调压方式或变容调压方式进行防滑转制动压力调节。因此,ASR 系统制动压力调节器有循环式防滑转制动压力调节器和可变容积式防滑转制动压力调节器两种。

a. 循环式防滑转制动压力调节器。循环式防滑转制动压力调节器(图 6.15)一般与 ABS 制动压力调节器组成一个整体,它主要由供能装置和电磁阀组成,供能装置包括回油泵、蓄能器和储液室。

当 ASR 系统不工作时,三位三通电磁阀 Ⅰ 将制动主缸与三位三通电磁阀 Ⅱ、Ⅲ 相通;当 ASR 系统工作时,分为对两驱动车轮一同控制和分别控制两种情况。在对两驱动车轮进行一同防滑转控制时,三位三通电磁阀处于图 6.15 所示的状态。当需要增大两驱动车轮的制动力时,ECU 通过控制三位三通阀电磁 Ⅰ 切断制动主缸与制动轮缸之间的油路,而连通制动轮缸与蓄能器之间的油路,于是蓄能器中具有一定压力的制动液进入制动轮缸,两个制动轮缸的制动压力增大。当驱动车轮的滑动率处在比较理想的范围内时,ECU 通过控制三位三通电磁阀 Ⅰ 切断制动主缸与制动轮缸及蓄能器与制动轮缸之间的油路,两个

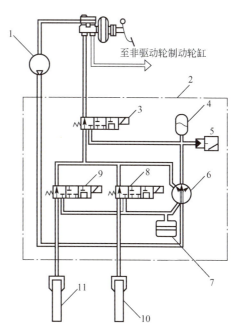

1—供油泵;2—ABS/ASR 系统制动压力调节器;
3—三位三通电通阀Ⅰ;4—蓄能器;5—压力开关;
6—回油泵;7—储液室;8—三位三通电磁阀Ⅱ;
9—三位三通电磁阀Ⅲ;10—驱动车轮制动器Ⅰ;
11—驱动车轮制动器Ⅱ。

图 6.15 循环式防滑转制动压力调节器

制动轮缸的制动压力保持不变。当需要减小两个制动轮缸的制动压力时,ECU 通过控制三位三通电磁阀 Ⅰ 使制动轮缸与制动主缸的油路相通而与蓄能器的油路切断,制动轮缸中的压力油流回制动主缸,其制动压力随之下降。储液室中的制动液先由供油泵供给回油泵,再由回油泵泵入蓄能器,使蓄能器中的制动液保持一定的压力,以作为防滑转制动压力调节的能源。

在对两个驱动车轮分别进行防滑转控制时,ECU 通过控制三位三通电磁阀 Ⅰ 将制动主缸与制动轮缸之间的油路切断,而蓄能器与三位三通电磁阀 Ⅱ 和 Ⅲ 相通,再通过分别控制三位三通电磁阀 Ⅱ、Ⅲ 对两个制动轮缸的制动压力进行增大、保持和减小的调节。在制动压力减小的过程中,制动轮缸流入储液室的制动液由回油泵泵入蓄能器。

b. 可变容积式防滑转制动压力调节器。可变容积式防滑转制动压力调节器（图6.16）中的ASR系统制动压力调节器与ABS制动压力调节器是分开的。

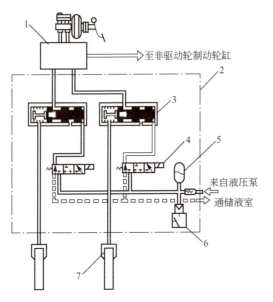

1—ABS制动压力调节器；2—ASR系统制动压力调节器；
3—调压缸；4—三位三通电磁阀；5—储能器；
6—压力开关；7—驱动车轮制动器。

图6.16 可变容积式防滑转制动压力调节器

ASR系统制动压力调节器主要由调压缸、三位三通电磁阀和供能装置组成，而供能装置与ABS共用。ASR系统制动压力调节器位于ABS制动压力调节器与车轮制动轮缸之间的制动管路中。在ASR系统制动压力调节器不工作时，三位三通电磁阀将调压缸右腔与蓄能器之间的油路切断，而与储液室的油路相通，此时调压缸中的调压柱塞在弹簧预紧力的作用下处于右极限位置，调压缸左端中央的通液孔打开，制动轮缸与ABS制动压力调节器相通，故ASR系统制动压力调节器不会影响汽车的制动过程。

在ASR系统制动压力调节器中，当需要增大驱动车轮制动压力时，ECU通过控制三位三通电磁阀使调压缸右腔与蓄能器的油路相通，而与储液室的油路切断，蓄能器中具有一定压力的制动液进入调压缸右腔，调压柱塞在油压的推动下左移，柱塞左端中央的通液孔被截止阀关闭后，调压缸左腔中的制动液进入驱动车轮制动轮缸，制动轮缸的制动压力增大。当需要保持驱动车轮的制动压力时，ECU通过三位三通电磁阀将调压缸右腔与蓄能器及储液室的油路都切断，调压柱塞的位置不变，制动轮缸的制动压力保持一定。当需要减小驱动车轮的制动压力时，ECU通过三位三通电磁阀将调压缸右腔与蓄能器的油路切断，而将调压缸右腔与储液室的油路相通，此时调压柱塞右移，制动轮缸中的制动液流回调压缸的左腔，制动压力随之减小。

② 副节气门执行器。

具有ASR系统的汽车发动机一般有两个节气门，即主节气门和副节气门，主节气门与加速踏板相连，由驾驶人控制开度，副节气门由执行器控制，它实际上是一个步进电动机，受控于ECU。副节气门执行器的工作状况如图6.17所示。当ASR系统不工作时，

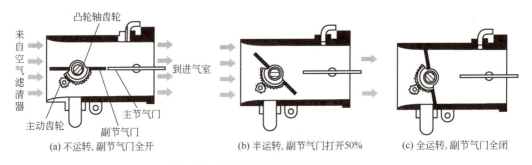

(a) 不运转，副节气门全开　　(b) 半运转，副节气门打开50%　　(c) 全运转，副节气门全闭

图6.17 副节气门执行器的工作状况

副节气门处于全开状态，进入气缸的空气量完全取决于驾驶人操纵的主节气门开度；当ASR系统工作时，ECU发出指令驱动步进电动机工作，通过凸轮齿轮机构控制副节气门开度；步进电动机发生故障时，电动机电源被切断，副节气门在弹簧的作用下处于全开状态。

副节气门关小时，进入气缸的空气减少，供油量也随之下降，使发动机的输出功率及转速都降低，从而减轻驱动轮的滑转程度。

6.3 电子控制防滑差速器

电子控制防滑差速器主要有湿式差速器和限滑差速器两种，其电子控制均采用模糊控制技术。

湿式差速器是根据汽车驱动轮的滑移量通过电子控制装置控制发动机转速和汽车制动力进行工作的。按左、右车轮的转速差来控制转矩，采用提高转向性能的湿式差速器与后轮制动器相结合的方法可以最优分配后轮的驱动力，同时减少侧向风力的影响，从而增强车辆行驶的稳定性。其工作原理如图6.18所示。

限滑差速器的工作原理是利用车上某些传感器来掌握各种道路情况和车辆运动状态，通过操作加速踏板和制动器来采集或读取驾驶人所要求的信息，并按驾驶人的意愿和要求来最优分配左、右驱动车轮的驱动力。限滑差速器的结构如图6.19所示。

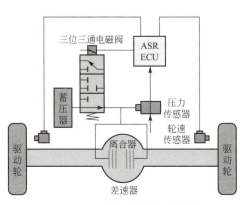

图6.18 湿式差速器的工作原理

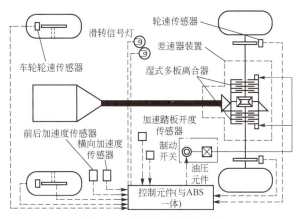

图6.19 限滑差速器的结构

此外，还有四轮驱动防滑差速器，其结构如图6.20所示。其中，中央差速器是将变速器输出动力均匀分配给前后驱动轴和吸收前后驱动轴的转速差，差动限制离合器是当前后车轮间发生转速差时，按转速差控制油压多片离合器的接合力来控制前后轮的转矩分配。

防滑差速器电子控制系统如图6.21所示。该系统主要根据节气门开度、车速和变速器变速信号，由ECU控制并改变差动，限制离合器的压紧力，从而实现起步控制、打滑控制和通常控制。

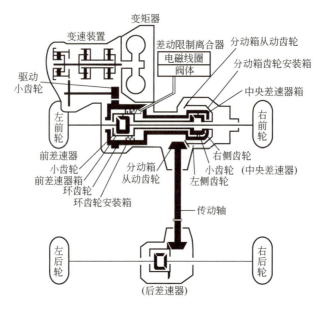

图 6.20 四轮驱动防滑差速器的结构

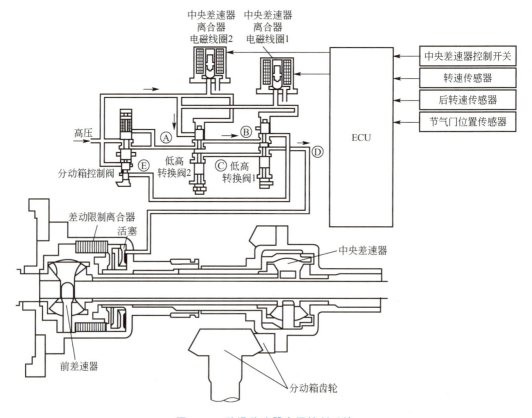

图 6.21 防滑差速器电子控制系统

6.4 电子制动力分配系统

1. 电子制动力分配系统概述

电子制动力分配（electric brakeforce distribution，EBD）系统是在ABS的基础上发展而来的。ABS解决了汽车在紧急制动时附着系数的利用问题，可以使汽车获得较短的制动距离和较好的方向稳定性，但没有解决汽车制动系统中的其他缺陷。因为汽车制动时，在滑动率达到控制范围之前，汽车车轮上的制动压力同时增大。但受惯性作用，直行制动时汽车前、后轮或转弯制动时汽车左、右轮上的垂直载荷已经转移，四个车轮达到最佳滑动率的时间不同，因此路面附着力的利用率不能达到最大值。

电子制动力分配系统

在ABS的基础上，只需改进其控制逻辑便可实现EBD系统的控制功能。EBD系统作为ABS的辅助系统，它在ABS起作用前便根据路面的附着情况和汽车车轮上的垂直载荷来调整最佳滑动率，并分配合理的制动力给每个车轮。EBD系统使制动压力尽量满足理想的制动力分配曲线，让车轮尽快达到同步附着条件，保证了汽车获得最大的制动强度，有效缩短了汽车制动距离，并防止出现"甩尾"和侧滑，进一步提高了汽车的行驶稳定性，完善了ABS的功能。

在轮速传感器将车轮转速传至ECU的条件下，EBD系统要实现控制功能，还需设置参考车速、滑动率和制动力分配系数的计算程序、ECU的执行程序及制动力的跟踪调节程序。

EBD系统的控制方式主要有以下三种。

（1）通过比较前、后轮的滑动率进行控制。当前轮滑动率高出后轮滑动率一定值时，前、后轮制动器的制动力之间存在一个最佳的分配比例，让后轮滑动率最大值保持在前轮滑动率最大值的某百分数上下。关于制动力的调节，EBD系统可分别对两个前轮和两个后轮进行同时调节，也可仅对两个后轮进行调节。

（2）通过比较前、后轮的车轮转速进行控制。类似于ABS，在汽车直行时制动，可根据转速最小的后轮与转速最大的前轮之间的转速差来调节制动力，使后轮的最小转速比前轮的最大转速稍小一些，从而保证后轮具有较大的制动力。

（3）根据后轮制动减速度或后轮轮速与参考车速之间的关系进行控制。当后轮制动减速度不变或后轮轮速与参考车速之间的差值不变时，保持制动力；当后轮制动减速度增大或后轮轮速与参考车速之间的差值增大时，减小制动力；反之，则增大制动力。

2. 电子制动力分配系统的基本原理

EBD系统包括轮速传感器、液压执行器和ECU三部分。其中，轮速传感器用来检测车轮转速，汽车每个车轮上都有安装。液压执行器主要由控制压力的常开阀、常闭阀及用于暂存降压时所排出制动液的低压蓄能器组成。ECU根据接收的车轮转速信号计算出参考车速和滑动率，并发出信号来控制液压执行器。当ECU识别出有车轮将要抱死且滑动率大于某值时，便会发出控制信号给液压执行器来降低此车轮的制动力，保证车轮不会抱死。

对于传统的ABS，液压制动系统在汽车制动时施加在每个车轮上的制动力都是固定比例且一直增大的。然而当车轮抱死拖滑时，虽然制动器制动力不断增大，但此时车轮附着系数已经减小，导致实际的制动力减小，所以制动器制动力不能得到有效利用，从而造成制动能量的损失。

在 ABS 的控制下，汽车在制动初期制动器制动力不断增大，当车轮滑动率进入 ABS 的控制范围（15%～20%）时，ABS 便发出指令来控制制动器制动力，使车轮滑动率保持在这个范围内。这样可以有效利用地面附着力，从而达到缩短制动距离和提高制动时方向稳定性的目的。但如果汽车制动时四个车轮行驶在不同的地面上，也就是各车轮的附着条件不同，那么在 ABS 的作用下，给车轮施加相同的制动力容易产生侧滑和横摆等现象。

汽车制动时，EBD 系统会实时采集车轮转速、车轮阻力及车轮载荷等信息，经计算得出不同车轮最合理的制动力并分配给每个车轮。刚开始制动时，EBD 系统便会根据车轮垂直载荷和地面附着系数分配制动器制动力，充分利用地面附着系数，从而缩短制动距离并提高汽车的方向稳定性。同样，当制动被释放（加速）时，程序的应用恰好相反。

EBD 系统对制动器制动力的调节分为升压、保压和降压三个阶段。刚开始制动时，制动力（此时常开阀打开，常闭阀关闭）逐渐增大，车轮转速迅速降低，EBD 系统处于升压阶段，此阶段一直持续到 ECU 识别出车轮有抱死趋势为止。当车轮有抱死趋势（常开阀关闭，常闭阀关闭）时，EBD 系统进入保压阶段。此时，如果车轮仍有抱死趋势，EBD 系统则进入降压阶段，常开阀关闭，常闭阀打开，来降低制动力。松开制动踏板，制动结束，制动主缸内压力降为零，常闭阀打开后，降压阶段暂存在低压蓄能器中的制动液会返回制动主缸，为 EBD 系统进行下一次制动力分配做准备。

汽车直行制动时，由于存在惯性，车轮上的垂直载荷会从汽车后轮向前轮转移。此时，如果汽车没有安装 EBD 系统，后轮将先抱死拖滑，其滑动率将先达到 ABS 的控制范围。装有 EBD 系统的汽车，制动器制动力分配系数 β 并不是固定值，而是首先根据汽车的运动学参数和制动强度，实时计算出理想的 β 值，然后根据 β 值合理地分配制动力给每个车轮来实施制动，并控制每个车轮的滑动率，使其保持在最佳滑动率范围内，保证后轮不先于前轮抱死。这样可以平衡每个车轮的制动力，缩短制动距离并保持制动时的方向稳定性。

EBD 系统不仅可以分配汽车前、后轮制动器制动力，而且可以根据汽车的行驶工况，实时、合理地分配制动力给左、右车轮，防止汽车发生跑偏。另外，当汽车出现失稳趋势时，EBD 系统还可通过调节某车轮的制动力来主动遏制此失稳状态，从而避免汽车倾斜甚至侧翻。无论车轮垂直载荷和地面附着条件怎样变化，EBD 系统都可迅速、合理地分配制动器制动力。

汽车转弯制动时，以向右转弯为例，由于载荷转移，汽车左前轮上的垂直载荷最大，而右后轮上的垂直载荷最小，因此汽车右后轮会最先出现抱死趋势。EBD 系统会在车轮上施加与垂直载荷和附着系数相关的制动力，保证汽车各车轮制动力相对质心的偏转力矩始终小于地面提供的侧滑力矩。

汽车转弯制动时的受力图如图 6.22 所示，将每个车轮上的制动力都分解为纵向制动力 F_x 及侧向制动力 F_y，EBD 系统可使四个车轮得到的纵向制动力之和 $\sum F_x$ 尽可能最大，以提高制动效率使侧向制动力对质心的偏转力矩之和小于地面提供的侧向力矩，保持汽车制动时的方向稳定性。

3. EBD 系统的控制过程

EBD 系统的控制过程（图 6.23）包括以下三步。

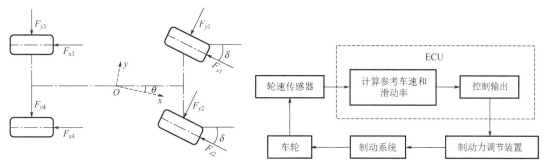

图 6.22 汽车转弯制动时的受力图

图 6.23 EBD 系统的控制过程

（1）轮速传感器检测出车轮转速后，将其传递给 ECU。
（2）ECU 计算出参考车速和滑动率后，发出指令给制动力调节装置，分配制动力并调节车轮的最佳滑动率。
（3）制动力调节装置执行 ECU 传来的指令，将合理的制动力作用于汽车车轮，使其满足要求。

汽车在附着系数为 φ 的地面上制动时，汽车前、后轮同时抱死是一种稳定工况，对汽车的方向稳定性较为有利，同时附着条件的利用情况较好。

前、后轮制动器制动力（$F_{\mu1}$、$F_{\mu2}$）之间的关系曲线，即理想的前、后轮制动器制动力分配曲线，简称 I 曲线，如图 6.24 所示。

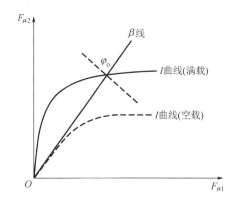

图 6.24 前、后轮制动器制动力（$F_{\mu1}$、$F_{\mu2}$）之间的关系曲线

实际上，前、后制动器制动力的分配很难严格满足曲线要求。有些两轴汽车的前制动器制动力与总制动器制动力之比为制动器制动力分配系数，以 β 表示，$\beta = F_{\mu1}/(F_{\mu1} + F_{\mu2})$。在图 6.26 中，过坐标原点且斜率为 $\tan\theta = F_{\mu1}/F_{\mu2} = (1-\beta)/\beta$ 的直线称为 β 线，β 线和 I 曲线交点对应的附着系数称为同步附着系数 φ_0。对于此类汽车，要想使前、后轮同时抱死，必须在同步附着系数的地面上制动。但实际情况比较复杂，大多数情况下不能满足理想的制动力分配要求。

为满足以上要求，人们在制动系统中采取增加限压阀、比例阀和感载阀等装置的方法来调节 β 值，让前、后制动器制动力之比尽可能接近 I 曲线。但此方法不能调节制动压力，没有完全解决车轮抱死的问题。EBD 系统则采用电子技术替代了传统的限压阀、比例阀和感载阀等装置来控制和分配汽车前、后制动器制动力。一旦发现车轮有抱死趋势，ECU 就控制制动器来降低制动力，使前、后轮制动器制动力分配曲线始终位于 I 曲线下方，并且无限接近于 I 曲线。在保证制动稳定性的同时，EBD 系统能够充分利用附着系数使车轮获得最大制动力，从而缩短制动距离，提高行驶安全性。

本章小结

本章主要介绍了防滑控制系统，包括驱动防滑系统和制动防滑系统两种。为了控制车轮的滑动率，要对作用于车轮上的力矩进行实时的自适应调节，将车轮的滑动率控制在最佳范围内。

驱动防滑（ASR）系统是防抱装置（ABS）的延伸。ASR 系统中的传感器主要由车轮转速传感器和节气门位置传感器组成。ASR 系统的执行器主要由 ASR 系统制动压力调节器和副节气门执行器组成。

本章也简单介绍了电子控制防滑差速器和电子制动力分配系统。

【关键术语】

汽车驱动　汽车制动　驱动防滑　防滑差速器　ASR 系统　EBD 系统

综合练习

1. 填空题

(1) ABS 由_____、_____、_____、_____组成。

(2) ASR 系统由_____、_____、_____组成。

(3) EBD 系统由_____、_____、_____组成。

2. 简答题

(1) 简述 ASR 系统的理论基础。

(2) ABS 由哪几部分组成？各部分分别起什么作用？

(3) 详述液压调节器的组成及工作原理。

(4) 简述 ECU 的组成及各部分的功能。

(5) 简述 EBD 系统的控制过程。

第7章 现代汽车悬架

教学目标

通过本章的学习，读者可以了解电控悬架的类型，熟悉电控悬架的基本组成、结构和工作原理，以及电子稳定性控制系统的组成和工作原理。

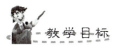
教学要求

知识要点	能力要求	相关知识
现代汽车悬架概述	了解传统悬架与电控悬架的区别，了解电控悬架的主要功能和类型	半主动悬架； 主动悬架
电控悬架的基本组成	掌握电控悬架的传感器、开关、ECU和执行元件	转向盘转角传感器； 车速传感器； 车高传感器； 节气门开度传感器
电控悬架的结构和工作原理	熟悉半主动悬架和主动悬架的结构和工作原理	三级可调式减振器； 空气弹簧悬架； 油气弹簧悬架
电子稳定性控制系统	熟悉电子稳定性控制系统的组成和工作原理	电子稳定性控制系统的功能

> **导入案例**
>
> 党的二十大报告指出,坚持创新在我国现代化建设全局中的核心地位。空气悬架技术的发展为汽车行业带来了革命性的变化,使更多消费者能够享受舒适和便捷的驾驶体验。理想汽车作为新势力品牌,通过不断创新和优化,已经在空气悬架领域取得了显著的成果。理想汽车空气悬架如图7.1所示。
>
>
>
> 图7.1 理想汽车空气悬架
>
> 理想汽车的魔毯空气悬架2.0版本增加了"运动魔毯"模式,无论是"运动魔毯"模式还是"舒适魔毯"模式,舒适度都是三挡(舒适、标准、运动)可调的。

7.1 现代汽车悬架概述

悬架是连接车架(承载式车身)和车桥(或车轮)的传力连接装置的总称。悬架的主要功能如下。

(1) 与轮胎一起,吸收和减缓汽车行驶中由路面不平造成的各种颤动、摇摆和振动,从而保证乘客和货物的安全性,并提高驾驶稳定性。

(2) 将路面与车轮摩擦所产生的驱动力和制动力传递到底盘和车身。

(3) 支撑车身,并使车身与车轮之间保持适当的几何关系。

当汽车在不同的路面上行驶时,悬架系统实现了车身和车轮之间的弹性支撑,有效降低了车身与车轮的振动,从而改变了汽车的行驶平顺性和操作稳定性。同时,它引起了在汽车起步、制动、转向时车身的俯仰、点头和侧倾等现象。

传统悬架主要由弹性元件、减振器和导向机构组成,如图7.2所示。其中,弹性元件和减振器的综合特性决定了汽车的行驶平顺性、操作稳定性和乘坐舒适性。由于传统悬架使用的是定刚度弹簧和定阻尼系数减振器,只能适应特定的道路与行驶条件,无法满足变化莫测的路面状况和汽车行驶状况,而且这种悬架只能被动承受路面对车身的各种作用力,无法对各种情况进行主动调节,从而无法使操作稳定性和乘坐舒适性达到和谐。

电控悬架的主要功能是:汽车在行驶过程中,根据实际的需要随时调节电控悬架系统的基本参数(如刚度、阻尼),从而达到最佳的行驶平顺性和操作稳定性。电控悬架的基

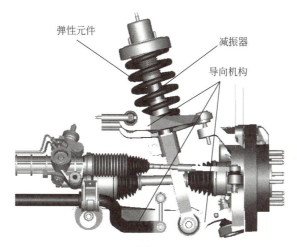

图 7.2 传统悬架的结构

本功能有以下三个。

(1) 车高调整功能。无论汽车的载荷是多少,车高都能保持一定。当汽车在很差的路面上行驶时,电控悬架系统可以使车高增大,增大离地间隙;当汽车高速行驶时,电控悬架系统又可以使车高降低,以减小空气阻力,提高操作稳定性。

(2) 衰减力控制功能。在急转弯、急加速和紧急制动的情况下,电控悬架系统可以抑制汽车姿势的变化,提高汽车的操作稳定性。

(3) 弹簧弹性系数的控制功能。利用控制弹簧弹性系数的办法,电控悬架系统可以控制汽车起步时的姿势。

电控悬架主要有半主动悬架和主动悬架两种类型。

(1) 半主动悬架是指悬架中的弹簧刚度或减振器阻尼系数可以根据需要调节。为减小执行元件所需的功率,主要采用调节减振器阻尼系数的方式。根据路面的激励和车身的响应对减振器阻尼系数进行自适应调整,车身的振动被控制在某个范围之内。由于半主动悬架是无源控制,因此汽车在转向、起动、制动等工况时不能对弹簧刚度和减振器阻尼系数进行有效控制。

(2) 主动悬架是有源控制,具有做功能力。它通常包括产生力和转矩的主动作用器(液压缸、气缸、伺服电动机等)、测量元件(加速度传感器、位移传感器和力传感器等)和反馈控制器等。当汽车载荷、行驶速度、路面状况等行驶条件变化时,主动悬架能自动调整弹簧刚度和减振器阻尼系数(包括整体调整和单轮调整),从而同时满足汽车行驶平顺性和操作稳定性等方面的要求。此外,主动悬架还可根据车速的变化控制车高。

另外,根据悬架介质的不同,电控悬架又可分为油气式主动悬架和空气式主动悬架。

(1) 油气式主动悬架主要由油泵、车高传感器、加速度传感器、ECU、液压气动缸和控制阀等组成。其中,油泵产生油压,供给各悬架的液压气动缸;ECU 根据各种传感器的输入信号,经积分运算等对油压进行控制,使转弯时侧倾很小,制动时抑制前倾,以及控制行驶于恶劣路面上的汽车上下跳动。

半主动悬架

主动悬架

轻度混合动力汽车主动悬架

（2）空气式主动悬架是用空气弹簧代替普通的螺旋弹簧，并使密封在气囊里的空气具有弹簧的性能，还能根据行驶条件，通过计算机对弹簧刚度、减振器阻尼系数和车高进行自动控制。

各种悬架的应用实例

双横臂式悬架如图7.3所示。它有两个不等长的摆臂，当车辆在恶劣路面行驶时，车轮可以上下跳动、左右摆动旋转。装在横梁与下臂间的螺旋弹簧与减振器可支承车身并减缓冲击载荷。此外，在左右轮下摆臂处装有稳定杆，还有橡胶缓冲块装于上下摆臂或车架处。

纵臂式悬架如图7.4所示。纵臂式悬架是指车轮在汽车纵向平面内摆动的悬架结构，分为单纵臂式悬架和双纵臂式悬架两种。当车轮上下跳动时，单纵臂式悬架会使主销后倾角产生较大的变化，因此单纵臂式悬架不用在转向轮上。双纵臂式悬架的两个摆臂一般做成等长，以形成一个平行四杆结构，当车轮上下跳动时，主销的后倾角保持不变，因此双纵臂式悬架多应用在转向轮上。

 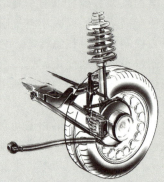

图7.3　双横臂式悬架　　　　　　图7.4　纵臂式悬架

麦弗逊式悬架在轿车中应用很多，如图7.5所示。麦弗逊式悬架将减振器作为引导

图7.5　麦弗逊式悬架

车轮跳动的滑柱，螺旋弹簧与其装于一体。这种悬架将双横臂上臂去掉并以橡胶作支撑，允许滑柱上端做少许角位移。其内侧空间大，有利于发动机布置，并降低汽车的重心。车轮上下运动时，主销轴线的角度会有变化，这是因为减振器下端支点随横摆臂摆动。以上问题可通过调整杆系设计得到解决。

单斜臂式悬架是 Sierra 轿车、宝马 5 系轿车使用的后悬架类型，如图 7.6 所示。这种悬架是单横臂式悬架和单纵臂式悬架的结合。其摆臂绕

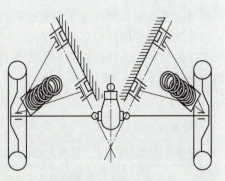

图 7.6　单斜臂式悬架

与汽车纵轴线具有一定交角的轴线摆动，选择合适的交角可以满足汽车操作稳定性的要求。单斜臂式悬架适合作后悬架。

7.2　电控悬架的基本组成

虽然现代汽车电控悬架由于控制功能和控制方法的不同，其结构形式多种多样，但它们的基本组成都是相同的。如图 7.7 所示，电控悬架主要由反映汽车运行状况的各种传感器、开关、ECU 及执行元件等组成。各种传感器和开关向 ECU 输入信号，ECU 接收传感器和开关输入的电信号，并向执行元件发出控制指令，执行元件产生一定的机械动作，从而改变车高、空气弹簧刚度或减振器阻尼系数。

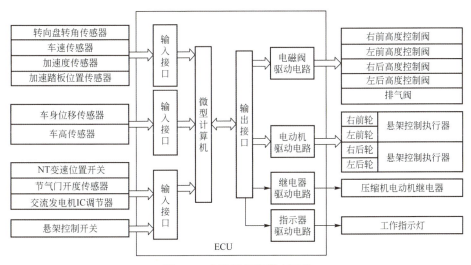

图 7.7　电控悬架的基本组成

1. 电控悬架的传感器

GB/T 7665—2005《传感器通用术语》中对传感器下的定义如下：能感受被测量并按

照一定的规律转换成可用输出信号的器件或装置，通常由敏感元件和转换元件组成。汽车传感器的主要作用是将汽车行驶时的转向、速度、加速度、制动、车高和路面状况、汽车振动状况等信号输送给ECU。传感器有转向盘转角传感器、车速传感器、加速度传感器、加速踏板位置传感器、车身位移传感器、车高传感器和节气门开度传感器等。各种电控悬架的传感器见表7-1。

表7-1　各种电控悬架的传感器

传感器名称	传感器用途
转向盘转角传感器	检测转向盘转角，可用于计算车身侧倾程度
车速传感器	检测车轮的转速，可反映车速和用于路面感应控制、车身姿势控制和高度控制
加速度传感器	检测车身的振动和加速度，可反映汽车行驶的路面状况和汽车的行驶工况
加速踏板位置传感器	检测加速踏板的位置，可提供汽车加速信号
车身位移传感器	检测车身相对车桥的位移，可反映车身的振动和车高
车高传感器	检测车身的高度，可提供车身相对车桥的位移信号
节气门开度传感器	检测节气门的开度，可提供汽车加速度信号

这里主要介绍电控悬架中的几种传感器。

（1）转向盘转角传感器。

转向盘转角传感器安装在转向轴上，其作用是检测转向盘的转角信号，从而得到汽车转向程度信息，即转向盘位置信息和转向盘转向速率信息。

转向盘转角传感器可向ECU提供汽车转向速率、转角及转向方向信息，由ECU确定需调节哪些车轮的悬架及调节量。转向盘转角传感器主要用于对汽车悬架的侧倾角刚度进行调节。它既适用于主动悬架，又适用于半主动悬架。转向盘转角传感器信号在工作中主要与车速传感器信号配合。图7.8所示为转向盘转角传感器的安装位置和结构，图7.9所示为其工作原理。

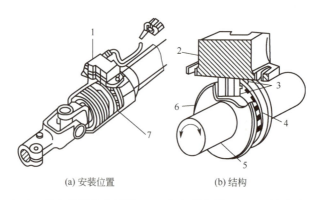

(a) 安装位置　　　　(b) 结构

1, 2—转向盘转角传感器；3—光电耦合器；4, 7—遮光盘；
5—转向轴；6—传感器圆盘。

图7.8　转向盘转角传感器安装位置和结构

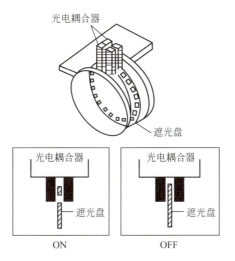

图 7.9　转向盘转角传感器的工作原理

（2）车速传感器。

悬架控制模块可从车速传感器、其他控制模块或多路传输网络输入车速信号，如图 7.10 所示，它可用于实现系统的各种控制功能。

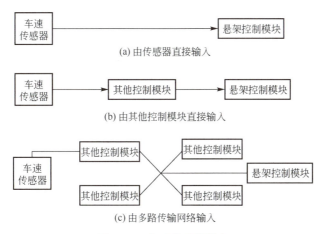

图 7.10　车速信号的输入

车速传感器信号是交流波形信号，其频率和电压随车速的提高而增大，可由信号频率获知车速。

（3）车高传感器。

车高传感器的作用是把车身相对车桥的位移转化为电信号输送给 ECU，然后通过有关执行元件，随时对车高进行调节，以维持车高基本不随载荷的变化而变化；还可以在汽车起步、转向、制动及前、后、左、右车轮载荷相应发生变化时，随时调整有关车轮悬架的弹簧刚度，以提高汽车抗俯仰和抗侧倾的能力，从而保证良好的操作稳定性；也可以在汽车各轮载荷不同时分别对各轮悬架的高度进行调节，以维持车身姿势基本不变。车高传感器的数量与车上装备的电控悬架的类型有关。图 7.11 所示为车高传感器的结构及工作原理。

车高传感器的一端与车架连接，另一端装在电控悬架上，其安装位置如图 7.12 所示。

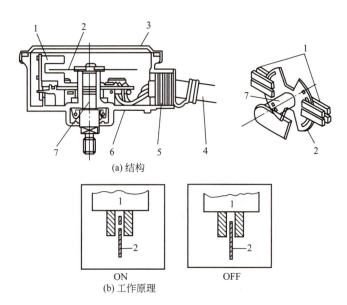

1—光电耦合器；2—遮光盘；3—传感器罩盖；4—电缆；5—金属封油环；6—壳体；7—轴。

图 7.11 车高传感器的结构及工作原理

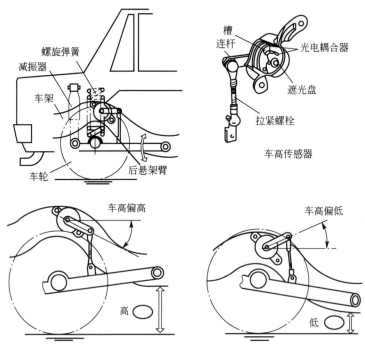

图 7.12 车高传感器的安装位置

在空气悬架中，车高传感器用于采集车高信息；在某些控制行驶平顺性的系统上，车高传感器还用来探测悬架运动情况以确定是否需要硬阻尼。

车高传感器可以是模拟式的，也可以是数字式的；可以是线位移式，也可以是角位移式的。

(4) 节气门开度传感器。

当汽车起动或突然加速时,动力传动控制模块根据节气门位置传感器信号或空气流量信号生成加速信号,然后将加速信号提供给悬架控制模块,悬架控制模块控制执行器使其转换到硬阻尼状态,以减少汽车"抬头"现象的发生。

2. 电控悬架的开关

以雷克萨斯 LS400 为例,悬架控制开关包括车高控制开关和 LRC 驾驶控制开关,以及锁止开关(高度控制 ON/OFF 开关),前两个开关一般都装在驾驶室内的变速器变速杆旁边,如图 7.13 所示,锁止开关一般装在汽车尾部后备箱内,如图 7.14 所示。

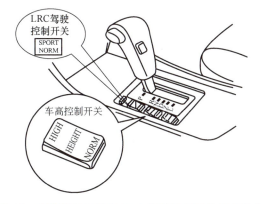
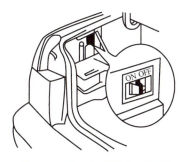

图 7.13 车高控制开关和 LRC 驾驶控制开关的安装位置　　图 7.14 锁止开关的安装位置

(1) 锁止开关一般装在汽车尾部后备箱的左边,当此开关处于 ON 位置时,电控悬架可按驾驶人的选择方式自动控制车高;反之,当此开关处于 OFF 位置时,电控悬架不进行车高控制。

(2) 车高控制开关位于驾驶室内变速杆旁边,用于选择控制车高。当此开关处于 HIGH(高)位置时,电控悬架对车高的调整进入高值自动控制状态;当此开关处于 NORM(标准)位置时,电控悬架对车高的调整进入常规自动控制状态。

(3) LRC 驾驶控制开关位于驾驶室内变速杆旁边,用于选择控制悬架的刚度和阻尼力。当此开关处于 SPORT(运动)位置时,电控悬架进入高速行驶自动控制状态;当此开关处于 NORM(标准)位置时,电控悬架对悬架刚度和阻尼力的控制进入常规值自动控制状态。此时,电控悬架的 ECU 根据转速传感器等信号,使悬架的刚度和阻尼力自动处于 soft(软)、medium(中)、firm(硬)三个位置。

3. 电控悬架的 ECU

电控悬架的 ECU 接收各种传感器的输入信号并进行计算,然后对执行元件输出控制悬架的刚度、阻尼力和车高信号。同时,电控悬架 ECU 监测各种传感器的信号是否正常;若发现故障,则存储故障码和相关参数,并开启故障指示灯。

4. 电控悬架的执行元件

电控悬架的执行元件有电磁阀、步进电动机和气泵电动机等。执行元件接收电控悬架 ECU 的控制信号后,及时准确地执行操作,从而按要求调节悬架的刚度、阻尼力和车高。

7.3 电控悬架的结构和工作原理

1. 半主动悬架的结构和工作原理

从行驶平顺性和乘坐舒适性考虑，弹簧刚度和减振器阻尼系数应能随汽车运行状态的变化而变化，使悬架性能总是接近最优状态。但是，弹簧刚度选定后很难改变，因此可将减振器阻尼系数分为两级、三级或更多级，由驾驶人选择或根据传感器信号自动选择。

半主动悬架通常以车身振动加速度的均方根值作为控制目标参数，以悬架减振器的阻尼为控制对象。半主动悬架的控制模型如图 7.15 所示。

保时捷动态底盘控制系统

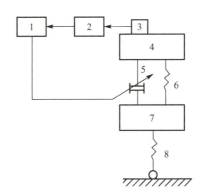

1—控制器；2—整形放大电路；3—加速度传感器；4—悬架质量；
5—阻尼可调减振器；6—悬架弹簧；7—非悬架质量；8—轮胎的当量质量。
图 7.15 半主动悬架的控制模型

在悬架控制单元中，事先设定一个控制目标参数 σ，它是以汽车行驶平顺性最优控制为目的而设计的。汽车行驶时，安装在车身上的加速度传感器产生车身振动加速度信号，经整形放大后输入 ECU，ECU 立刻计算出当前车身振动加速度的均方根值 σ_i，并与设定的控制目标参数比较，根据比较结果输出控制信号。比较结果有如下三种情况。

(1) $\sigma = \sigma_i$，控制器不输出调整悬架阻尼控制信号。

(2) $\sigma < \sigma_i$，控制器输出增大悬架阻尼控制信号。

(3) $\sigma > \sigma_i$，控制器输出减小悬架阻尼控制信号。

控制器的悬架阻尼控制过程如图 7.16 所示。

图 7.17 所示为由外部电磁铁控制的减振器。满足乘坐舒适性要求时，可选择较低阻尼级；汽车高速行驶时，可选择较高阻尼级。高阻尼可提高汽车行驶安全性，但乘坐舒适性下降；低阻尼可降低系统自振频率，减少对车身的冲击，有利于提高乘坐舒适性，但行驶安全性下降。

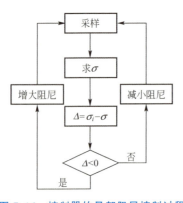

图 7.16 控制器的悬架阻尼控制过程

悬架阻尼的改变一般是通过控制步进电动机驱动阻尼可调减振器中的有关部件来改变节流孔尺寸实现的。图 7.18 中所示为阻尼力可连续

现代汽车悬架 第7章

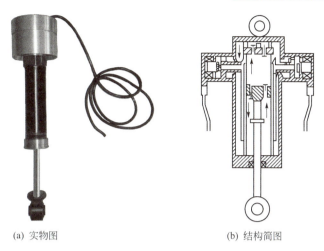

(a) 实物图　　　　　　　　(b) 结构简图

图 7.17　由外部电磁铁控制的减振器

调节的半主动悬架。其阻尼力能在几毫秒内由最小变到最大，ECU 接收车速传感器、车身位移传感器和加速度传感器等信号后，计算出相应的阻尼值，向步进电动机发出控制信号，经阀杆调节阀门，使节流孔大小改变，从而使阻尼连续变化。

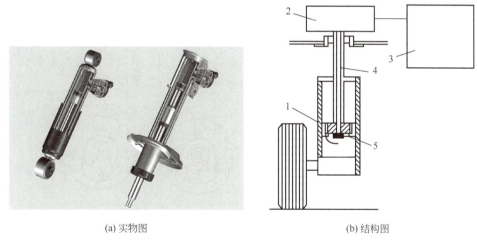

(a) 实物图　　　　　　　　(b) 结构图

1—节流孔；2—步进电动机；3—ECU；4—阀杆；5—阀门。

图 7.18　阻尼力可连续调节的半主动悬架

图 7.19 所示为三级可调式减振器。三级可调式减振器的回转阀转动，从而控制油孔通断和油路横截面面积，产生三个阻尼值，以适应不同的行驶条件。

与阻尼调节杆连接的回转阀上有三个阻尼孔，执行器通过活塞杆来控制阻尼孔的开闭，从而改变悬架阻尼的大小。

图 7.19 中，A—A、B—B、C—C 三个截面的阻尼孔全部被回转阀封住，只有减振器下面的主阻尼孔仍工作，所以此时阻尼最大，回转阀被调节到"硬"状态。当回转阀从"硬"状态的位置顺时针转动 60°时，B—B 截面的阻尼孔打开，A—A 和 C—C 这两个截面的阻尼孔仍关闭。因为多了一个阻尼孔参加工作，所以减振器处于"运动"状态。当回转阀从"硬"状态的位置逆时针转动 60°时，A—A、B—B、C—C 三个截面的阻尼孔全部打

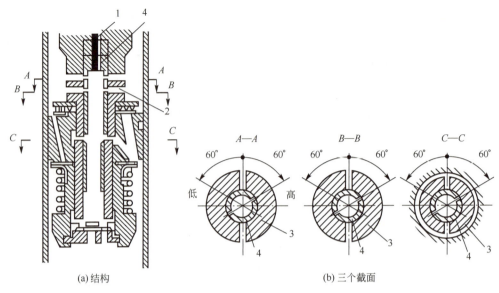

(a) 结构　　　　　　　　　　　　(b) 三个截面

1—阻尼调节杆；2—阻尼孔；3—活塞杆；4—回转阀。

图 7.19　三级可调式减振器

开，此时减振器的阻尼最小，减振器处于"软"状态。

图 7.20 所示为三级可调式减振器阻尼控制执行器的结构与工作状态。执行器装在减振器的上部，执行器可以带动回转阀转动，从而改变阻尼力。执行器由直流电动机、限制减速齿轮旋转的挡块、带动挡块的电磁铁、减振器和减速齿轮等组成。

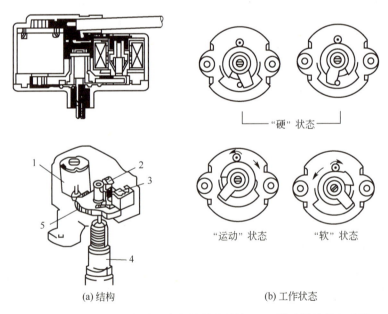

(a) 结构　　　　　　　　　　　　(b) 工作状态

1—直流电动机；2—限制减速齿轮旋转的挡块；3—带动挡块的电磁铁；
4—减振器；5—减速齿轮。

图 7.20　三级可调式减振器阻尼控制执行器的结构与工作状态

根据直流电动机与电磁铁的通电方式，可以形成三种阻尼，见表 7-2。

表 7-2 直流电动机与电磁铁的通电方式

现在的角度	驱动角度	直流电动机		电磁铁
		正极	负极	
—	软	—	＋	断开
—	运动	＋	—	断开
软	硬	—	＋	接通
运动	硬	＋	—	接通

用直流电动机和电磁铁作为执行器的优点如下。
（1）可减小部件的体积和质量。
（2）即使在不继续通电的情况下，也能保持执行器输出轴的旋转角度。
（3）驱动电流小。12V 系列电动机，20°时的电流约为 0.75A，电磁铁电流约为 1A。
（4）响应速度快。

2．主动悬架的结构和工作原理

主动悬架能根据车高、车速、转向角度及速率、制动等信号，由 ECU 控制悬架执行机构，进而改变悬架的刚度、减振器阻尼系数及车高等，从而使汽车具有良好的乘坐舒适性和操作稳定性。

（1）空气弹簧悬架。

图 7.21 所示为空气弹簧悬架的工作原理。

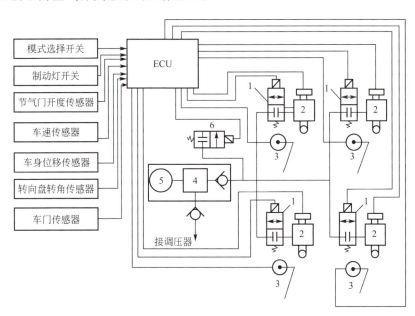

1—高度控制阀；2—空气悬架；3—车身位移传感器；4—干燥器；5—空气泵；6—排气阀。

图 7.21 空气弹簧悬架的工作原理

① 模式选择开关。它用于手动选择"软"状态或"硬"状态，某些悬架则由计算机来确定"软"状态或"硬"状态。

② 制动灯开关。它输入ECU的是一个阶跃信号，向ECU提供汽车制动信息，ECU可据此产生抑制车身"点头"的控制信号。

③ 节气门开度传感器。它通过监测节气门开度的变化向ECU提供汽车的加速度信号。

④ 车速传感器。它实际上是装于车轮上的车轮转速传感器，ECU可根据它输入的脉冲信号和转向信号计算出车身的侧倾程度。

⑤ 车身位移传感器。它安装于车身与车桥之间，用来监测车身与车桥的相对位移，其变化频率和幅度反映了车身的振动。

⑥ 转向盘转角传感器。它安装于转向轴上，通过监测转向盘的转角，向ECU提供汽车转向的程度，包括转向的快慢和大小。

⑦ 车门传感器。它是为防止行车中车门未关而设置的。

ECU根据各传感器输入的信号，经过运算分析后输出控制信号，使执行机构准确地执行动作，及时改变悬架的刚度、阻尼系数和车高，以确保汽车行驶过程中的乘坐舒适性和操作稳定性。高度控制阀按ECU的控制信号完成开闭动作，以改变空气悬架的充气量，实现车高调节。调压器使空气泵输出的压缩空气压力保持稳定。

空气弹簧悬架的控制功能可分为车速与路面感应控制、车身姿势控制和车高控制。

① 车速与路面感应控制。

车速与路面感应控制主要是根据车速与路面的变化来改变悬架的刚度和阻尼系数，由计算机控制或由驾驶人通过手动开关选择"软"状态或"硬"状态。空气弹簧悬架是驾驶人通过模式选择开关来选择"软"状态或"硬"状态的。在这两种工作状态中，又按刚度和阻尼大小分为低、中、高三种状态。在"软"状态工作时，悬架常处在低状态，而在"硬"状态工作时，悬架常处于"中"状态。在这两种工作状态下，悬架由ECU控制这三种状态，根据车速和路面的变化自动调节刚度和阻尼系数，使车身的振动达到最佳状态。

车速路面感应控制包括高速感应控制、前后轮相关控制和坏路面感应控制。

a. 高速感应控制。当车速很高时，ECU输出控制信号，使悬架的刚度和阻尼系数相应增大，以提高汽车高速行驶时的操作稳定性。

b. 前后轮相关控制。当汽车前轮遇到路面接缝等凸起时，ECU输出控制信号，相应减小后轮悬架的刚度和阻尼系数，以减小车身的振动和冲击。后轮越过障碍后，悬架又自动回到选定模式。

c. 坏路面感应控制。当汽车进入坏路面行驶时，为抑制车身产生大的振动，ECU输出控制信号，相应增大悬架的刚度和阻尼系数。

② 车身姿势控制。

车身姿势控制是指在汽车车速突然改变及转向等情况下，ECU对悬架的刚度和阻尼系数实施控制，以抑制车身的过度摆动，从而确保汽车的乘坐舒适性和操作稳定性。它包括转向车身侧倾控制、制动车身点头控制和起步车身俯仰控制。

a. 转向车身侧倾控制。汽车急转弯时，应增大悬架刚度和阻尼系数，以抑制车身侧倾。

b. 制动车身点头控制。汽车紧急制动时，应增大悬架刚度和阻尼系数，以抑制车身点头。

c. 起步车身俯仰控制。汽车突然起步或突然加速时，应增大悬架刚度和阻尼系数，以抑制车身俯仰。

③ 车高控制。

车高控制是 ECU 在汽车行驶过程车速和路面变化时对悬架输出控制信号，调整车高，以确保汽车行驶的稳定性和通过性。车高控制分为标准状态和高状态，每种状态又分为低、中、高三种状态。控制方式包括高速感应控制和连续坏路面行驶控制。

a. 高速感应控制。当车速超过 90km/h 时，为了提高汽车的行驶稳定性和减少空气阻力，ECU 输出控制信号，使排气阀和高度控制阀通电工作，悬架空气室向外排气，以降低车高。如果悬架是在标准状态下，则车高将从中状态降低到低状态；如果悬架是在高状态，则车身将从高状态转入中状态。当车速低于 60km/h 时，又恢复原有的车高。提高车高是通过 ECU 输出的控制信号，使空气压缩机和高度控制阀通电工作，将压缩空气送入悬架空气室实现的。

b. 连续坏路面行驶控制。汽车在坏路面行驶时，应该提高车高，以减弱来自路面的突然抬起感，并提高汽车的通过性。

当车身位移传感器连续 2.5s 以上输出大幅度的振动信号且车速为 40～90km/h 时，如果悬架是在标准状态，则车高从中状态转为高状态；如果悬架是在高状态，则车高维持在高状态。

当汽车在连续坏路面行驶的速度超过 90km/h 时，优先考虑汽车的行驶稳定性。因此，在标准状态下车高将维持中状态不变，在高状态下则从高状态转入中状态。

另外，当汽车处于驻车控制模式时，为了使车身外观平衡，保持良好的驻车姿势，点火开关关闭后 ECU 即发出指令，使车高处于标准状态下的低状态。

空气弹簧悬架布置图如图 7.22 所示。空气弹簧悬架主要由空气压缩机、空气电磁阀、干燥器、车高传感器、带减振器的空气弹簧、悬架控制执行器、悬架控制开关及 ECU 等

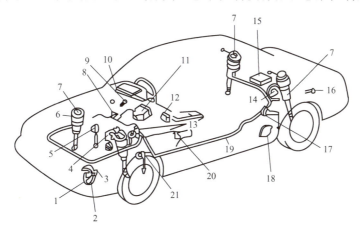

1—空气压缩机；2—空气电磁阀；3—干燥器；4—节气门开度传感器；5，17，21—车高传感器；
6—带减振器的空气弹簧；7—悬架控制执行器；8—转向传感器；9—停车灯开关；10—指示灯；
11—电子多点视频器；12—悬架控制开关；13—1号高度控制阀；14—2号高度控制阀；
15—显示器ECU；16—诊断用接头；18—悬架ECU；
19—空气管道；20—车速传感器。

图 7.22　空气弹簧悬架布置图

组成。空气压缩机由直流电动机驱动产生压缩空气,压缩空气经干燥器干燥后,由空气管道经空气电磁阀送至带减振器的空气弹簧的主气室。当车高降低时,ECU 控制电磁阀使带减振器的空气弹簧主气室中的压缩空气排到大气中,如图 7.23(a)所示,带减振器的空气弹簧压缩,车高降低;当车高升高时,ECU 控制空气电磁阀使压缩空气进入带减振器的空气弹簧的主气室,使带减振器的空气弹簧伸长,车高升高,如图 7.23(b)所示。在带减振器的空气弹簧的主、辅气室之间有一个连通阀,带减振器的空气弹簧的上部装有悬架控制执行器。ECU 根据各传感器输出信号控制悬架执行器,一方面,空气弹簧主、辅气室之间的连通阀发生变化,使主、辅气室之间的气体流量发生变化,进而改变悬架的弹簧刚度;另一方面,执行器驱动减振器的阻尼力调节杆改变减振器阻尼系数。

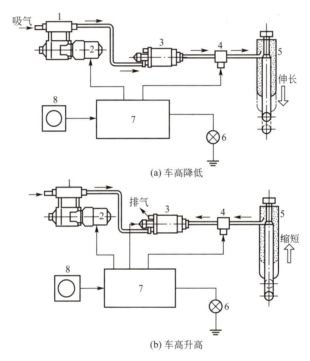

1—压缩机和调压器;2—直流电动机;3—干燥器和排气阀;4—高度控制电磁阀;
5—空气悬架;6—指示灯;7—ECU;8—车高传感器。

图 7.23 车高调整过程

(2)油气弹簧悬架。

油气弹簧以气体作为弹性元件,而用油液传递载荷,一般由气体弹簧和相当于液压减振器的液压缸组成。通过油液压缩气室中的空气实现刚度特性,通过电磁阀控制油液管路中节流孔的大小来实现变阻尼特性。图 7.24 所示为油气弹簧悬架布置图,它采用了五个基本行车工况的传感器。

① 转向盘转角传感器。它安装于转向轴上,用于测量转向盘转角信号,并将信号输送给 ECU。

② 加速度传感器。它与加速踏板连接,将测得的加速度信号输送给 ECU。

③ 制动力传感器。它安装于制动管路中,制动时向 ECU 发送一个阶跃信号表示制动,使 ECU 产生抑制"点头"的信号输出。

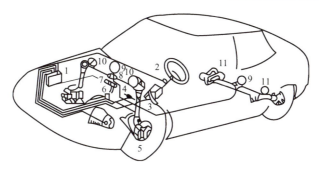

1—ECU；2—转向盘转角传感器；3—加速度传感器；4—制动力传感器；5—车速传感器；
6—车身位移传感器；7—电磁阀；8—辅助压力阀；9—刚度调节器；10—前油气室；11—后油气室。

图 7.24　油气弹簧悬架布置图

④ 车速传感器。它安装于车轮上，输出与转速成正比的脉冲，ECU 可以利用它和转向盘转角信号计算出车身的侧倾程度。

⑤ 车身位移传感器。它安装于车身与车桥之间，用来测量车身与车桥的相对位移，其变化频率和幅度可反映车身的行驶平顺性，还用于车高自动调节。

油气弹簧悬架的工作原理如图 7.25 所示，电磁阀在 ECU 的指令下向右移动，接通压

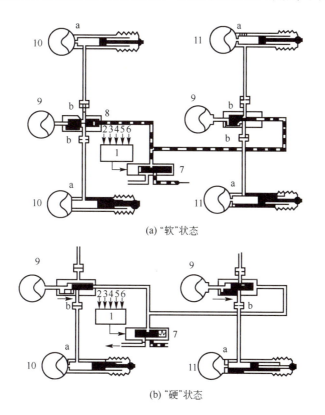

(a) "软"状态

(b) "硬"状态

1—ECU；2—转向盘转角传感器；3—加速度传感器；4—制动力传感器；5—车速传感器；
6—车身位移传感器；7—电磁阀；8—辅助压力阀；9—刚度调节器；10—前油气室；11—后油气室。

图 7.25　油气弹簧悬架的工作原理

力油道，使辅助液压阀的阀芯向左移动，中间的油气室与主油气室连通，使气室总容积增加，气压减小，刚度减小。a、b是节流孔阻尼器，在图7.25（a）所示位置，系统处于"软"状态。在图7.25（b）所示位置，电磁阀中无电流通过，在油气弹簧的作用下，阀芯左移，压力油道关闭，原来用于推动液压阀的压力油通过电磁阀的左边油道泄出，辅助液压阀阀芯右移，刚度调节器关闭，气室总容积减小，刚度增大，系统处于"硬"状态。

在正常行车状态时，悬架处于"软"状态，乘坐舒适性得以提高；当高速、转向、起步和制动时，悬架处于"硬"状态，汽车的操作稳定性得以提高。

（3）带路况预测传感器的主动悬架。

图7.26所示为带路况预测传感器的主动悬架。它包括悬架弹簧和单向液压执行器，控制阀通过油管与单向液压执行器的油压腔相通。油管上接有支管，该支管与蓄能器相连，蓄能器内充有气体，该气体具有弹簧的作用。另外，支管中间还设有一个主节流孔，以限制蓄能器和油压腔之间的油流，从而起到减振作用。在油管和蓄能器之间的支管上有选择阀和副节流孔，副节流孔的直径大于主节流孔的直径。当打开选择阀时，油流通过选择阀的副节流孔，在蓄能器和油压腔之间流动，从而减小振动阻尼。因此，该悬架在选择阀的作用下具有两种阻尼系数。

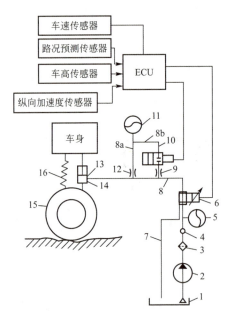

1—燃油箱；2—油泵；3—燃油滤清器；4—单向阀；5,11—蓄能器；6—控制阀；
7—回油阀；8—油管；8a、8b—支管；9—副节流孔；10—选择阀；12—主节流孔；
13—油压腔；14—单向液压执行器；15—车轮；16—悬架弹簧。

图7.26 带路况预测传感器的主动悬架

控制阀的开度可以随控制电流的不同而改变，以控制进入油管的油量，进而控制施加到液压执行器的油压。随着输入控制阀的电流增大，液压执行器的承载能力提高。

在油气弹簧悬架中，输入ECU的信号有各车轮上设置的检测车身纵向加速度的传感器输出的信号、路面预测传感器测出的汽车前方是否有凸起物及其尺寸的检测信号、在各车轮处检测车高传感器输出的信号及车速传感器输出的车速信号等。ECU根据这些信号对设置在各车轮上的控制阀和选择阀进行控制。

路况预测传感器布置图如图7.27所示。该传感器通常为超声波传感器，频率约为40kHz。它安装在车身前面，以便对其前方的路面状况进行检测。

汽车正常行驶时，选择阀关闭，液压执行器的油压腔通过主节流孔与蓄能器相通，它可以吸收并降低由路面不平引起的微小振动。当路况预测传感器发现路面上有将引起振动的凸起物时，ECU控制选择阀打开，并将悬架的阻尼系数减小到一个特定值。

图7.28所示为路况预测传感器的输出信号。输出信号的幅值与路面凸起物的尺寸成正比。如果完全按路况预测传感器的输出信号进行控制，悬架阻尼系数的变化就会过于频繁，因此在控制系统中设置了一个低阈值U_1。另外，如果当汽车通过一个很大的凸起物时，悬架的阻尼系数调整得过低，就可能会产生极大的冲击力，形成悬架底部与车桥的刚性碰撞。因此控制系统中还设置了一个高阈值U_2。只有在路况预测信号电压值介于U_1和U_2之间时，ECU才输出一个打开选择阀的控制信号。

1—凸起物；2—路况预测传感器。

图7.27　路况预测传感器布置图

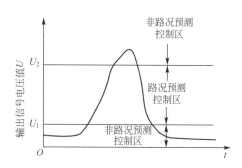

图7.28　路况预测传感器的输出信号

ECU可以根据车速估算出凸起物和实际车轮通过凸起物之间的滞后时间，控制选择阀应恰好在车轮通过凸起物时打开，使悬架的阻尼系数短暂变化，车轮通过凸起物后，选择阀再次关闭。具有路况预测传感器的油气弹簧悬架可以在汽车到达凸起物之前对路面情况进行预测处理，因而大大改善油气弹簧悬架的工作性能。

7.4　电子稳定性控制系统

电子稳定性控制（electronic stability control，ESC）系统，是在ABS/ASR系统的基础上增加测量车辆运行状态的传感器，当车辆在行驶过程中遇到紧急情况躲避障碍物或高速急转弯时，通过在左右车轮上施加不同的制动力对车辆的动力学状态进行主动干预，以防止车辆发生失控旋转等失稳情况，保证行车安全。ESC系统具备以下三大特点。

（1）实时监控。ESC系统能够实时监控驾驶人的操控动作、路面反应和汽车运行状态，并不断向发动机和制动系统发出指令。

（2）主动干预。ABS等安全技术主要是对驾驶人的操控动作起干预作用，但不能操控发动机；而ESC系统则可以通过主动操控发动机的转速，并调整每个车轮的驱动力和制动力，来修正汽车的转向过度和转向不足。

（3）事先提醒。当驾驶人操作不当或路面异常时，ESC 系统会亮起警告灯提醒驾驶人。

1. ESC 系统的组成

ESC 系统主要由 ECU、转向盘转角传感器、横摆角速度传感器、加速度传感器及车速传感器等组成，如图 7.29 所示。

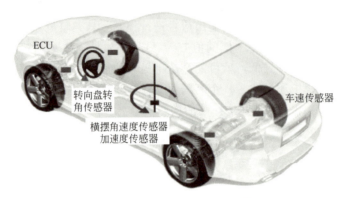

图 7.29　ESC 系统的组成

（1）ECU。

ECU 包括电源管理模块、传感器信号输入模块、执行机构驱动模块、指示灯接口及控制器局域网总线通信接口等，它是 ESC 系统的核心部件，用于接收和处理各种传感器的信号信息。作为执行控制算法逻辑的载体，ECU 是整个系统的大脑中枢，继而驱动 ESC 系统的执行器，以实现对车辆非稳态的干涉和调节。

（2）转向盘转角传感器。

转向盘转角传感器用以测量转向盘角度和转角变化速率，以此预测驾驶人的操作意图，从而为 ECU 提供控制动作的依据。转向盘转角传感器按其输出信号和应用方式，可分为绝对值转角传感器和相对值转角传感器。前者基于电阻分压原理，通常使用导电塑料作为电阻器来分压，属于传统的转角传感器；后者包括光电感应式传感器、电磁感应式传感器及仅由电器元件组成的传感器等。

（3）横摆角速度传感器。

车辆的横摆运动是绕垂直轴的旋转运动，横摆角速度传感器主要测量车辆绕质心垂直轴的角速度，如果横摆角速度达到一定值，则提示驾驶人车辆将有发生侧滑或甩尾的危险。横摆角速度传感器是一种振动陀螺仪，利用科里奥利力对物体在旋转时的运动速度（横摆角速度和振动速度）产生科氏加速度，从而测量旋转轴方向上的角速度，并输出一个高精度的类比电压。

（4）加速度传感器。

加速度传感器用以测量汽车纵向加速度和横向加速度。加速度传感器有很多种，有利用压电石英谐振器的力频特性进行加速度测量的传感器，也有使用质量-弹簧-阻尼器系统进行加速度测量的传感器。车辆在行驶过程中可通过传感器内部的电压变化来判断加速度的大小和方向。

(5) 车速传感器。

车速传感器通过检测车轮转动的情况来确定车辆的运动状态，并把这些数据信号发送给 ECU。车速传感器的主要由磁性环和电子传感器等部分组成。当车辆行驶时，车轮旋转会带动磁性环一起旋转，使磁场发生变化；电子传感器能够检测出此变化，并将其转换为数字信号，ECU 通过分析这个数字信号来计算车速。车速传感器的主要作用是提供车速信息，以便 ECU 进行相应调整。

2. ESC 系统的工作原理

汽车理论中的车轮侧偏特性是影响整车操作性的基础，ESC 系统力求使每个车轮的受力都处于侧偏特性中的稳定区域，而宏观上就是改变车轮受到的横摆力矩，以使车辆有可能在即将冲出临界工况时被强行拉回稳定行驶工况。因此，ESC 系统需要不断检测驾驶人的操作和车辆当前的行驶信息，并及时判断是否即将失稳。其中转向不足和转向过度是车辆最容易发生的临界稳定状态。

当车辆在低附着系数路面上行驶时，前轮侧偏力（车轮所能提供的转弯时所需的力）首先趋于极限，此时前轮侧偏力非常小，由于横摆力矩减小，驾驶人想使车辆按自己的意图轨迹行驶变得很困难，车辆会偏离理想轨迹而驶向外侧，造成转向不足；而当后轮侧偏力首先趋于极限时，后轮侧偏力很小，横摆力矩会突然增大，过大的横摆力矩将造成较大的车轮侧偏角和横摆角速度，导致转向过度。

ESC 系统的任务就是在这两种工况下主动干涉，协助驾驶人对车辆进行稳定操控。ESC 系统一方面监测驾驶人的操控意图（主要是转向盘的转动角度、角速度及转动幅度），另一方面监测车辆当前的行驶状态、车辆是否跟踪驾驶人的操控意图，以及评估与操控意图相差多少。宏观上看就是实际的运动轨迹与理想的运动轨迹相差多少，偏差超过一定范围时，ECU 便发出控制指令，对制动系统或发动机进行干涉，调整施加在相应轮胎上的制动力或减小发动机输出的动力，从而避免事故的发生。一辆具有转向不足特性的车辆左转向时，前轮会产生向外拉的效果，通过 ESC 系统在左后轮上施加制动力，车辆将被拉回理想的运动轨迹；在同样的弯道上，一辆具有转向过度特性的车辆会在后轮上产生向外拉的效果而偏离弯道，此时通过在右前轮上施加制动力，ESC 系统相应产生一个具有稳定作用的顺时针转矩，从而将车辆拉回到理想的运动轨迹，ESC 系统的功能示意图如图 7.30 所示。

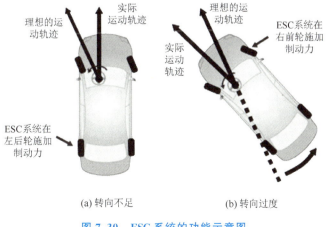

(a) 转向不足　　　　(b) 转向过度

图 7.30　ESC 系统的功能示意图

无论是在弯道上或紧急避让状态还是在制动、加速过程中,或在车轮打滑时,一旦车辆行驶状态变得危急,ESC 系统都能提高车辆行驶的方向稳定性。同时,ESC 系统还能缩短 ABS 在弯道上和对开路面上的制动距离。

本章小结

本章主要介绍了电控悬架。电控悬架可以使汽车在行驶过程中,根据实际需要随时调节基本参数(如刚度、阻尼系数),从而达到最佳的行驶平顺性和操作稳定性。

电控悬架有半主动悬架和主动悬架两种。另外,根据悬架介质的不同,电控悬架又可分为空气弹簧悬架和油气弹簧悬架。

电控悬架主要由反映汽车运行状况的各种传感器、开关、ECU 及执行元件等组成。各种传感器和开关向 ECU 输入信号,ECU 接收传感器和开关输入的电信号,并向执行元件发出控制指令,执行元件产生一定的机械动作,从而改变车高、空气弹簧的刚度或减振器的阻尼系数。

ESC 系统是在 ABS/ASR 系统的基础上增加测量车辆运行状态的传感器,当车辆在行驶过程中遇到紧急情况躲避障碍物或高速急转弯时,通过在左右车轮上施加不同的制动力对车辆的动力学状态进行主动干预,以防止车辆发生失控旋转等失稳情况,保证行车安全。

【关键术语】

电控悬架　主动悬架　车高传感器　刚度　阻尼系数　电子稳定性控制系统

综合练习

1. 填空题

(1) 电控悬架包括_____、_____。

(2) 电控悬架可以分为_____、_____。

(3) 悬架的基本参数有_____、_____。

(4) 电子稳定性控制系统具备的三大特点为_____、_____、_____。

2. 思考题

(1) 电控悬架有哪些作用?采用电控悬架的意义是什么?

(2) 为什么车高控制在空气悬架大客车上得到广泛应用?它对悬架性能有哪些主要改进?

(3) 可调阻尼半主动悬架的阻尼是如何根据车速控制的?

(4) 主动悬架和半主动悬架的主要区别是什么?

(5) 主动悬架 ECU 输入的主要参数是什么?它可以对汽车进行哪些控制?

(6) 主动悬架、半主动悬架如何控制汽车平顺性和操作稳定性?

(7) 简述电子稳定性控制系统的工作原理。

第 8 章 汽车新材料

教学目标

通过对典型汽车新材料选材的介绍,读者可以了解当前国内外汽车新材料的发展趋势,掌握汽车常用金属材料、非金属材料和新型材料的性能、分类、品种,以及如何合理选择、正确使用汽车新材料。

教学要求

知识要点	能力要求	相关知识
汽车新材料概述	掌握汽车材料的分类; 了解汽车材料的意义、应用现状及发展趋势	汽车工程材料; 汽车运行材料
汽车用钢	掌握钢板、新型弹簧钢、微合金非调质钢、高强度钢板、齿轮钢和涂层钢板在汽车各部件的应用范围	热轧钢板和冷轧钢板; 悬架弹簧钢和气门弹簧钢; 铁素体-珠光体型微合金非调质钢、贝氏体型微合金非调质钢和马氏体型微合金非调质钢; 普通高强度钢板、回复退火高强度钢板和双相高强度钢板; 镀铝钢板和镀锌钢板
汽车有色金属材料	掌握铝合金、铝基复合材料、镁合金、钛合金、铁基粉末冶金材料在汽车各部件的应用范围; 了解汽车有色金属材料的发展趋势	铸造铝合金、变形铝合金、锻铝合金、快速冷凝铝合金、粉末铝合金、超塑铝合金和纤维增强型铝合金

续表

知识要点	能力要求	相关知识
汽车塑料	掌握汽车塑料的优缺点； 理解汽车塑料在汽车上的应用状况； 了解现代汽车塑料制品新动向	聚乙烯塑料； 聚丙烯塑料； 聚酰胺塑料； 聚甲醛塑料； 聚碳酸酯塑料； 玻璃纤维增强塑料； 碳纤维增强塑料
汽车纳米材料	了解纳米技术在现代汽车零部件上的作用； 理解纳米材料在汽车涂料中的应用	防护涂料； 变色涂料； 抗划痕涂料； 除臭涂料； 抗石击涂料； 防静电涂料
车用复合材料	掌握复合材料的特点和常见的车用复合材料； 了解复合材料与未来汽车	玻璃纤维增强塑料； 碳纤维增强塑料； 陶瓷基复合材料； 纤维增强金属； 金属塑料层叠材料

汽车新材料 第8章

导入案例

党的二十大报告指出，加快实施创新驱动发展战略，加强企业主导的产学研深度融合，强化目标导向，提高科技成果转化和产业化水平。随着政策的推动和技术的进步，新能源汽车的普及度越来越高。然而，新能源汽车的发展还面临许多挑战，如续驶里程短、充电时间长、制造成本高等。因此，新材料的出现对于提高新能源汽车的性能和降低其制造成本具有重要意义。

新型轻量化材料（如镁合金和铝合金等）也被广泛应用于汽车制造中。相比传统的钢铁材料，这些轻量化材料具有质量更轻、强度更高、加工更易和能源消耗更低等特点，可以提高汽车的燃油经济性、降低能耗和排放量。在汽车结构设计中，利用这些新型材料可以实现更加精细的构造设计，提高汽车的安全性能和驾驶体验。图8.1所示为上海汽车集团股份有限公司采用我国自制的汽车新型材料制作的车身。

图 8.1　汽车新型材料制作的车身

8.1　汽车新材料概述

材料作为现代工业发展的三大核心支柱之一，在汽车工业中起到非常重要的作用。材料对汽车整体性能的提高有着重要的影响，同时与汽车的制造成本密切相关。因此，汽车材料技术的进步和革新是推动汽车工业发展和工业化进程的重要因素。

1. 汽车材料的分类

汽车材料包含汽车工程材料和汽车运行材料两类。汽车工程材料是指用于制造汽车的材料，按物理特性可将其分为金属材料和非金属材料。金属材料包括黑色金属（钢和铸铁）、有色金属（铝、铜、铅等）及其合金；非金属材料包括有机高分子材料（塑料、橡胶等）、无机非金属材料（玻璃、陶瓷等）及复合材料。汽车运行材料是指在汽车行驶过程中消耗的燃料、润滑剂、工作液和轮胎等一些使用寿命短、使用成本高的材料。

2. 汽车材料的意义、应用现状及发展趋势

（1）研究汽车材料的意义。

汽车的性能、寿命、安全性、舒适性等均与其采用的材料相关。只有采用高性能的材料，配以先进的设计和生产技术，才能生产出高性能的汽车。汽车要降低使用成本，必须提高可靠性、减轻自身质量、降低燃料消耗；而采用高强度合金材料、轻金属材料、工程塑料等是已经通过实践证明的有效途径。

一辆汽车使用的材料是多种多样的，自1979年第二次石油危机以来，国外轿车使用的原材料中生铁、普通钢、特殊钢的占比下降，而轻量化材料、高强度钢板的使用逐年增多。有色金属材料中铝的增加显著，并且应用范围广。非金属材料中塑料的增长显著。近年来，工程塑料可代替金属材料。此外，陶瓷材料主要用于传感器及结构件。从国外轿车原材料的构成变化来看，今后以工程塑料为主，金属材料、复合材料及结构陶瓷的采用将继续增多。在克服石油危机、强化排放标准的过程中，汽车生产商对材料技术的研发不断加强，并与材料生产厂、科研机构通力合作，使新材料的利用十分活跃。世界各汽车生产商正在积极开发新材料，并陆续在一些汽车上采用。

各种复合材料、陶瓷材料等在汽车上的应用使汽车的性能进一步强化，使用寿命进一步延长。各种涂覆材料、胶黏剂、减振隔声阻热材料等在汽车上的广泛应用使汽车（特别是轿车）外观变得越来越好看，成为人们的最佳"伴侣"。各种催化转化、吸附材料的发展及在汽车上的应用使汽车污染物排放量降低，进一步改善了人们的生活环境。

(2) 汽车材料的应用现状。

我国自行研发的中型载货汽车的原材料构成：钢材为64%、铸铁为21%、有色金属为1%、非金属材料为14%。汽车中塑料用量在1984年为17千克/辆。引进轿车（一汽奥迪）的原材料构成：钢材为62%、铸铁为9.67%、粉末冶金为1.23%、有色金属为8.5%、非金属材料为18.6%。

我国汽车工业钢材年耗量由1957年的4.3万吨发展到1988年的289万吨，约占当年全国钢材产量的6.15%。国产汽车用金属材料同国外相比，优质钢中含Cr、Ni元素较少；低合金高强度钢的用量比国外同吨位载货汽车多，约占全部钢材用量的25%；铸铁的用量比国外多，尤其是球墨铸铁的用量；有色金属的用量比国外少；精铸、精锻、粉末冶金的用量更少。钢板和优质钢是汽车的主要材料，过去我国有三分之一靠进口，其中冷轧钢板占一半以上。国产中型载货汽车用的钢板中，60%为4mm以下的薄板，其中16%为普通碳素钢板，44%为优质碳素钢板，其余为低合金高强度钢板。

国产中型载货汽车中的钢材构成有碳素结构钢、合金结构钢、弹簧钢；还有占比较低的冷镦钢、易切削钢、耐热钢等。20世纪60年代，为了节约Cr、Ni，汽车行业同冶金厂成功开发了一批渗碳钢、调质钢、弹簧硼钢。20世纪90年代，开发的含微量Mn、V、Ti、Nb的非调质钢及加Ca、S、CaS的非调质易切削钢已取得优良成果。

每辆国产中型载货汽车用有色金属25～60kg，其中铜占60%～70%、铝占10%～20%、锌占15%～20%、锡和铅占5%～10%。随着我国轿车工业的发展，汽车中的有色金属用量逐年增加。

我国粉末冶金年产能力约为2万吨，汽车工业使用量约占全国使用量的24%，使用粉末冶金的零件大多是轴套类和中、低强度的结构件。粉末冶金差速齿轮、半轴齿轮将用于国产汽车。

我国汽车工业的塑料消耗约占全国塑料总产量的0.4%，每辆汽车塑料用量为14～28kg，占汽车自重的0.32%～1.54%。国内石油化工、轻工、建材等部门正为汽车塑料开展加工和应用的研究，并开发了一批塑料和合金的新品种。近年来，我国先后开发多种汽车采用纤维增强塑料零件,如聚丙烯纤维增强体和聚酰胺纤维增强体用于汽车结构件和外装件。目前,各汽车生产商均引进新车型,促使产品更新换代,汽车塑料用量都大幅增加。

我国现有的涂料年产能力约为100万吨,品种基本齐全,目前汽车涂料的年产能力可以满足国产汽车生产需求。近年来,我国汽车行业分别引进多条汽车涂装线,其中包括漆前磷化处理、阳极电泳涂装、喷漆室等新工艺及全套涂装设备及技术。涂装工业也引进了成套的设备,使国产汽车的涂装质量达到或接近国际同类汽车水平。

当前我国汽车工业制造及维修用橡胶零件总消耗量约占全国总产量的30%,车用胶带产量、品种基本满足国产汽车生产需求。

(3) 汽车材料的发展趋势。

近年来,工业发达国家对汽车发展方向提出的主要目标是节约能源、防止环境恶化、改进汽车安全性等,具体体现在下列几个方面。

① 新材料回收再利用性的研究。汽车上约占自重25%的材料无法回收再利用,其中1/3为各种塑料,1/3为橡胶,还有1/3为玻璃、纤维。鉴于这种情况,许多国家都花费了大量的人力、物力进行材料的回收再利用的研究。目前可以通过三种途径进行回收:颗粒回收,重新碾磨;化学回收,高温分解;能源回收,将废弃物作为燃料。

德国关于回收塑料等材料的法规较完善,其管理方式非常明确,即首先避免产生,其次是循环使用和最终处理。1991年,德国规定回收塑料中的60%必须是机械性回收,另外40%可以机械回收,也可以采用填埋或能源回收的方式。通过多年努力,现在的回收率已高达87%。日本是循环经济立法较全面的国家,其目的是建立一个资源循环型社会,为此日本对废旧塑料的回收利用一直保持积极态度。此外,日本还大力支持以废塑料为主的工业垃圾发电事业。

② 减少材料的品种。未来,汽车在工程塑料类型的选择上将会发生巨大的变化。目前汽车使用的塑料由几十种高分子材料组成,世界各大汽车公司致力于减少车用塑料的种类,并尽量使其通用化,这将有利于材料的回收再利用和生态环境的保护。

③ 降低成本。制约汽车车身新材料应用的重要因素是价格。作为主要新材料的高强度钢、玻璃纤维增强塑料、铝和石墨使用量很高,其制造成本分别为普通碳钢的1.1倍、3倍、4倍和20倍。所以只有大幅度降低这些新材料的制造成本,才能使诸多新材料进入批量生产阶段。例如,玻璃纤维增强塑料将在制造成本上成为钢材的有力竞争者,虽然它的质量减轻有限,但价格能为汽车生产商所接受。石墨合成材料尽管性能良好,但因其制造成本居高不下,目前它在汽车工业上很难广泛应用。

④ 先进制造工艺的研发。新材料与先进的制造工艺是相辅相成的,汽车工业正在努力开发新的制造工艺,对传统的制造工艺进行更新。适用于轻量化设计的焊接工艺近年来有所发展,例如,德国某汽车公司在大批生产的轿车上采用CO_2激光束焊接,与传统的焊接工艺相比,焊接好的高强度钢板车身的强度提高了50%;又如,法国雷诺公司采用新的A级表面精度的片状模塑料模压技术和低密度填料,减薄了零件厚度,使轿车壳体质量比普通片状模塑料制造工艺低30%。

⑤ 车身设计方法的革命。由于大量采用新型材料,传统的车身结构及其设计方法可能不再适用,取而代之的是一种基于生物学增长规律的形状优化设计方法,这种设计方法既能减少零件质量,又能延长零件的使用寿命。此外,采用新的设计方法能使车身零件大

幅减少。例如，美国克莱斯勒汽车公司设计的概念车采用了创新的形状优化设计方法，使整车自重降至 544kg，说明了这种设计方法具有极大的潜力。

8.2 汽车用钢

长期以来，钢铁一直是构成汽车的主要材料。在汽车用钢中，合金钢的占比较高。国外很多汽车采用含铝、镍、钼等元素的合金结构钢和含钴量很高的永磁材料，而这些元素的资源都较稀缺，因此节约合金资源成为指导汽车材料开发和应用的方针之一。

阅读材料 8-1

汽车用钢的发展方向和研究领域

通过高强钢（600~1600MPa）的应用，车身各部件可以实现减薄的同时不损失强度，车身质量可以减轻 5%~8%，这给高强钢的发展带来了机遇。

汽车用钢的发展方向和研究领域有先进高强钢的微观组织和机械性能、先进高强钢的碳扩散过程、先进高强钢的粒子尺寸及界面效应、先进高强钢中的纳米针状铁素体型双相钢、高强高塑贝氏体钢、先进高强钢的成型性及回弹行为、先进高强钢的相应模型等。

需求会促进相关技术的进步，技术的进步同样会刺激需求的提高。轻量化的趋势会促进钢铁技术的不断进步，从而为其应用创造条件。下一步汽车用钢的发展方向，或者说在当今更为理想的汽车钢板材料，应具备如下条件：低碳（高的焊接性）、低成本（低合金量的添加）、高成型性、易于装配和维修等。

1. 钢板

钢板是汽车的主要用材，按生产工艺可分为热轧钢板（图 8.2）和冷轧钢板（图 8.3）。热轧钢板的厚度大于 3mm，冷轧钢板的厚度小于 3mm。

图 8.2 热轧钢板

图 8.3 冷轧钢板

目前，在汽车车身生产（特别是在冲压生产）中，使用最多的是普通低碳钢板。低碳钢板具有很好的塑性加工性能，其强度和刚度也能完全满足汽车车身的强度和刚度要求，同时能满足车身的焊接要求。随着汽车向安全、环保、节能方向发展，冶金企业和汽车生产商研发出了高强度钢板、深冲钢板、镀层钢板等新型汽车用钢。

（1）热轧钢板。

随着汽车向轻量化和节能方向发展，用高强度钢板生产汽车零件成为发展趋势。热轧高强度钢板在载货汽车上用量很大，占载重车用热轧钢板总量的60%～70%，主要用于汽车车架纵梁、横梁、车厢纵梁、横梁及制动盘等受力结构件和安全件。

① 含钛热轧钢板。含钛热轧钢板在汽车上的用量很大。由于含钛热轧钢板强度高，实际冲压性能好，不仅可大幅度降低汽车自重，而且可使汽车使用寿命成倍提高。钢中加入钛既能提高钢板的强度，又能改变钢中硫化物夹杂的形态和分布。含钛热轧钢板的冲击韧度很高；但含钛热轧钢板也存在一些问题，如钛对温度很敏感，热轧后冷却速度控制不当会导致含钛热轧钢板的头、中、尾部的强度波动大，热轧形成强度分布的盆形曲线。

② 含铌热轧钢板。为节约合金元素，降低钢的生产成本，目前国内外大量应用含铌热轧钢板。铌的强化能力大于钛，由于钛优先与氮化合，并与硫形成钛硫化合物，直接增加了钛在钢中的含量，铌只是强化元素，要获得同级强度的钢板，钢中含铌量仅为含钛量的1/3左右。

③ 热轧贝氏体钢板。双相钢板的主要添加元素为硅、锰、铬。其强度和延伸率都很高、屈服强度较低，更易变形，具有良好的冷成型性和优良的翻边性能，很适合冲压翻边性能良好的部件。

④ 相变诱导塑性钢。相变诱导塑性钢，又称TRIP钢，它是含有残余奥氏体的低碳低合金高强度钢，主要添加元素为碳、硅、锰，强度为500～700MPa，强度和塑性配合良好，用于生产汽车的零部件。我国宝山钢铁股份有限公司主要生产有热轧QSTE系列汽车结构用钢、热轧汽车大梁用钢和热轧汽车传动轴用钢。

（2）冷轧钢板。

因为冷轧钢板比热轧钢板的加工性能更优良且表面美观，所以大多使用在汽车车身、机械零件、电机器具等表面平滑美观的构造物及零件上。冷轧钢板一般对冲压成型性、表面质量、板形和尺寸公差有要求，车身设计师可根据板制零件受力情况和形状复杂程度来选择钢板品种。

① 含磷冷轧钢板。含磷冷轧钢板主要用于轿车外板、车门、顶盖和后备箱盖板，也可用于载货汽车驾驶室的冲压件。其具有较高强度，比普通冷轧钢板的强度高15%～25%；良好的塑性；良好的耐腐蚀性，比普通冷轧钢板的耐腐蚀性好20%；以及良好的点焊性能。

② 烘烤硬化冷轧钢板。烘烤硬化冷轧钢板经过冲压、拉伸变形及烤漆高温时效处理，其屈服强度得以提高。该钢板虽薄但有足够的强度，是车身外板轻量化设计的首选材料。

③ 冷轧双相钢板。冷轧双相钢板具有连续屈服、屈强比低和加工硬化高、高强度及高塑性的特点，烤漆后强度可进一步提高。冷轧双相钢板适用于制造形状复杂且要求强度高的车身零件，主要用于要求拉伸性能好的承力零部件，如车门加强板、保险杠等。

④ 超低碳高强度冷轧钢板。超低碳高强度冷轧钢板是在超低碳钢（含碳量低于0.05%）中加入适量的钛或铌，以保证钢板的深冲性能，再添加适量的磷以提高钢板的强度，实现深

冲性能与高强度的结合,特别适用于制造形状复杂而强度要求高的冲压零件。

2. 新型弹簧钢

近年来,随着汽车向轻量化和高性能化发展,迫切要求提高弹簧钢的强度和使用寿命。汽车用弹簧钢可分为悬架弹簧钢和气门弹簧钢,分别如图8.4和图8.5所示。

图8.4 悬架弹簧钢

图8.5 气门弹簧钢

(1) 悬架弹簧钢。

悬架弹簧可分为螺旋弹簧、钢板弹簧和扭杆弹簧。目前悬架弹簧钢主要有硅-锰系悬架弹簧钢、铬-锰系悬架弹簧钢、铬-钒系悬架弹簧钢和硅-铬系悬架弹簧钢。其中,硅-锰系悬架弹簧钢是用量较大的弹簧钢,以牌号60Si2Mn用量最大,在热轧弹簧钢中占总量的30%左右。对于淬透性要求较高的钢件,可采用55SiVB制造,如东风EQ140汽车板簧,但近年来由于其价格和交货硬度偏高,其用量不断下降。大截面板簧和变截面板簧多采用铬-锰系悬架弹簧钢和铬-钒系悬架弹簧钢;对于厚度较大的变截面板簧则采用60CrMnB制造,如东风EQ153汽车变截面板簧。

悬架弹簧经冷、热成形后,均需进行热处理。通常根据弹簧截面面积选择淬透性合适的钢种,一般认为截面的中心只有达到80%的马氏体,弹簧才会具有较高的疲劳性能和冲击韧度,因此淬透性是弹簧钢的重要指标。淬透性的高低决定了该类弹簧钢能够制成的板簧的最大厚度。

在轿车上,悬架螺旋弹簧应用较多的是硅-铬系悬架弹簧钢。这类钢的抗回火稳定性好、松弛抗力高、疲劳寿命较理想。但在一些微型车上,悬架螺旋弹簧也常用60Si2Mn或50CrVA。扭杆弹簧结构简单,有利于车辆整体布置,在一些轿车和轻型车上应用较多,也有在重型军用车上应用,如法国贝利埃军用车。

(2) 气门弹簧钢。

气门弹簧工作时承受高频交变负荷,一般发动机转速为2000~5000r/min,气门弹簧的平均剪应力为500~800MPa,高则达到900~1000MPa,因此要求气门弹簧具有高的疲劳极限。气门弹簧在150~200℃的润滑油环境下工作,因此也要求其具有一定的耐热性,并对发动机排出的气体具有良好的抗腐蚀性能。

目前,气门弹簧用的材料大部分为油淬钢丝。油淬钢丝的性能均匀性好,硬度和强度范围较为一致,在冷卷成型后,只需进行消除应力回火。另外,还有退火状态供应的弹簧钢丝,这种弹簧钢丝要经绕簧、淬火和回火以达到所需的性能,然后进行喷丸强化处理。

目前，气门弹簧钢主要有硅-锰系气门弹簧钢、铬-钒系气门弹簧钢、硅-铬系气门弹簧钢，以 60Si2Mn、50CrV、55SiCr 等最为常用。

当今弹簧钢向经济性和高性能化方向发展，现有弹簧钢牌号比较齐全，力学性能、淬透性和疲劳性能等基本上可以满足目前的生产和使用要求。一方面要充分发挥现有弹簧钢的潜力，可以改进生产工艺、采用新技术对成分进行某些调整等，进一步提高其性能，扩大其应用范围，如针对发动机用高性能气门弹簧而提出的超纯净弹簧钢；另一方面要研究开发新钢种。由于影响提高弹簧设计应力的两个主要因素是抗疲劳性和抗弹性减退，因此这两个因素成为当今弹簧钢研究开发的主题。

3. 微合金非调质钢

微合金非调质钢是一种将轧制（或锻造）与热处理结合为一体，在钢中加入微量钒、钛、铌等元素，经锻造或轧制冷却后，在铁素体、珠光体中析出碳化物或碳氮化物而达到强化，省去调质（淬火＋高温回火）工序的新型节能结构材料，可以避免热处理变形和淬火裂纹造成的废品，降低能耗和生产成本。它是伴随国际上能源短缺而发展起来的一种高效节能钢，其性价比远高于传统合金结构钢，可广泛用于装备制造业。在汽车工业中，微合金非调质钢因具备一系列优点而应用广泛。德国和瑞典对非调质钢的研究与应用较好，德国大众和瑞典沃尔沃都采用微合金非调质钢来制造汽车曲轴、连杆等零件，目前我国非调质钢的年用量在 10 万～15 万吨，其中汽车行业的年用量就达 5 万～8 万吨。

（1）铁素体-珠光体型微合金非调质钢。

在微合金非调质钢中，应用较多的是铁素体-珠光体型微合金非调质钢。这类微合金非调质钢最初用于制造汽车发动机曲轴等零件，现已扩展到汽车其他零件。目前国内常用的曲轴用微合金非调质钢包括 48MnV、38MnVS、38MnSiV、49MnVS3 等，可应用于摩托车曲轴、汽车曲轴及卡车曲轴等。其中，用 49MnVS3 制造的曲轴如图 8.6 所示。应用微合金非调质钢最成功的零件是汽车发动机连杆，用量约占全国微合金非调质钢生产总量的一半。

（2）贝氏体型微合金非调质钢。

在我国汽车工业中应用较多的贝氏体型微合金非调质钢为 12Mn2B 和 12Mn2VB，以及为改善切削加工性能而开发的 12MnBS。贝氏体型微合金非调质钢可用于制造汽车前桥、转向节、弯直臂等。

（3）马氏体型微合金非调质钢。

马氏体型微合金非调质钢具有非常好的韧性及较好的强韧性配合，可用于制造汽车的联轴节等零件。

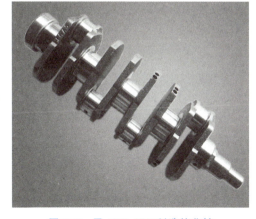

图 8.6　用 49MnVS3 制造的曲轴

4. 高强度钢板

高强度钢板有三种基本类型：普通高强度钢板、回复退火高强度钢板、双相高强度钢板。工业国家在开发汽车用高强度钢板方面都有长足进步。采用高强度钢板既可以减小汽车自身的质量，又可以提高汽车行驶的安全性和可靠性。含磷深冲压高强度钢板主要应用在车身、驾驶室的深冲压件,使用得当可降低10%的材料消耗。高强度钢板有较低的屈服强度和较高的加工硬化能力,适用于制造变形程度大的冲压件或拉伸件,根据成型特点,可使零件质量减轻30%~60%。高强度钢板是在低碳钢中加入适量的微量元素,经各种处理轧制而成,其抗拉强度高达420MPa,是普通低碳钢板的2~3倍,拉伸性能极好,可轧制成很薄的钢板,是车身轻量化的重要材料。图8.7所示为马自达汽车的高强度钢板用量分布。

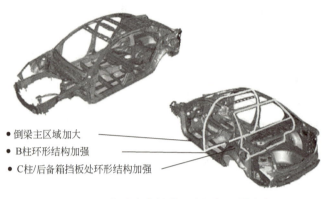

- 倒梁主区域加大
- B柱环形结构加强
- C柱/后备箱挡板处环形结构加强

图8.7 马自达汽车的高强度钢板用量分布

5. 齿轮钢

齿轮是汽车的重要基础零件,应按模数和工况选用不同级别的齿轮钢,变速器和后桥齿轮中大多使用20CrMnTi,齿轮钢不仅影响车辆使用寿命、能耗等技术经济指标,而且对于满足安全性、环保及舒适性要求也是至关重要的。德国采埃孚标准轿车用高性能齿轮钢加工成的齿轮如图8.8所示。

6. 涂层钢板

涂层钢板的研制与应用是为了改善钢板的耐腐蚀性等性能。涂层钢板加工的发动机罩如图8.9所示。镀铝钢板主要用来制造消声器及排气净化装置的接触容器反应器部件。镀锌钢板用来制造车身、车架、驾驶室、燃油箱等零件。含锌、铬的高分子化合物涂层钢板主要用于制造对防腐蚀要求高和不便于涂装的车身部位及驾驶室零件。

图8.8 德国采埃孚标准轿车用高性能齿轮钢加工成的齿轮

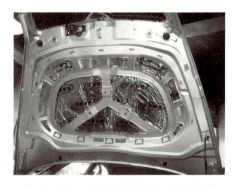

图8.9 涂层钢板加工的发动机罩

8.3　汽车有色金属材料

随着汽车工业的迅速发展，有色金属材料在汽车材料中的占比越来越大，在代替传统材料、实现汽车轻量化，提高汽车强度、刚性、耐热性、耐磨性和低公害性等方面起着重要的作用。常见的汽车有色金属材料主要有铝合金、铝基复合材料、镁合金、钛合金、铁基粉末冶金材料。

阅读材料8-2

汽车工业对有色金属材料提出更高要求

汽车发展中不断对汽车的节能、环保、安全和轻量化等性能提出更高要求，这些性能的提高都与有色金属的性能提高和品种的增加有直接关系。目前，我国汽车企业和合资企业中的中高档、高档轿车都在逐步换型和提高产量，这就对有色金属材料提出更高要求。

我国提出建立节约型社会的长远目标，为不断降低汽车自重、提高有效负荷能力，从业人员将在采用新材料、改进汽车结构、零部件结构一体化、薄壁化、中空化、小型化、轻量化等方面对高强度轻质金属材料、复合材料、短纤维塑料等新材料提出一系列品种、质量和数量上的要求。

镁合金代替钢铁使质量大大减轻。近年来，全球镁合金替代钢铁降低整车自重的推广工作正在普及，汽车壳体、车身件、骨架等零部件的轻量化正在实施中。

各种铜板、铜带、铜粉等铜材用量也不断增大。目前，每辆中、重型载重车上都约有16～20kg铜材，变速器同步器的用铜量也在逐年增大；散热器、冷凝器、蒸发器的材质逐渐由铝材替代铜材以降低质量，但对铜材的需求仍然很大，精度要求也较高。另外，对电解铜、电解黄铜粉、雾化黄铜粉的纯度和供应也提出了较大的需求。

散热器、空调冷凝器、蒸发器用铝材的精度要求也在不断提高。汽车铸铝件生产中所需高纯度铝材的供应需求较大。同时，汽车用薄壁电焊铝管、汽车用铝基复合材料及汽车发动机的重要零件等的供应需求也较大。

国内精铅的消费主要在铅酸蓄电池，随着电动汽车的大量使用，环保要求的提高，铅消费结构单一情况会有所改变，将有替代产品出现。"十二五"期间，我国铅基本维持现有消费水平。同时，随着新能源汽车产业发展，碳酸锂、钴作为动力电池材料，其消费需求将会保持较快增长，"十三五"期间年均消费增速分别为13.5%和12.5%。

1. 铝合金

铝合金具有比强度高、耐蚀性优良、适合多种成型方法、较易再利用等优点，是汽车工业应用较多的金属材料。对能源、环境、安全等方面的要求使汽车轻量化发展越来越迫切。使用轻量化材料是实现汽车轻量化的重要途径，而铝是比较成熟的轻量化材料，理论上铝制汽车可以比钢制汽车质量减轻约40%，其中铝制发动机可减重约30%，铝散热器比铜散热器轻20%～40%，铝制车身比钢制车身减重40%以上，铝制车轮可减重约30%。此外，铝合金材料还有较高的回收率，有60%的汽车用铝合金材料来自回收的废铝，废铝的回收率可达到90%以上。近20年来，铝在汽车上的用量和在汽车材料构成中的占比都有明显增大。由铝合金制造的零件已经遍及汽车的发动机、底盘、车身等部分，甚至已有全铝汽车面世。汽车铝合金车身如图8.10所示。

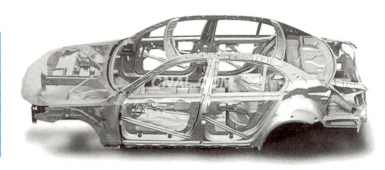

图8.10 汽车铝合金车身

（1）铸造铝合金。

铸造铝合金具有优良的铸造性能，铸造方法也很多，可根据使用目的、零件形状、尺寸精度、数量、质量标准、机械性能等的要求和经济效益，选择最适宜的铸造方法，尤其是采用压铸法生产的铸造铝合金零件，其成品率高，能减小壁厚和后续加工量，表面质量好，尺寸精度高，很适合大批量生产。

铸造铝合金在汽车上的使用很普遍，主要用于制造离合器壳、变速器壳、后桥壳、转向器壳、摇臂盖、正时齿轮壳等壳体类零件，以及保险杠、车轮、发动机框架、转向节液压泵体、制动钳、油缸及制动盘等，并且有进一步扩大应用的趋势。

（2）变形铝合金。

变形铝合金在成形加工时会产生加工硬化，强度增大，故变形铝合金与铸件相比，强度、韧性都更优越。变形铝合金主要用于制造汽车保险杠、发动机罩、车门、后备箱及车身面板、车轮的轮辐、轮毂罩、轮外饰罩、制动器总成的保护罩、消声罩、防抱装置、热交换器、车身构架、座位、车厢底板等结构件及仪表板等装饰件。中国航发北京航空材料研究院研制出7A55合金，该合金在具备较高塑性的同时，静强度突破了700MPa，是强度级别最高的变形铝合金之一。

（3）锻铝合金。

由于锻铝合金价格高，因此多用于制造形状复杂、厚度不均匀的托架、货车的车轮和前轴等重要零件，用量仅占所有汽车铝材总量的1.3%左右。锻铝合金具有比强度高、热锻时不氧化、表面光洁、机械加工余量小、无加工缺陷等优点，在汽车上的应用逐渐扩大。试验证明，锻铝合金产品在受到碰撞后所吸收的能量要比铸造铝合金高出50%左右。因此，它们在安全部位的使用前景十分广阔。

6000系列铝合金锻造性能好，热锻时表面无氧化皮，锻后表面质量好，加工余量小，材料耐蚀性好，无应力腐蚀开裂倾向。因此它适用于制造汽车底盘中的转向节、摇臂等关键汽车零部件和车身、动力传动框架、发动机托架等结构件。

7075铝合金是强度最高的铝合金，但其锻造性能稍差，有应力腐蚀开裂倾向，若设计时预先考虑锻造性能，并采取特殊调质处理消除应力腐蚀开裂，则它将是最理想的汽车轻量化材料之一，可用于制造重型载货汽车的主轴等大型零件。

(4) 快速冷凝铝合金。

为适应汽车铝合金高性能的要求，目前已开发出快速冷凝铝合金。与用熔铸法生产的铝合金相比，它具有金属组织晶粒细、合金元素能过饱和固溶、能减少宏观偏析及可通过制造高浓度合金元素的铝合金来提高性能等优点。

(5) 粉末铝合金。

粉末铝合金主要用于制造汽车空调电动机转子、发动机活塞、气缸衬套进气门及气门座等零件。使用粉末铝合金可进一步扩大铝合金在汽车上的使用范围，从而减轻零件质量。以连杆为例，目前汽车发动机连杆使用的材料中，中碳钢和合金钢的强度为600～1000MPa，现已研制出的粉末铝合金强度一般为700～900MPa，其强度与钢制件不相上下，但其质量只有钢制件质量的1/3。

(6) 超塑铝合金。

超塑铝合金在一定加工条件下，可产生非常大的塑性变形，如Al-78%Zn的共析合金在250℃下的延伸率可达1500%，2004铝合金在470℃下的延伸率可达1600%。利用这一超塑特性，汽车上形状复杂的零件可一次冲压成型。

(7) 纤维增强型铝合金。

纤维增强型铝合金具有强度高，弹性模量、耐热性和耐磨性好等优点，各种纤维增强型铝合金的高温抗拉强度与传统材料相比均有所提高。更重要的是其强度、刚性和热膨胀系数等可以变化，而且能够预测。纤维增强型铝合金适用于制造发动机活塞环、连杆和气缸套等重要零件。连续铝纤维增强的铝基复合材料制成的缸体可用于取代铸铁缸体，不仅达到减轻质量的目的，而且能够减小气缸变形量，提高气缸和活塞的耐磨性，这种缸体在汽油机缸体上已有使用。

2. 铝基复合材料

金属基复合材料是20世纪60年代诞生的一种材料，它是在连续的金属基体上分布着其他金属或陶瓷等增强体的一种物质。这种材料综合了基体金属和增强体的性能，因而具有单一材料难以达到的优良性能。铝基复合材料质量轻，比强度和比模量高，抗热疲劳性和耐磨性好，是应用较广泛的金属基复合材料。用于铝基复合材料的增强体有连续纤维、短纤维、晶须、颗粒等。铝基复合材料制造的悬架连杆如图8.11所示。

为了减小车辆的总重，几乎所有大型汽车生产商已经或者正在开发全铝发动机用来代替铸铁发动机，一般可以减轻质量15～20kg。通常高硅铝合金被用来制造全铝发动机，但高硅铝合金不耐磨，并且承受不住气缸套的极端工作条件。用非连续增强铝基复合材料气缸套及先进复合材料制造的涂层材料可以提高热传导

图8.11 铝基复合材料制造的悬架连杆

性能，提高发动机的刚度和尺寸稳定性，从而减小摩擦，提高发动机的运行效率。

3. 镁合金

镁是一种轻质的银白色金属，在镁中添加一些其他的金属元素，如铝、锌或者铝、锰

等，它就会变成一种具有较高强度和刚度、良好铸造性能和减振性能的轻质合金，镁合金在现代汽车中得到广泛应用。镁合金零件带给汽车的好处如下。

（1）质量轻，其相对密度只有 $1.7g/cm^3$，是铝的 2/3、钢的 1/4，换用镁合金能减轻整车质量，即间接减少燃油消耗量。

（2）比强度高于铝合金和钢，比刚度接近铝合金和钢，能够承受一定的负荷。

（3）具有良好的铸造性能和尺寸稳定性，易加工，废品率低，可以降低生产成本。

（4）具有良好的阻尼系数，减振量大于铝合金和铸铁，用于汽车壳体可以降低噪声，用于座椅、轮辋可以减少振动，提高汽车的安全性和舒适性。

早在 20 世纪 30 年代，大众汽车就已使用镁合金，由于镁的价格上升才停止使用。20 世纪 80 年代初，由于新工艺的采用严格限制了铁、铜、镍等杂质元素的含量，镁合金的耐蚀性得到了解决，同时成本的下降大大促进了镁合金在汽车上的应用。从 20 世纪 90 年代开始，欧美国家、日本、韩国的汽车生产商逐渐采用镁合金制造汽车零件。镁合金汽车轮毂如图 8.12 所示。

图 8.12　镁合金汽车轮毂

近年来，很多种汽车铸件开始采用镁合金，以适应汽车轻量化的要求。这些镁合金铸件包括离合器外壳、发动机壳、发动机罩盖、变速器外壳、变速器上盖、转向盘、座椅支架、仪表板框架、车门内板、轮辋、转向支架、制动支架、气门支架、缸盖和缸体等。车用镁合金可以分为非承重铸件和承重铸件。前者普遍应用在封装部件，无大的承重要求；后者要求承受一定的负荷，抑制断裂。汽车工业用非承重镁合金铸件主要有变速器、发动机阀盖、凸轮盖、离合器箱、交流发电机壳、进气歧管及油盘等。承重镁合金铸件一般用 AM50 合金和 AM60 合金，其主要应用在轮毂、转向盘、车梁、座椅、燃油箱及制动系统上。这些承重铸件对塑性和疲劳性能要求很高。AM 系列镁合金具有的高塑性使其优于 A380 合金，成为该合金的替代品。开发镁合金汽车轮毂可以减重，同时由于 AM 系列镁合金具有良好的塑性和阻尼性能，因此镁合金轮毂可以代替铝轮毂和铁轮毂。

4. 钛合金

钛合金具有密度小，比强度、比刚度高，抗腐蚀性、抗疲劳性、耐高温性、可焊接性好等优点，是 21 世纪较有发展前途的轻质合金。近年来，世界钛工业和钛材加工技术进步很快。海绵钛、变形钛合金和钛合金加工材料的生产和消费都达到很高的水平，其应用领域几乎扩展到所有的军事和民用工业部门。

汽车采用钛是因为钛优良的强度与密度比及耐蚀性。钛材的采用使车体质量减轻，燃料利用率提高。除 Ti-6Al-4V 合金外，钛铝基金属化合物及强化钛材具有更高的耐热性、刚性及耐磨性。

一般情况下，汽车用钛的耐磨性差、弹性低于钢，难以进行机械加工。但是，其耐磨性可通过涂层或强化进行改善，弹性可采用补强来改善。若机械加工时采用近净成形技术或活用其他的加工条件，则可把这些缺点的影响降到最低。而真正妨碍钛广泛应用的是钛的高成本，这是由其熔炼成本及加工过程中的复杂工艺所决定的，所以钛合金的研制和生产工艺的开发重点在于降低成本。

钛合金适用于制造悬架弹簧、气门弹簧和气门。用钛合金制造的板簧抗拉强度达2100MPa，与高强度钢相比，自重降低20%。用钛合金制造弹簧时必须注意的一个问题是：钛合金强度达到某水平之后，疲劳强度对抗拉强度有逆依存关系。钛合金还可用于制造车轮、气门座圈、排气系统零件，有些公司还用纯钛板作车身外板。

用钛合金制造连杆对减轻发动机质量很有效，能大大提高其性能，丰田RAV4钛合金发动机护板如图8.13所示。

5. 铁基粉末冶金材料

烧结金属是以金属粉末为原料，在金属模具内压缩成型后烧结而成的材料，无须加工，材料的成分配制能自由控制，它已应用于轴承、排气门座、凸轮、齿轮、支架，也可以用来制造连杆、消声器、离合器、转向系统及制动系统部件。粉末冶金汽车机油泵齿轮如图8.14所示。

图8.13 丰田RAV4钛合金发动机护板

图8.14 粉末冶金汽车机油泵齿轮

随着粉末冶金工艺和技术的发展，高强度、高耐磨性、高耐热性、形状复杂的烧结结构零件和高性能减摩材料，大量应用于汽车制造中。高强度烧结合金钢、烧结不锈钢等结构材料，低噪声轴承材料，高温高真空减摩材料，以及半金属减摩材料也得到进一步发展和应用，这对汽车制造会产生巨大的影响。

粉末冶金具有材料利用率高、生产效率高、大量生产时成本较低等优点。粉末冶金件在汽车上的应用越来越多，而汽车工业也成为粉末冶金业的最大市场。虽然多种有色金属材料可以用粉末冶金工艺加工，但在汽车上应用的主要是铁基粉末冶金材料。1/3的粉末冶金件用于发动机，1/3用于变速器，其余1/3用于汽车的其他部分。粉末冶金在汽车上应用的进步主要依靠高强度材料和高强度化的生产技术的开发与应用。20世纪60年代应用的铁基粉末冶金零件基本上是低密度多孔质零件。20世纪70年代开发并大量生产高压缩性铁粉和低合金钢粉，应用大型多级成型压力机、高温烧结炉和连续真空烧结炉，进入大批量生产、接近最终形状甚至完全不用加工的高密度结构件的时代。

采用高温烧结、渗碳淬火和回火处理的粉末冶金件的抗拉强度能达到1000MPa，抗疲劳强度达到400MPa，适用于制造变速器零件和玻璃升降器齿轮等。此外，粉末冶金还在传感器等具有特殊功能部件上应用广泛，结构件和功能件的复合化是粉末冶金发挥优势的一个方面。

6. 汽车有色金属材料的发展趋势

（1）汽车板料成型的发展趋势。

为满足较高的安全标准及乘坐舒适性，汽车质量增加，但汽车质量的增大又极大地影响汽车的燃料消耗量及排气中污染物含量，因此汽车工业努力采用轻型结构来减轻汽车质量，这就涉及对材料及生产工艺的战略决定，20%～25%的车身具有很大的减轻质量潜力，车身结构对减轻车身质量的潜力起决定性作用。在实现车身减重的方法中，一类为分开的生产方式（自支撑底盘及独立车身和承载构架及独立车身），另一类为集成式的加工方法（金属板材整体式车身和无车架车身）。如今，金属板材整体式车身在大批量生产中应用广泛。

（2）减轻车身质量的方法。

大量使用轻质材料是车身减轻质量的主要手段。如今，中型车质量的50%～60%由钢组成，车身中铝的质量占汽车总质量的3%～7%，集中于发动机及底盘，塑料的质量占汽车总质量的10%～15%。在大批量生产中，铝合金及塑料越来越重要，过去白色车身材料采用常规低碳钢，然而为了减轻质量及提高结构性能，高强度钢的应用越来越广泛。

在大多数情况下，结构部件要求更大的抗拉强度，在大批量生产中，屈服强度高达420MPa的微合金钢和含磷合金钢在结构部件（如车体内侧板、内侧柱等）中应用广泛。

（3）对大批量生产和小批量生产的影响。

在金属车身面板和结构面板的生产过程中，深冲为主要生产工艺。然而，在材料成型方面仍然可有进一步改善。生产工艺必须根据生产规模划分，车身内面板和车身外面板的大批量生产通常采用冲压线和多工位压力机，因为这些生产工艺可以满足大批量生产的要求。而材料（尤其是超高强度钢）对压力机最大许可压力和工件单位生产时间有很大影响。

该类生产工艺技术装备一次性投入大，生产成本较高，对于小批量生产的汽车零部件产品就显得不够经济。

（4）泡沫金属在未来汽车中的应用。

从泡沫塑料在建筑中的广泛使用中得到启发，科学家们考虑在汽车工业中使用泡沫金属。目前，汽车工业是消耗金属较多的工业之一。虽然金属制造业能生产2500多种性能各异的钢材和千百种有色金属，但仍然满足不了汽车制造业的特殊需求。如果泡沫金属能研制出来，它将成为未来汽车的最佳材料，这种泡沫金属零件外表用薄钢制成，中心用泡沫金属填充。

为了提高汽车的安全性和可靠性，需要从设计和制造上，特别是材料方面考虑。例如，提高汽车结构材料的强度和韧性，使之更加坚固可靠，一旦发生撞车、翻车等交通事故，就能最大限度地减小损伤程度，保证乘车安全性。同时，大力发展各种汽车用的具有特殊功能的材料，以提高汽车的自控能力，进一步改善汽车的性能。

由于节省能源、轻量化的需要有所改变，新材料相继推出和应用。在比较成熟的金属材料中，钢铁材料和轻金属材料也出现了新的发展趋势。

8.4 汽车塑料

敞篷全塑料汽车在英国上路——最高车速达 100km/h

2007 年，一款敞篷全塑料汽车在英国上路，如图 8.15 所示。这款名叫"欢乐敞篷"的全塑料汽车由法国科研人员发明，有黄色、绿色、白色和银色四种，没有车顶和车门，前风挡玻璃只有普通汽车的一半，因此开起来更像一辆摩托车。

图 8.15 敞篷全塑料汽车

该车的与众不同之处在于整车包括内部的各种部件都是由塑料制成的，因此永远不用担心生锈的问题。座椅也采用防水设计，即使下雨也可以放心将车停在户外。它的质量仅为 370kg，并且装配了 500mL 20 马力的发动机，最高车速达 100km/h，该车的动力质量比配合得非常完美。设计者表示，轻便的车身可以使其在弯道上表现得更加敏捷。有意思的是，这款车只有 D 挡和 R 挡两个挡位，没有变速器，而且是依靠带传动。

1. 汽车塑料的优缺点

塑料在汽车上的应用始于 20 世纪 50 年代，其在汽车减重、安全、节能、美观、舒适、耐用等方面功不可没。这是因为塑料与其他材料相比具有如下优点。

(1) 密度小、质量轻。轻量化是汽车追求的目标，塑料在此方面可以充分表现其性能。一般塑料的密度为 $0.9 \sim 1.5 \text{g/cm}^3$，纤维增强复合材料的密度也不超过 2.0g/cm^3，因此应用塑料是减轻车体质量的有效途径。

(2) 抗冲击性、柔韧性优良。塑料耐磨、减振、能吸收大量的碰撞能量、能对强烈撞击有较大的缓冲作用、能对车辆和乘员起到保护作用。因此，现代汽车上都采用塑化仪表板和转向盘，以增强缓冲作用。前、后保险杠和车身装饰条也都采用塑料材料，以减小物体对车身的冲击力。另外，塑料具有吸收和衰减振动及噪声的能力，可以提高乘坐舒适性。

(3) 比强度高。工程塑料的比强度比一般金属材料高得多，如玻璃纤维增强塑料（又称玻璃钢）的比强度比钢高两倍左右。通过不同组分搭配的复合材料有含硬质金属的颗粒复合材料，以夹层板材和树脂胶合纤维为主的层板复合材料和以玻璃纤维、碳纤维为主的纤维复合材料，这些复合材料具有很高的机械强度，可以代替钢板制造车身覆盖件或结构件，以减轻汽车质量。

（4）耐化学腐蚀，局部受损不会腐蚀。塑料对酸、碱、盐等化学物质的腐蚀具有很强的抵抗能力。塑料对酸、碱、盐等的耐蚀性高于钢板，如果用塑料做车身覆盖件，汽车可在污染较大的地区使用。

（5）电绝缘性和绝热性优良。塑料是电和热的绝缘导体，可与陶瓷、橡胶等绝缘材料相媲美。

（6）设计自由度大。塑料外观多样，可制成透明、半透明或不透明的制品，表面可制作具有特色的花纹。

（7）着色性良好。塑料可按需要制成各种颜色，添加不同的材料和增塑剂后可适应车上不同部件的用途要求。例如，保险杠要有相当大的机械强度，而坐垫和靠背要采用柔软的聚氨酯泡沫塑料。塑料可以通过添加调色剂形成不同的颜色，可以代替喷漆。

（8）成型加工性优良。复杂形状的塑料制品可一次成型，能采用各种成型方法大批量生产，生产效率高，成本低。大量使用会引起传统汽车零部件生产工艺（如大规模冲压、焊接）的改变和生产设备的变革。

（9）环保、节约资源。塑料可回收利用，能满足环境保护要求，是节能型材料。

因为塑料有上述其他材料所不具备的特性，所以被汽车工业大量采用。特别是随着第三次石油危机的爆发及石油资源的日益枯竭，对汽车轻质节能的要求日益提高，再加上对乘坐舒适性和安全性的要求，许多国家汽车塑料件的用量逐年增加。

塑料具有如下缺点。

（1）热性较差。多数塑料只能在60～150℃下使用。导热性差，线膨胀系数大（为金属材料的3～10倍）。

（2）收缩率大。难以制得高精密度的塑料制品，其尺寸稳定性差。

（3）长期使用性能较差。塑料易老化，易发生蠕变、疲劳、冷流、结晶等现象。

（4）易燃烧。塑料燃烧时会产生大量黑烟和有毒气体，污染环境，影响人类健康。

2. 塑料在汽车上的应用状况

起初塑料主要用于汽车的内饰件上，如车内顶棚、仪表板、转向盘、车门内板、座椅和扶手等，目的是实现汽车内饰柔软化，使乘员有安全舒适感。到20世纪70年代，能源危机促使汽车制造业开始大量采用塑料，以减轻汽车自重，降低燃油消耗量。20世纪80年代以后，汽车零部件的塑料化得到迅速发展，出现了塑料覆盖件、塑料功能件和塑料结构件。特别是近年来，一些高性能的工程塑料和塑料复合材料已经应用于汽车外部结构件上，汽车塑料种类及其主要应用范围见表8-1。

表8-1 汽车塑料种类及其主要应用范围

汽车塑料种类	主要应用范围
聚丙烯塑料	保险杠、蓄电池壳、仪表壳、挡泥板、嵌板、发动机罩、制暖系统及制冷系统制件、空滤器壳、散热器
聚氨酯泡沫塑料	座椅、仪表板、翼子板、车内地板、遮阳板、减振器、护板、保险杠

续表

汽车塑料种类	主要应用范围
丙烯腈-丁二烯-苯乙烯塑料	收音机壳、仪表壳、制冷系统与采暖系统、工具箱、扶手、散热格板、变速器壳、内护板、反射镜壳体
聚乙烯塑料	内护板、地板、燃油箱、行李架、刮水器、扶手骨架
聚酯塑料	气门罩、结构件、空调排气管、外模
聚酰胺塑料	散热器盖、衬套、齿轮、皮带轮、气缸头盖、水泵叶轮、进气歧管
聚氯乙烯塑料	电线电缆包材、外装材料、地板垫、嵌材
聚甲醛塑料	加载齿轮、燃油系统、电气设备系统、轴承、衬套
聚碳酸酯塑料	保险杠、前端板、车门把手、挡泥板、前照灯、内饰件
聚甲基丙烯酸甲酯塑料	后挡板、遮阳罩、灯罩
聚苯醚塑料	嵌板、耐冲击格栅
酚醛塑料	化油器

最早用于汽车上的塑料是热固性塑料，如酚醛塑料等，主要用于电器绝缘及点火系统；其后用于汽车内饰材料的塑料是聚氯乙烯塑料和聚氨酯塑料。随着汽车轻量化技术的发展，汽车外装件和结构件用的塑料是聚丙烯塑料、聚乙烯塑料、聚酰胺塑料、聚甲醛塑料、聚碳酸酯塑料；玻璃纤维增强塑料和碳纤维增强塑料也大量用于汽车制造业中。

(1) 聚乙烯塑料。

聚乙烯塑料的主要用途是制造燃油箱。用高分子结构的高密度聚乙烯吹塑成型的塑料燃油箱与金属燃油箱相比，其主要优点是：设计自由度大，可充分利用空间，质量轻，耐蚀性好，尤其是遇到含甲醇汽油及含氧元素燃料的情况下，更能凸显出聚乙烯塑料燃油箱的耐蚀性。另外，聚乙烯塑料燃油箱可将附件一体成型，能降低成本，简化工艺。

(2) 聚丙烯塑料。

在汽车零部件中，聚丙烯塑料是用量较大的热塑性塑料之一，目前汽车上的保险杠多采用三元乙丙橡胶改性聚丙烯塑料，经注射成型，这种增韧交联改性材料具有网状结构，大幅度提高了冲击强度，可满足保险杠耐冲击、耐热、耐老化、耐低温及刚性强、韧性好的要求。

(3) 聚酰胺塑料。

聚酰胺塑料具有较好的综合性能，尤其是玻璃纤维增强聚酰胺塑料，其强度、制品精度、尺寸稳定性等均有很大的提高。玻璃纤维增强聚酰胺塑料主要用于汽车进气歧管。1990年，德国宝马汽车公司首先将以玻璃纤维增强聚酰胺塑料为原材料制造的进气歧管(图8.16)应用在V6发动机上；之后美国福特汽车公司与美国杜邦公司合作，共同将以玻璃纤维增强聚酰胺塑料为原材料制造的进气歧管应用在V6发动机上。其后世界各大汽车公司纷纷跟进，以玻璃纤维增强聚酰胺塑料为原材料制造的进气歧管得到广泛应用。由于进气歧管的形状复杂，过去多数都采用铸铁件或铸铝件。

塑料进气歧管有如下优点。

① 塑料进气歧管可大幅度减轻零件质量。

② 塑料进气歧管内表面比铸铁件或铸铝件内表面光滑，空气流动阻力小，因此充气效率高，有利于提高发动机功率。

③ 塑料进气歧管的导热系数低，进气不受加热影响，从而可以提高混合气中的含氧量，有利于燃油充分燃烧和排气净化。

④ 塑料进气歧管的减振和降噪效果好。

⑤ 塑料进气歧管成本低。

发动机盖、发动机装饰盖、气缸头盖等部件一般也把玻璃纤维增强聚酰胺塑料作为首选材料。用玻璃纤维增强聚酰胺塑料代替金属制造气缸头盖，成本降低30%。除发动机部件外，汽车的其他受力部件也可使用玻璃纤维增强聚酰胺塑料，如机油滤清器、刮雨器、散热器格栅等。我国自1998年开始限制汽车燃油蒸发排放污染量，用于制作燃油蒸发污染控制器的罐体材料要求耐热、耐油，并且易焊接，故其一般都采用聚乙内酰胺塑料制成。

（4）聚甲醛塑料。

聚甲醛塑料是一种综合性能良好的热塑性塑料，在汽车制造业中的应用越来越广泛。聚甲醛塑料具有很高的刚度和硬度，耐疲劳性和耐磨性突出，蠕变性和吸水性较差，尺寸稳定性和化学稳定性优良，电气绝缘性良好。聚甲醛塑料生产的汽车部件质量轻、噪声低、成型装配简便，因此可以广泛代替有色金属和合金生产轴承等。改性聚甲醛塑料的耐磨系数很低，刚性很强，尤其适合制造轴承、衬等耐磨零件，汽车聚甲醛塑料衬套如图8.17所示。

图8.16 以玻璃纤维增强聚酰胺塑料为原材料制造的进气歧管

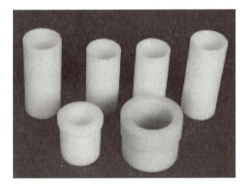

图8.17 汽车聚甲醛塑料衬套

（5）聚碳酸酯塑料。

聚碳酸酯塑料由于具有高机械性能和良好的外观，在汽车上可用于外装件和内饰件。用途较广泛的是聚碳酸酯/丙烯腈-丁二烯-苯乙烯塑料合金和聚碳酸酯/聚对苯二甲酸丁二酯塑料合金。聚碳酸酯/丙烯腈-丁二烯-苯乙烯塑料合金具有优异的耐热性、耐冲击性和刚性，以及良好的加工流动性，是制造汽车仪表板的理想材料；用聚碳酸酯/丙烯腈-丁二烯-苯乙烯塑料合金制成的仪表板无须进行表面预处理，可以直接喷涂软质面漆或覆涂聚氯乙烯塑料膜。除仪表板外，聚碳酸酯/丙烯腈-丁二烯-苯乙烯塑料合金还用来制造车门把手、转向柱护套、汽车车轮罩、反光镜外壳、尾灯罩、汽车挡泥板等。聚碳酸酯/聚对苯二甲酸丁二酯塑料合金既具有聚碳酸酯塑料的高耐热性和高冲击性，又具有聚对苯二甲酸丁二酯塑料的耐化学腐蚀性、耐磨性和成型加工性，是制造汽车外装件的理想材料，如汽车车身板、汽车侧面护板、挡泥板、汽车门框、保险杠等。聚碳酸酯/聚对苯二甲酸丁二酯塑料合金车门如图 8.18 所示。

（6）玻璃纤维增强塑料。

玻璃纤维增强塑料又称玻璃钢。由于它具有强度高、工艺性能好、价格低等特点，因此在汽车上得到广泛应用，可用于制造保险杠、发动机罩、挡泥板，甚至整个车身壳体。目前许多国家已在汽车中大量采用片状模塑料（SMC），SMC 用于制造悬架零件、车身及车身部件、发动机盖下部件、车内装饰部件等，其中以保险杠、车顶、发动机罩、发动机隔音板、前后翼子板等部件用量最大。AirPod 城市空气动力车（图 8.19）由 Motor Development Internationel SA 公司研发，采用玻璃纤维增强塑料等材料制作，全车质量仅为 220kg，其动力来自一个容量为 350L、压强为 35MPa 的空气罐，通过这些压缩气体推动空气发动机做功，它的最高时速可达 70km，而且续驶成本非常低。

图 8.18　聚碳酸酯/聚对苯二甲酸丁二酯塑料

图 8.19　AirPod 城市空气动力车

（7）碳纤维增强塑料。

碳纤维增强塑料是汽车轻量化的理想材料，但由于成本太高，碳纤维增强塑料零件不易实现批量生产。美国福特汽车公司进行了大量的碳纤维增强塑料应用试验，研究结果表明，碳纤维增强塑料具有作为汽车材料的优良特性。例如，用碳纤维增强塑料制造的板簧零件强度高、模量大、热膨胀系数小、减摩性好，质量只有 14kg（比现有材质轻 76%）。一旦解决了成本问题，就有大量碳纤维增强塑料用于汽车工业中，应用部件包括发动机系统中的推杆、连杆、摇杆、水泵叶轮、散热器等，底盘中的传动轴、离合器片、加速装置、悬架件、弹簧片、车顶内外衬、地板、侧门等。碳纤维增强塑料轮毂如图 8.20 所示。

3. 现代汽车塑料制品新动向

利用塑料的质轻、防锈、吸振、设计自由度大的特点，现代汽车塑料结构件取得了长足进步，而且是今后重点发展方向。塑料制品不仅能够减小零件质量，在降低噪声方面也起到很好的作用。汽车生产商应利

图 8.20　碳纤维增强塑料轮毂

用塑料制品成型的特点，尽量使多个零件一体化，减少零件数量，设法达到一次成型复杂零件的目的。汽车上塑料的使用量每年呈递增趋势，可以预测这种趋势在今后还会继续。在汽车设计的条件中，为了轻量化和降低成本，设计时采用塑料具有重要的意义。今后的汽车材料正由金属向塑料方向转化。

(1) 工程塑料。

随着汽车载荷的增大，普通塑料已无法满足高应力零件（如悬架弹簧、高温件、活塞等发动机零件）及对表面质量要求越来越高的外板等部件的使用要求。对此，有两种途径可供选择：①采用玻璃纤维增强塑料及碳纤维增强塑料，这在飞机制造业已大量采用，但不适用于制造对大批量生产且要求成本低廉的汽车；②采用高级工程塑料（如聚酰亚胺塑料）及较简单的加工方法。

(2) 塑料在功能零部件上的应用。

高分子材料的发展方向除高性能化外，高功能化也是很有前途的。随着汽车电子化进程的加快，塑料无法屏蔽电磁波的性能是亟待解决的问题，特别是发动机室的发动机罩和防护板的问题，因而"利用电导性塑料"课题被提出。

电导性塑料分为在基体聚合物中掺入电导性填料的复合型电导性塑料和塑料本身具有电导性的电导性高分子塑料两种。电导性高分子塑料质量小且易加工，即使形状复杂也能简单制作，机械强度足够，耐化学腐蚀性优良；但其氧化稳定性差，在空气中放置会立即氧化。对此，可采用其他氧化稳定性好的塑料涂覆表面的方法解决。电导性高分子塑料不仅可作为电磁波屏蔽材料，还可用作电极材料、太阳电池材料等。

(3) 塑料电池。

在聚乙炔等电导性聚合物上包裹金属薄箔，浸入电解液，引出导线，即可制成塑料电池。塑料电池引人注目的原因有：①单位质量的电容量大；②释放电压高，若采用有机电解液、锂电池，则几乎所有塑料电池的释放电压都可达 3.5V 以上；③具有较高的功率输出密度，功率输出密度是由电极的有效表面积和离子向电极方向的扩散速度及电解液的电阻决定的；④形状可自由选择，也可制成薄板型塑料电池，用于汽车时安装方便且隐蔽；⑤无公害，不必担心镉等重金属污染。但是，塑料电池的自放电大、使用寿命短。

(4) 塑料风窗玻璃。

中间夹塑料膜的复合玻璃普遍用于高级轿车上。在风窗玻璃的三层安全玻璃内又进一步覆了 20μm 厚的聚氨酯塑料膜，这是为了保护乘员在汽车受到碰撞时不至于被玻璃碎片扎到。

(5) 塑料光导纤维。

塑料光导纤维作为今后非常有发展前途的光电元件的导线，特别值得重视。光电元件的开发领域很广阔，包括光应用机械、光情报处理、光计算机、光应用传感元件、加工技术、电力、照明、供光、加热等。由于在汽车上使用时输送距离不是大问题，信息也不多，因此光导纤维输送损失和输送速度无须像地上通信线路一样要求严格，可以选用便宜的塑料光导纤维。

(6) 塑料磁铁。

将铁氧体、稀土类钴、阿尔科尼铜等硬质性粉末用塑料黏结剂填充而形成的塑料磁铁，具有塑料的优良成型性与磁铁相结合的优点。黏结剂有聚己内酰胺塑料、聚丙烯塑料、聚对苯二甲酸丁二酯塑料、环氧树脂、酚醛树脂等。在汽车上主要用于刮雨器电机的磁场带、蓄电池液面传感器等。

(7) 隔音塑料。

隔音塑料不仅轻而且具有隔音效果。美国通用汽车公司采用一种用 AFV-4522（热塑性树脂，起隔音作用）黏接在 Azdel（刚性大，用作骨架材料）上的复合材料，来降低柴油机的噪声。由于 AFV-4522 还具有隔热性，因此也起到隔断车内的传热效果。福特公司的柴油机铝活塞下部外围黏接有塑料制成的套，这样减少了活塞的往复惯性力，并且有吸收活塞敲缸撞击的效果和抑制发动机噪声的作用。

(8) 塑料内饰件。

为了减轻汽车内饰质量，许多汽车生产商采用比丙烯腈-丁二烯-苯乙烯树脂（简称 ABS 树脂）和聚丙烯塑料轻的、由玻璃纤维增强泡沫聚氨酯塑料制成的饰板。用玻璃纤维增强泡沫聚氨酯塑料制成的车门内板质量比玻璃纤维车门内板质量轻 15%～30%，其强度、吸声性和安全性能也更好。汽车内饰制造商正不断推出新型内饰材料，在不增加费用的情况下，满足用户驾驶舒适性和安全性方面的要求。加拿大木桥集团（Woodbridge Group）开发出一种新型泡沫聚氨酯塑料，它不仅容易浇注在基板上，还可增大基板的刚度，用于制造各种形状的内饰件。美国通用汽车公司推出了一种复合噪声控制薄膜，它实际上是一种胶带，可放在螺钉与塑料基板之间用于防止两者摩擦，也可放在车门把手与车门饰板之间用于降噪。

(9) 塑料外装件。

常见的汽车塑料外装件有保险杠、阻流板、散热器格栅、侧防撞条、后视镜框、车门把手、后装饰挡板、轮罩及车身外板。这些塑料制品从材料角度来看大致可分为三类，即塑性塑料注射成型制品、复合塑料模压制品、聚氨酯反应注射成型制品。

(10) 车身塑料化。

许多国家都在进行车身塑料化的开发研究工作。美国克莱斯勒公司推出了新型塑料汽车，车身由聚对苯二甲酸乙二酯塑料制造，汽车的制造成本降低了一半。

玻璃纤维毡增强热塑性复合塑料广泛应用于汽车车身各部位。它的力学性能优异，成型周期短，可广泛回收利用，因此受到汽车工业的青睐。玻璃纤维毡增强热塑性复合材料可用于制造发动机罩、车顶、后备箱盖板等水平受力部分。聚酰亚胺塑料、聚苯醚/聚酰胺塑料合金、聚碳酸酯/丙烯腈-丁二烯-苯乙烯塑料合金可用于制造翼子板、车身外板、阻流板等垂直受力部分。

8.5 汽车纳米材料

纳米材料广义上是三维空间中至少有一维处于纳米尺度范围或者由该尺度范围的物质为基本结构单元所构成的超精细颗粒材料的总称。由于纳米尺寸的物质具有与宏观物质所不同的表面效应、小尺寸效应、宏观量子隧道效应和量子限域效应，因此其在结构、光电、力学、磁学、催化、物理化学性质等方面的特征使其在通信、电子、激光技术、生物学等工业领域有着广泛的应用。

汽车技术的发展与材料技术的发展息息相关，例如，纳米材料界面具有无序性，从而使表面活性高，因此可制成各种高性能的催化剂。纳米界面材料技术有超双亲性（亲水亲油）二元协同纳米界面材料技术、超双疏性（疏水疏油）二元协同纳米界面材料技术等，均可以在任何材质表面实现。国产橡胶材料使用纳米技术可以有效解决国产汽车的漏油（水）、渗油（水）等问题。另外，由于纳米粒子尺寸小于可见光的波长，纳米塑料可以显示出良好的透明度和较高的光泽度，纳米塑料在汽车上也有着广泛的应用。

纳米技术在汽车上的应用

经过纳米技术处理的部分汽车材料，其耐磨性可以是黄铜耐磨性的27倍，或是钢铁耐磨性的7倍，例如，用纳米技术制造的纳米陶瓷轴承已经应用到奔驰、宝马等高级轿车上。纳米技术能够从汽车车身应用到车轮，几乎可以覆盖一辆汽车的全部。纳米技术还能改善汽车尾气排放。

根据纳米材料的结构特点，把不同材料在纳米尺度下进行合成与组合可以形成各种纳米复合材料，如纳米塑料。纳米塑料可以改变传统塑料的特性，呈现出优异的物理性能（强度高、耐热性强、相对密度小）。纳米塑料有阻燃塑料、增强塑料、抗紫外线老化塑料、抗菌塑料等。

阻燃塑料是以纳米级超大比表面积的无卤阻燃复合粉末为载体，经表面改性制成阻燃剂，利用纳米技术添加到聚乙烯塑料中。由于纳米材料的粒子尺寸超小，经表面处理后具有相当强的表面活性，当燃烧时其热分解迅速，吸热能力增强，从而可以降低基材表面温度，冷却燃烧反应。当阻燃塑料燃烧时，超细的纳米材料颗粒能覆盖在燃烧材料表面，并生成一层均匀的碳化层，此碳化层可以起到隔热、隔氧、抑烟和防熔滴的作用，从而起到阻燃作用。阻燃塑料具有热稳定性高、阻燃持久、无毒性等优点，消除了普通无机阻燃剂由于添加量大对材料力学性能和加工材料污染环境带来的缺陷，可以取代有毒的溴类阻燃材料和锑类阻燃材料，有利于环境保护。另外，内饰和电气部分的面板、包裹导线的胶套、包裹线束的波纹管、胶管等若使用阻燃塑料，则能够达到汽车设计要求。

增强塑料是在塑料中填充经表面处理的纳米级无机材料蒙脱土、$CaCO_3$、SiO_2等，这些材料对聚丙烯塑料的分子结晶有明显的聚敛作用，可以使聚丙烯塑料的抗拉强度、冲击韧性和弹性模量增大，塑料的物理性能得到明显改善。增强塑料可以代替金属材料，由于它们的相对密度小、质量轻，因此广泛用于汽车制造，可以大幅度减轻汽车质量，达到节省燃油的目的。这些用纳米技术改性的增强塑料可以用于制造汽车保险杠、座椅、翼子板、顶棚盖、车门、发动机盖、后备箱盖等，甚至还可用于制造变速器箱体、齿轮传动装置等重要部件。

抗紫外线老化塑料是将纳米级的TiO_2、ZnO等无机抗紫外线粉体混炼并填充到塑料基材中。这些填充粉体对紫外线具有极好的吸收能力和反射能力，因此这种塑料比普通塑料的抗紫外线能力高20倍以上。这类材料经过连续700h热光照射后，其抗拉强度仅损失10%。如果用作暴露在外的车身塑料构件材料，它能有效延长汽车使用寿命。

抗菌塑料是将无机的纳米级抗菌剂利用纳米技术充分分散于塑料制品中，可将附着在塑料上的细菌杀死或抑制细菌生长。这些纳米级抗菌剂以银、锌、铜等金属离子包裹纳米级 TiO_2、$CaCO_3$ 等制成，可以破坏细菌生长环境。抗菌塑料加工简单，广谱抗菌，24h 接触杀菌率达 90%，无副作用。高效的抗菌塑料可以用于车门把手、转向盘、座椅面料、储物盒等易产生污垢的部件，尤其是公交车扶手采用抗菌塑料可以大大减少疾病的传播，改善车内卫生条件。

也就是说，纳米塑料在汽车工业中将取代现有的大部分应用材料，其成本会降低很多，而强度和安全性还会有一定的提升。

1. 纳米技术在现代汽车零部件上的作用

纳米技术在现代汽车上的广泛应用可以减少汽车部件的磨损，降低汽车的油耗，一定程度上消除汽车尾气的污染，提高车体的物理性能，减小发动机和电池的体积。

（1）减少汽车部件的磨损。

纳米润滑油是采用纳米技术改善润滑油分子结构的石油，它不对任何润滑油系列添加剂、处理剂、稳定剂、发动机增润剂、减磨剂等产生作用，只在零件金属表面自动形成纯烃类单个原子厚度的一层保护膜。这些极微小的烃类分子间有吸附作用，能完全填充表面的微孔，它们如液态的小滚珠，可以最大可能地减少金属与金属间微孔的摩擦。与高级润滑油或固定添加剂相比，纳米润滑油的耐压性可提高 3~4 倍，汽车部件的磨损大大减少。由于金属表面得到了保护，减少了磨损量，耗能大大减少，汽车部件的使用寿命成倍增长，并且无任何副作用。

（2）降低汽车的油耗。

纳米汽油是我国汽车业与纳米技术链接的开端，采用纳米技术研发的汽油微乳化剂能改善汽油品质，最大限度地促进汽油燃烧，使用时将汽油微乳化剂以适当的比例加入汽油中即可。加入汽油微乳化剂后，车辆油耗可降低。纳米汽油已在我国研制成功，节约能源和减少污染是它的最大优点。有关部门专家经试验后认为，汽车在使用加入该微乳化剂的汽油后，油耗降低 10%~20%，动力性能提高约 25%，尾气中的污染物（碳氧化合物、碳氢化合物、氮氧化合物等）排放量降低 50%~80%，还可清除积炭，提高汽油的综合性能。

（3）一定程度上消除汽车尾气的污染。

纳米钛酸钴是一种非常好的石油脱硫催化剂。以 55~70mm 的钛酸钴半径作为催化活体，多孔硅胶或氧化铝陶瓷作为载体的催化剂，其催化效率极高。在经它催化的石油中，硫含量小于 0.01%，达到国际标准。复合稀土化物的纳米级粉体有极强的氧化还原性能，这是其他汽车尾气净化催化剂所不能比拟的，它的应用可以解决汽车尾气中一氧化碳和氮氧化合物的污染问题。

（4）提高车体的物理性能。

用 10% 碳纳米管分散于不同的工程塑料（如聚碳酸酯塑料、聚酰胺塑料、聚酯塑料和聚苯醚/聚酰胺塑料合金等）中，其电导率比炭黑、微米级填料和不锈钢纤维作填料的电导率高。如果用导电性纳米管填充的聚苯醚/聚酰胺塑料合金制造车体，则其既具有抗冲击韧性，又可方便喷漆，漆层能与车体良好结合。

有机/无机纳米复合材料还具有良好的高温性能，适合制造汽车外罩。聚酰胺/层状硅酸盐纳米复合材料既提高了聚合物刚度和强度，又未牺牲其抗冲击韧性。更重要的是这种材料具有很好的高温抗弯能力，已用于制造汽车车身及发动机气缸。

（5）减小发动机和电池的体积。

德国利用纳米技术制造微型电子机械系统取得了突破。用纳米化材料制造的电池体积很小，而储氧能力极强，可以解决电动汽车轻量化的难题。

2. 纳米材料在汽车涂料中的应用

纳米材料具有抗紫外线老化性、高强度和韧性、良好的静电屏蔽效应、色泽变换效应、抗菌消臭功能等，用其开发和制备新型、性能优异的汽车涂料具有广阔的发展前景。

（1）防护涂料。

防护涂料利用纳米级粉体材料较强的紫外线反射特性，将纳米级 TiO_2 粉体按一定比例加入涂料，可以有效遮蔽紫外线，免受紫外线损害。将其涂于玻璃、塑料、金属、漆器甚至磨光的大理石表面，有防蛀、防尘、耐腐蚀、耐磨、防火等作用。

纳米级 SiO_2 是一种抗紫外线老化材料，其比表面积大，能在涂料干燥时很快形成网络结构，同时可以增强涂料的强度和光泽度。

（2）变色涂料。

变色涂料包括碰撞变色涂料和温敏变色涂料。

① 碰撞变色涂料是为了防止汽车碰撞留下隐患，在涂料内含有微型胶囊，胶囊中装有涂料。涂有这种涂料的汽车，一旦外壳受到碰撞等外力作用，胶囊就破裂释放染料，使受撞部位颜色立即改变颜色或变成指定颜色，以提醒人们关注。目前，汽车外壳上的涂料在受到碰撞时不会改变颜色，只是外观上略有变化，其内部撞伤部位不易被发现，会留下隐患。使用变色涂料后可根据变色情况对撞伤部位修复，消除隐患。

② 温敏变色涂料可随环境阴冷和温度高低而改变颜色。例如，涂有某种温敏变色涂料的车辆，一旦遇到气温下降，车身的颜色就会随环境的改变而自行变化，以便对方驾乘人员和交通管理人员发现识别，避免车祸和交通事故的发生。

（3）抗划痕涂料。

将纳米级颗粒分散在有机聚合物骨架中，作为承受负载的填料与骨架材料相互作用，有助于提高材料的韧性和其他力学性能。研究表明，将10%的纳米级 TiO_2 颗粒完全分散于树脂中，可提高树脂的力学性能，特别是其抗划痕性能大大提高，而且外观好看，利于制造汽车面漆涂料。在聚氨酯清漆涂料中加入质量分数为15%的改性纳米级 $CaCO_3$，可提高其光泽性、流平性、柔韧性、涂层硬度等。

（4）除臭涂料。

纳米材料具有强的抗卤消臭功能与吸附能力，因此利用某些纳米微粒作载体吸附抗菌离子，制成除臭涂料用于汽车内饰等表面可以达到抗菌、杀菌的目的。用纳米级 ZnO/SiO_2 颗粒作为除臭剂的除臭纤维能吸收臭气净化空气，可用于制造汽车内饰纺织品、窗帘纺织品等。纳米级 ZnO 微粒不仅具有良好的紫外线遮蔽功能，而且具有优越的抗菌、消毒、除臭功能，因此将其作为功能助剂对天然纤维进行整理后可以获得性能良好的抗菌织物。

（5）抗石击涂料。

汽车车体最贴近地面的部分往往会受到各种溅石、瓦砾的冲击，因此需要有性能良好的抗石击涂料。在汽车窗导槽等经常摩擦磨损部位，应该用具有摩擦系数低的涂料，从而减少对汽车的损伤。

（6）防静电涂料。

由于静电作用会引起诸多麻烦，因此汽车内饰件涂料及塑料部件用防静电涂料的开发和应用日益广泛。

纳米技术能够从汽车车身应用到车轮，几乎覆盖了汽车的全部，使未来的纳米汽车更加经济舒适、安全可靠、动力强劲和色彩鲜艳。

8.6 车用复合材料

复合材料是由纤维等增强材料与基底（母体）两种或两种以上性质不同的材料通过各种工艺手段组合而成。它具有质量轻、强度高、刚度好的特点，在汽车零部件上的应用也很广泛。复合材料是应现代科学技术发展而涌现出的具有强大生命力的材料，它的组分材料具有不同的化学性质和物理性质，其各组分材料之间具有明显的界面。在工程上，复合材料通常是指将一种材料人为均匀地分散在另一种材料中，以克服单一材料的某些弱点，使之优于各组分材料的综合性能，有时甚至成为各组分材料所没有的优良性能的新材料。

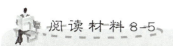

随着整车轻量化科技的进步，复合材料将会越来越多地应用在汽车的车身成型技术中。强度更高、质量更小的碳纤维复合材料应用前景广阔。

例如，中科院宁波材料技术与工程研究所打造的碳纤维复合材料新能源汽车 G10 - F 采用碳纤维复合材料车身和铝合金底盘制造而成。碳纤维复合材料车身主结构重 75kg，有 26 个碳纤维复合材料零部件，整车重 750kg，比传统配置车型零部件数量减少 75%，车身减重 30%，整车减重 20%。碳纤维复合材料平均单位质量的能量吸收比钢高 2.5 倍左右，显著提高了其抗冲击性能。碳纤维复合材料车身如图 8.21 所示。

图 8.21 碳纤维复合材料车身

又如，蔚来ES6是一款高性能、长续驶里驶的智能电动SUV汽车，车身采用航空级铝合金和高性能碳纤维复合材料制造而成。碳纤维后地板总成、碳纤维电池壳及碳纤维合金轮毂对整车的轻量化作出了巨大贡献。其中，碳纤维后地板总成包括碳纤维座椅板总成、碳纤维横梁总成和碳纤维地板总成三个分总成，共四个碳纤维复合材料零件。经过蔚来全球测试证明，碳纤维后地板的使用让车身整体的扭转刚度提高，被动安全性能提高，整体耐久性也得到很大提升。遵循"合适的材料用到合适的位置"的设计原则，碳纤维后地板嵌入到全铝车身中，比使用铝合金减重30%以上，与相同体积的高强度钢相比，质量仅仅是其20%。

1. 复合材料的特点

复合材料是各向异性的非均质材料，与其他材料相比具有以下特点。

（1）比强度和比模量高。因为复合材料比强度高，所以零件质量小，采用比强度和比模量高的材料可以大大提高动力设备的效率。纤维增强复合材料的比强度和比模量是各类材料中最高的。用复合材料制成与高强度钢具有同等强度和刚度的零件，其质量可减轻70%左右。

（2）抗疲劳性能好。纤维增强复合材料中的纤维与基体间的界面能够有效阻止疲劳裂纹的扩展，外加载荷由增强纤维承担。大多数金属材料的疲劳强度极限是其抗拉强度的30%～50%，而纤维增强复合材料可达到60%～80%。

（3）减摩性、耐磨性、润滑性好。在热塑性塑料中掺入少量的短切碳纤维可大大提高其耐磨性。选用适当塑料与钢板复合可制造耐磨件，如轴承等。

（4）化学稳定性良好。纤维增强酚醛塑料可长期在含氯离子的酸性介质中使用。用玻璃纤维增强塑料可制造耐强酸、盐、酯和某些溶剂的化工管道、泵、阀、容器等。耐碱纤维可用来取代钢筋与水泥。

（5）耐高温烧蚀性好。纤维增强复合材料中除玻璃纤维的熔点较低（700～900℃）外，其他纤维的熔点一般都在2000℃以上，用这些纤维与金属基体组成发热复合材料，高温下的强度和弹性模量均有提高。

（6）工艺性与可设计性好。调整复合材料的形状、布局、含量可满足构件的强度、刚度等性能要求，并且可与构件一次成型，减少零部件、紧固件和接头的数目，复合材料利用率大大提高。

（7）其他特殊性能。复合材料具有耐烧蚀性、耐辐射性、耐蠕变性、隔热性、韧性、抗热冲击性、耐热性、导电性和导热性。其缺点是层间剪切强度低、耐热性和表面硬度低、易老化、稳定性差、不易控制质量及成本较高。

为适应社会的需求，现代汽车正朝着轻量化、安全、节能、高速、低公害和使用寿命长等方向发展。汽车轻量化的目的是节能和减少排放污染。同时，环境保护成为可持续发展战略必不可少的条件，而复合材料的发展趋势正朝着延长使用寿命及可再生的方向发展。

2. 常见的车用复合材料

（1）玻璃纤维增强塑料。

作为结构材料使用的玻璃纤维增强塑料是常用的纤维增强复合材料。玻璃纤维是玻璃纤维增强塑料的骨架，基本上决定了玻璃纤维增强塑料的强度和刚度。玻璃纤维的种类很多，除了常用的无碱纤维、中碱纤维，还有高强玻璃纤维、高弹玻璃纤维和耐化学介质腐蚀玻璃纤维等。玻璃纤维是将熔化的玻璃以极快的速度拉制而成的，其伸长率和热膨胀系数较小，具有较高的抗拉强度，化学稳定性高，除氢氟酸、热浓磷酸和浓碱外，对其他化学介质均有良好的耐腐蚀性。但是，玻璃纤维的缺点是脆性大，耐磨性、耐柔性较差，表面光滑，不易与其他物质结合。

(2) 碳纤维增强塑料。

碳纤维增强塑料具有质量小、高强度、高弹性模量、减摩性好、耐磨性好、热导率大、自润滑、耐腐蚀性好、抗冲击性好、疲劳强度大等优越性能，在现代汽车工业中的应用越来越广泛。这是近年来发展较快的一种复合材料，其基体材料有树脂、碳、金属、陶瓷等。其中，树脂又分热固性树脂和热塑性树脂。

① 碳纤维增强热固性塑料。碳纤维增强热固性塑料是以热固性塑料为基体，以碳纤维及其织物为分散质的纤维增强塑料。碳纤维及其织物与环氧树脂、酚醛树脂等制成的复合材料具有强度高、弹性模量高、密度小、减摩性好、耐磨性好、自润滑、耐腐蚀性好、耐疲劳性好、抗蠕变性好、热膨胀系数小、热导率大、耐水性好等特点。

② 碳纤维增强热塑性塑料。碳纤维增强热塑性塑料是指以碳纤维为分散质，热塑性塑料为基体的纤维增强塑料。碳纤维增强热塑性塑料近年来发展较快，其特点是强度与刚度高、蠕变小、热稳定性高、热膨胀系数小、减摩性好、耐磨性好、不损伤磨件、阻尼特性优良。与玻璃纤维增强塑料相比，碳纤维增强热塑性塑料具有更好的机械性能，如聚酰胺-66中加入20%碳纤维，其弯曲强度与加入40%玻璃纤维相等，弯曲弹性模量比40%玻璃纤维增强塑料高两倍多；但其韧性不如玻璃纤维增强塑料的韧性好。

碳纤维增强塑料是汽车工业中大量使用的复合材料。要使汽车轻量化、发动机高效化、车型阻力小等，都要求使用轻型结构材料，而碳纤维增强塑料是最理想的材料之一。碳纤维增强塑料主要可用于制造发动机系统中的推杆、连杆、摇杆、水泵叶轮，传动系统中的传动轴、离合器片、加速装置及罩等，底盘系统中的悬置件、弹簧片、框架、散热器等，高压泵及液压系统的动力密封装置，车体上的车顶内外衬、地板、侧门，等等。

1979年，美国福特汽车公司发表了碳纤维增强塑料实验车的新构想，其结构如图8.22所示。其中使用碳纤维增强塑料约300kg，燃料费用降低约35%。该实验车主要是将碳纤维增强塑料材料应用于车体面板和传动轴和板弹簧等功能性零件，也在发动机机体和连杆、活塞等零部件上有所应用。由于碳纤维增强塑料具有各向异性，设计时可在所需的方向保持其强度和刚度。碳纤维增强塑料的基底材料主要使用热硬化性树脂（不饱和聚酯树脂、环氧树脂、酚醛树脂）。尽管碳纤维耐热性高，但其基体材料（母材）耐热温度为160~180℃，故在发动机零部件上应用还需开发耐热塑料和各种耐热涂层材料。与玻璃纤维增强塑料相比，碳纤维增强塑料的弹性模量是其4~9倍，是金属材料的3~4倍。如果批量生产，生产成本将进一步下降。

(3) 陶瓷基复合材料。

陶瓷基复合材料不是传统意义上的陶瓷，而是以陶瓷为基体与各种纤维复合的一类复合材料。陶瓷基复合材料的主要基体有玻璃陶瓷、氧化铝、氮化硅等。这些先进陶瓷具有耐高温、强度和刚度高、相对质量较轻、耐腐蚀性好、热膨胀系数小、隔热性好及密度低

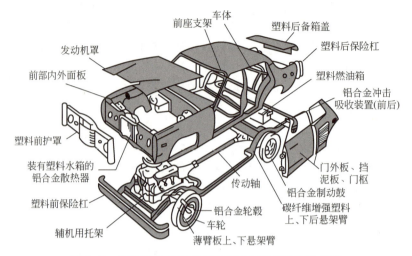

图 8.22 福特汽车公司碳纤维增强塑料实验车的结构

等优异性能,而且资源也比较丰富,有广泛的应用前景。但其缺点是具有脆性,处于应力状态时会产生裂纹,甚至断裂,导致材料失效。采用高强度、高弹性模量的纤维与陶瓷基体复合是提高陶瓷韧性和可靠性的一种有效方法。纤维能阻止裂纹的扩展,从而得到有优良韧性的纤维增强陶瓷基复合材料,无论是在抗机械冲击性还是在抗热冲击性方面都有极大的提高,在很大程度上克服了陶瓷的脆性,同时保持了陶瓷原有的优异性能。陶瓷基复合材料已用于刀具、滑动构件、发动机制件、能源构件等的制造。由于陶瓷基复合材料具有优良的机械性能和密度低的特点,许多国家都在大力发展并努力改善其基本性能和工艺技术,以求降低成本,提高可靠性。例如,法国已将长纤维增强碳化硅复合材料应用于制造超高速列车的制动件中。由于陶瓷基复合材料具有优异的减摩性和良好的耐磨性,使用效果令人满意,有着广阔的发展前景。

(4) 纤维增强金属。

玻璃纤维增强塑料与碳纤维增强塑料具有各种优异的机械性能,但其基体材料是塑料,与金属相比,其耐热性差。因此,对于作为高温强度材料使用的纤维增强金属的研究十分盛行,并且揭开了可将其在汽车上使用的可能性。增强纤维有碳、碳化硅、硼、氧化铝等。作为基体的金属有铝、铜、镍、钛、镁、锌、锡等。增强纤维与各种金属相结合会制造出具有各种特性的纤维增强金属。纤维增强金属可用于活塞、连杆及其他一些滑动零件的制造。虽然这种纤维价格高,还未达到成批生产的规模,但作为高温强度好的材料,其利用价值是相当高的。

(5) 金属塑料层叠材料。

将高强度钢板和铝、塑料等紧密结合在一起的材料是一种理想的轻型材料,也是一种夹层结构的层叠材料。金属塑料层叠材料是在塑料芯的两面黏结薄钢板或铝板,因此具有优异的隔热和隔音性能。金属塑料层叠材料可发挥与钢板相匹敌的刚度高的特点。它由塑料芯两面的金属板承受弯曲应力,由塑料芯承受剪切应力。在同样刚度下,金属塑料层叠材料与一般钢板相比,质量是其30%~70%。如果对金属塑料层叠材料质量有一定限制要求时,则可改变塑料芯两面的金属板与芯板的厚度来解决。金属塑料层叠材料的成本是一般钢板成本的1~3倍。金属塑料层叠材料还存在一些需要解决的问题:①将其使用在车体面板时，与各面板黏结有难度；②当其表面金属钢板锈蚀时，其刚度会降低。随着金属塑料层叠材料的进一步研究开发，其实用化将成为可能。

3. 复合材料与未来汽车

未来汽车应符合环境保护要求，因而不可避免要提到复合材料的环境保护要求。复合材料能提高材料性能、延长使用寿命、加强功能性，这些都是对环境有利的特性。但应认真对待并努力克服复合材料的再生问题，使复合材料朝着环境协调化的方向发展。

复合材料零件的再利用非常困难，会对环境产生一些不利的影响。如目前发展较快、应用最多的聚合物基复合材料中绝大多数是易燃物，燃烧时会放出大量有毒气体，污染环境，并且在复合材料成型时，基体中的挥发成分（溶剂）会扩散到空气中，造成环境污染。复合材料本身由多种组分材料构成，属于多相材料，难以粉碎、磨细、熔融、降解。将复合材料零件分解成单一品种材料的零件的分解工艺成本和再生成本较高，而且要使其恢复原有性能十分困难。因此，复合材料零件再利用的主要条件之一是零件容易拆卸，尽可能是单一品种材料，即便是复合材料也要尽量使用复合性少的材料。基于上述原则，热塑性聚烯烃弹性体、聚丙烯发泡材料的使用量还会大幅度增加；而热固性树脂的使用量将受到限制。

在再生性、降解性方面的研究工作中已采用天然材料改性复合材料，因为天然材料具有天然相容性，而且资源丰富。采用降解材料改性共混复合材料，利用降解组分材料降解时，材料完整性会受到破坏，形成碎片或产生自由基，引发材料降解反应，达到使材料降解的目的。对于热塑性树脂及复合材料的再生方法，有熔融再生法、溶解再生法等。对于金属基复合材料，可将废料回收，重新制备新材料。

未来汽车与现代汽车在设计思想上会有很大不同。当今社会人们的角度逐渐转到人与自然的关系上，环境与能源问题成为全球能否生存和发展的关键。随着人们环保意识的不断提高及各国环保法规的相继出台，绿色汽车已经成为未来汽车发展的必然趋势，因而使汽车满足环境保护的要求已被提到汽车生产商的议事日程。复合材料作为未来汽车材料发展的主流，必将在其中扮演非常重要的角色。汽车工业的发展日新月异，复合材料的研究也是一日千里，各种新型的车型、新颖的材料将不断涌现。可以预计，在不久的将来，性能更好的复合材料将更大范围地应用在汽车领域中。

本 章 小 结

本章介绍了汽车常用材料的种类、应用及发展趋势，同时介绍了钢材的类型与铝合金、镁合金等有色金属材料在汽车上的应用，塑料在现代汽车工业中的应用，以及新型纳米材料与复合材料在汽车零部件上的应用与发展趋势。

【关键术语】

汽车材料　有色金属材料　汽车塑料　纳米材料　复合材料

综合练习

1. 填空题

（1）汽车车身采用的材料有_____、_____、_____、_____。

（2）研发中的汽车用材料有_____、_____、_____、_____。

（3）汽车材料可分为_____、_____。

（4）汽车用有色金属材料主要有_____、_____、_____、_____。

（5）汽车塑料主要有_____、_____、_____、_____。

2. 简答题

（1）简述复合材料的应用对推动汽车进步的意义。

（2）简述纳米材料与未来汽车发展的关系。

第 9 章 汽车安全系统

教学目标

党的二十大报告指出,推动绿色发展,促进人与自然和谐共生。我国交通运输领域的发展正大步走在高质量发展之路上。

通过本章的学习,读者可以了解汽车安全系统、安全气囊、预紧式安全带、客车座椅的安全性和轮胎压力监测系统。

教学要求

知识要点	能力要求	相关知识
汽车安全系统概述	了解汽车的安全性能、安全措施和安全装置	主动安全装置; 被动安全装置
安全气囊	了解安全气囊的发展、结构及工作原理、工作过程和关键技术	碰撞传感器; 辅助约束系统 ECU; 辅助约束系统指示灯; 气体发生器; 气囊
预紧式安全带	了解预紧式安全带的种类	锁扣预紧器; 卷收器预紧器
汽车座椅的安全性	了解汽车座椅的主动安全性和被动安全性	正面碰撞、侧面碰撞和追尾碰撞
轮胎压力监测系统	了解轮胎压力监测系统的组成、工作原理、电源电压检测电路、轮胎压力监测系统的射频调制和低频连接装置	轮胎压力监测模块电路原理

 **导入案例**

汽车的安全性十分重要

汽车的安全性、节能及环保始终是汽车产业发展的三大主题,其中安全性是汽车最重要的性能。汽车作为一种主要的现代交通工具,它在给人们带来方便和快捷的同时,也给人类社会带来了巨大的危害——数量惊人的交通事故。特别是随着汽车日益增多,高速公路和高等级公路不断延伸,车速越来越高,汽车交通事故随之增多。

2022年,我国因交通事故死亡人数为61703。交通事故不仅造成大量人员伤亡和巨额的经济损失,而且导致诸多社会问题。

发生交通事故的惨剧如图9.1所示,汽车发生碰撞事故现场如图9.2所示。

图9.1 发生交通事故的惨剧

图9.2 汽车发生碰撞事故现场

汽车碰撞实验

随着汽车综合性能的提高,汽车的安全装置越来越重要,在汽车安全保护领域出现了大量的新技术。传统的安全气囊和安全带已经发展成为先进的智能保护系统,它可以在事故中更加有效地保护乘员的安全。

汽车的安全装置分为主动安全装置和被动安全装置两种。主动安全装置(如ABS、ASR系统等)是指汽车防止发生事故的能力。被动安全装置是指汽车发生事故后保护乘员的能力。汽车发生事故时,对乘员的伤害是在瞬间产生的,例如,以车速为50km/h进行正面撞车时,其发生时间只有0.1s左右。为了在短暂的时间内防止或减小对乘员的伤害,汽车装有安全带、防撞式车身和安全气囊等。

9.1 汽车安全系统概述

1. 汽车的安全性能

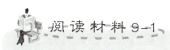

儿童安全座椅装置

试验显示，发生汽车碰撞时，一名20kg的儿童其体重可达到2t。正确使用儿童安全带和儿童座椅可使0～1岁的幼儿死亡率降低69%，1～4岁的儿童死亡率降低47%，5岁以上的儿童死亡率降低45%，中到重伤减少50%。

儿童安全座椅主要有两种安装方式，一种是借助车上的成人用安全带，主要采用带自锁式卷收器的安全带，这种安全带一旦带扣扣上，织带就不会被拉出来，基本可以保证儿童安全座椅在车辆行驶过程中保持固定，不会左右移动；另一种是使用专用的儿童安全座椅固定系统，如图9.3所示。

图9.3 专用的儿童安全座椅固定系统

汽车的安全性包括主动安全性和被动安全性两方面，前者包括制动性、操作稳定性等，后者包括车身钣金、安全带、安全气囊、座椅、防火等安全措施。

汽车要达到很高的安全性，必须有很好的安全技术作为保障。随着安全技术的不断提高与发展，众多汽车安全措施和安全装置应运而生，从而保证驾驶人和乘员的安全。

2. 汽车的安全措施

（1）汽车新型的安全结构设计。

现代汽车在设计之初就充分考虑汽车的安全性，因此设计了很多新型的安全结构。

① 碰撞缓冲区。碰撞缓冲区的概念是梅赛德斯-奔驰公司在20世纪60年代首次提出的。在该区发生碰撞时，车身发生逐渐变形，该设计可以吸附事故中产生的绝大部分（或者全部）的碰撞能量。

车身改为这种可以变形的设计后，驾驶人和乘员所承受的强烈碰撞力就可以大大减小。现代汽车的碰撞缓冲区设计不仅可以吸附碰撞能量，而且可以使碰撞能量发生偏转。例如，某些车身前部的组件可以在发生前后碰撞时使驾驶人和乘员座舱下部向后移动，从而减小驾驶人和乘员可能需要承受的碰撞能量。

② 溃缩式转向柱。转向柱有一个特殊的装置，它可以让转向柱移离驾驶人和乘员，

以在碰撞中吸附更多的能量。

③ 悬浮发动机防撞保护装置。该装置在车辆受到正面的剧烈碰撞时使发动机自动下沉，整个发动机舱瞬间变成大空间的前部吸能区来吸收碰撞能量，而且可以防止发动机自身受损或挤入驾驶舱而伤及驾驶人和乘员。

（2）汽车新工艺、新材料的应用。

① 液压冲压整体成型工艺。液压冲压整体成型工艺的应用可以有效增大车身的强度，减少车身焊接点，使车身更加牢固、抗挤压、耐腐蚀，从而达到提高安全性的目的。

② 激光焊接工艺。激光焊接工艺的应用是汽车安全技术的一个里程碑，它的加热范围小，焊缝和热影响区窄，接头性能优良；残余应力和焊接变形量小，可以实现高精度焊接；可对高熔点、高热导率、热敏感的材料及非金属进行焊接，增大车身强度，使驾驶人和乘员得到有效保护。

③ 高强度钢板和各种合金的大范围应用。现代汽车在钢板变薄的同时也使钢板的强度不断增大，这得益于新材料的发展和应用。铝合金、铝镁合金也开始应用在汽车的关键部位，铝镁合金材质与普通钢板相比，其质量更小、延展性更强。这些新材料的应用使车身更牢固，可以有效保护驾驶人和乘员免受伤害。

3. 汽车的安全装置

（1）主动安全装置。

主动安全装置是在危险或事故发生前，通过汽车上的一些装置控制和预防动作发生，从而最大限度地支持驾驶人一系列的驾驶操作，使车辆远离危险状况的装置。下面介绍几种主动安全装置。

① ABS（防抱装置）。作为主动安全装置，ABS 可在汽车制动过程中对车轮的运动状态进行迅速、准确、有效地控制，使车轮尽可能处于最佳运动状况，可以有效防止侧滑，并在完全制动的状况下旋转转向盘而避开障碍物，从而提高车辆行驶的安全性。

② EBD（电子制动力分配）系统。EBD 系统是 ABS 的辅助系统，在 ABS 动作前就已经平衡了每个车轮的有效抓地力，使四个车轮的制动装置根据不同情况采用不同的方式和力量制动，从而保证车辆行驶的平稳性。

③ ESP（电子稳定程序）系统。ESP 系统是当前汽车安全装置的最高级形式，不需要驾驶人进行操作，而是根据实际情况作出反应。ESP 系统可以监控汽车行驶状态，并自动向一个或多个车轮施加制动力，以保持车辆在正常的车道上行驶。同时，它对过度转向或转向不足特别敏感，对汽车侧滑有很好的预防作用。

④ TCS（牵引力控制系统）。TCS 是在 ABS 的基础上发展起来的一种系统。TCS 只控制驱动轮，因此没有 TCS 的汽车在加速时驱动轮容易打滑，如果是后驱车则可能发生甩尾，如果是前驱车则容易方向失控。有了 TCS，汽车加速时能够减少上述现象的发生。

⑤ EBA（电子刹车辅助）系统。对于正常情况下的制动，EBA 系统不会发生作用，但如果是紧急制动，EBA 就会马上自动指示制动系统产生更高的油压，使 ABS 发挥作用，增大制动效果。不仅如此，其施压的速度也远远快于驾驶人，可以大大缩短制动距离，增强安全性。

⑥ VSC（车辆稳定性控制）系统。VSC 系统是控制车辆转弯过程中循迹稳定性的系统。它能快速将车辆在转弯过程中转向过度或转向不足的现象修正到原有正常路径的循迹

行驶，避免车辆脱离正常行驶道路或发生侧翻。VSC系统由转向盘转角传感器、减速度传感器、车身偏摆角速度传感器、制动油压传感器及车速传感器等组成。

⑦ ACC（自适应巡航控制）系统。ACC系统主要用于危险没有出现的阶段，帮助驾驶人安全驾驶，避免其疲劳驾驶。通过车辆前端的雷达或者激光测距系统作为传感器来使车辆与前车的距离控制在合理的范围内。在城市拥堵路段，ACC系统可以低速自动跟随前车，减轻驾驶人的劳动强度。图9.4所示为装有ACC系统的汽车工作示意图。

⑧ LDWS（车道偏离预警系统）。LDWS提供智能的车道偏离预警，在驾驶人未打转向灯、车辆无意识偏离原车道时，能在偏离车道0.5s之前发出警报，为驾驶人提供更多的反应时间，大大减少了因车道偏离引发的碰撞事故。此外，使用LDWS能纠正驾驶人不打转向灯的习惯。其主要功能是辅助驾驶人过度疲劳驾驶或长时间单调驾驶引发的注意力不集中等情况。

⑨ TPMS（轮胎压力监测系统）。当车辆行驶时，TPMS接收车辆车速传感器的车轮转速信号，并进行综合分析，将车轮转速的变化情况同预先存储的标准值进行比较，可得出轮胎气压太高或不足的结果，从而点亮报警灯，提示驾驶人轮胎胎压情况不正常，这样可以避免因轮胎亏气出现的行车跑偏，在高速行驶时对驾驶人和乘员安全也是一种保障。

⑩ AFS（自适应前照灯系统）。通常汽车上安装的普通前照灯具有固定的照射范围，在夜间转弯时，由于无法调节照明角度，常常会在弯道内侧出现盲区，极大地威胁了驾驶人在夜间的安全驾驶。AFS能根据车速及转向盘转向角度自动调整近光灯的照射中心，自动指向入弯，确保弯道的高能见度。图9.5所示为装有AFS的汽车工作示意图。

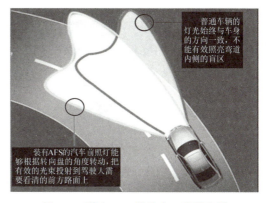

图9.4 装有ACC系统的汽车工作示意图　　图9.5 装有AFS的汽车工作示意图

⑪ 后方车辆通过预警（RCTA）系统。RCTA系统主要用于倒车时警告驾驶员两侧的来车情况，该系统是一个短程检测系统，是对盲区安全辅助的补充。上海通用别克君越就配备此系统给驾驶人以视觉和听觉上的警告。

⑫ 夜视系统（NVS）。NVS可以让驾驶人在夜间看清前方路况和道路标志，降低事故发生风险。

（2）被动安全装置。

被动安全装置是在危险发生时和过程中，对驾驶人和乘员进行有效保护的安全装置，主要有安全带和安全气囊两种。

① 安全带。安全带是所有车辆安全系统中最基本的安全装置。安全带的作用就是把

驾驶人和乘员固定在座椅上，避免高速碰撞时驾驶人和乘员飞出车外，以保护他们的安全。

安全带的技术包括预紧器、力道限制器及三点式安全带或四点式安全带的组合等。在碰撞时预紧器可以把安全带拉紧，防止由于松懈而带来会造成身体伤害的位移。碰撞结束后，力道限制器可以使安全带略微松弛，以减轻对身体的压力。

② 安全气囊。安全气囊是现代汽车上重要的安全装置。一旦汽车前端发生了强烈的碰撞，安全气囊就会瞬间从转向盘（或其他位置）内弹出并垫在转向盘（或其他位置）与驾驶人之间，防止驾驶人的头部和胸部碰撞到转向盘（或其他位置）上。安全气囊自面世以来已经挽救了许多人的生命。

除了驾驶人侧有安全气囊，有些汽车前排也安装了乘员用的安全气囊，即双安全气囊规格。乘员用的与驾驶人用的相似，只是安全气囊的体积要大一些，所需的气体也多一些。另外，有些汽车在靠门一侧安装侧面安全气囊。

9.2 安全气囊

汽车发生碰撞时，在惯性的作用下，驾驶人和乘员会高速撞到转向盘等车内部件，从而受到伤害。在汽车上安装安全带和安全气囊等保护系统，可以在汽车受到碰撞时把驾驶人和乘员约束在座椅上，限制其头部、胸部的移动距离，避免与车内部件发生剧烈碰撞，从而起到保护作用。发生碰撞时安全气囊的作用如图9.6所示。

图 9.6　发生碰撞时安全气囊的作用

1. 安全气囊的发展

安全气囊是1953年由美国机械工程师约翰·赫缀克发明的。经过了近30年的漫长历程，直至1984年，美国正面碰撞标准（FMVSS 208）在美国经多次被废除后又重新被认可并开始实施，其中规定从1995年9月1日以后制造的轿车前排座椅前均应装备安全气囊，同时要求1998年以后的新轿车都装备驾乘人员使用的安全气囊，自此确认了安全气囊的作用。推广和普及安全气囊的原因为：①碰撞试验技术的进步；②公众对汽车安全要求的提高；③安全气囊所需电子技术的提高；④安全气囊对于人体的保护效果显著。

安全气囊也有副作用。安全气囊也可能造成驾乘人员死亡，这主要发生在低速碰撞的情况下。安全气囊造成人员死亡的原因有如下几种：①儿童及儿童座椅靠近安全气囊；②碰撞前的制动使儿童更加靠近安全气囊；③安全气囊主要造成驾乘人员头部和颈部的伤害；④身高较低的驾乘人员受到的伤害较大。

2. 安全气囊的结构及工作原理

驾驶人处的安全气囊是存放在转向盘衬垫内的，因此当看见转向盘上标有 SRS 或 AIRBAG 字样，则可知此车辆装有安全气囊。安全气囊按其总体结构可分为机械式安全气囊和电子式安全气囊两类：机械式安全气囊不需要电源，检测碰撞和引爆点火剂都是利用机械装置来完成的；电子式安全气囊是机械式安全气囊与电子技术结合的产物。

安全气囊的基本保护思想如下：发生碰撞后，安全气囊迅速在驾乘人和车内部件之间打开一个充满气体的袋子，使驾乘人员扑在其上。通过安全气囊的排气节流阻尼吸收驾乘人员的动能，使猛烈的车内碰撞得以缓冲，达到保护驾乘人员的目的。

汽车采用的安全气囊普遍是电子式安全气囊。电子式安全气囊主要由碰撞传感器、辅助约束系统（supplemental restraint system，以下简称 SRS）ECU、SRS 指示灯、气体发生器和气囊等组成。汽车电子式安全气囊的组成如图 9.7 所示。

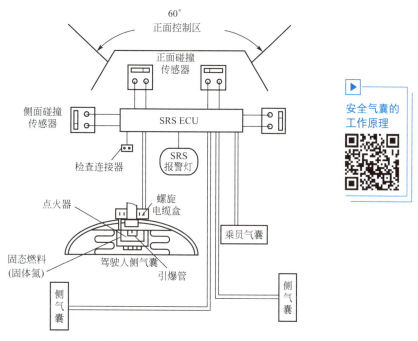

图 9.7 汽车电子式安全气囊的组成

碰撞传感器和 SRS ECU 用于判断碰撞程度及传递并发送信号，气体发生器根据信号指示产生点火动作，固态燃料被点燃并产生气体向安全气囊充气，安全气囊迅速膨胀。安全气囊装在转向盘毂内紧靠缓冲垫处，其容量为 50～90L，制作安全气囊的布料具有很高的抗拉强度，多以聚酰胺织物制成，折叠起来的表面附有干粉，以防安全气囊粘在一起而爆发时被冲破；为了防止气体泄漏，安全气囊内层涂有密封橡胶；同时安全气囊设有安全阀，当充气过量或安全气囊内压力超过一定值时会自动放出部分气体，避免驾乘人员因挤压受伤。安全气囊中所用的气体多为氮气。安全气囊的充气原理如图 9.8 所示。

(1) 碰撞传感器。

碰撞传感器主要有机械式传感器、机电式传感器、电子式传感器等。其中，电子式碰撞传感器集成度高，其内部集成有加速度传感器、低通滤波器、温度补偿等；接口简单，可靠性高；具有自诊断功能，可及时发现异常现象。电子式碰撞传感器如图 9.9 所示，其应用很广泛。

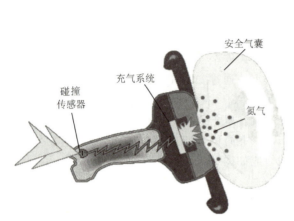
图 9.8　安全气囊的充气原理

图 9.9　电子式传感器

安全气囊的传感方式有多点传感式和单点传感式。多点传感式安全气囊的典型配置共有三个传感器：机电式左挡板碰撞传感器、机电式右挡板碰撞传感器和诊断模块中的电子碰撞传感器。驾驶人侧和乘员侧各有一个安全气囊。两个挡板碰撞传感器中只要有一个闭合，诊断模块中的电子碰撞传感器就对送来的信号进行处理和判断，当认为有必要点火时，发出点火信号使安全气囊充气。单点传感式安全气囊采用单个电子式碰撞传感器，并且该传感器和点火控制模块及诊断模块都集成在一起。由于点爆控制算法越来越完善，因此单点传感式安全气囊正在逐步取代多点传感式安全气囊。

(2) SRS ECU。

SRS ECU 是安全气囊的核心部件，其控制机理是各生产商严格保密的核心技术。SRS ECU 要能准确判断正撞、偏撞、斜撞等复杂情况的碰撞强度，并准时点爆安全气囊。

SRS 主要有机械式 SRS、模拟电子式 SRS、智能式 SRS。其中，机械式 SRS 主要用于低成本的安全气囊，应用逐年减少。

大部分现代汽车都采用带 ECU 的智能式 SRS，对电子式碰撞传感器测量得到的信号进行处理，输出点火信号。SRS ECU 的工作原理如图 9.10 所示。

(3) SRS 指示灯。

为了保证行车安全，SRS 指示灯用于警示驾驶人安全气囊的工作状态。安全气囊在点火开关接通及发动机起动后，SRS 指示灯连续发光约 5s，然后自动熄灭。

(4) 气体发生器

气体发生器有压缩气体式（冷式）气体发生器、燃烧式（热式）气体发生器和混合式气体发生器。

① 压缩气体式（冷式）气体发生器。此种气体发生器主要与机械式碰撞传感器及气

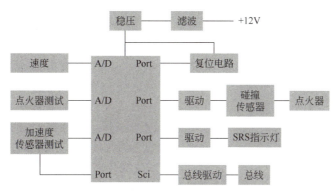

图 9.10　SRS ECU 的工作原理

囊控制器连用。由于其产气少、充气慢等缺点，其应用较少。

② 燃烧式（热式）气体发生器。此种气体发生器通过燃烧剂燃烧产生大量气体，因此其产气量大，容易控制，其应用较多。燃烧剂有叠氮化钠等，叠氮化钠燃烧时产生无害的氮气，但产生大量的热量和固体颗粒，所以要采取降温、过滤等措施。为防止火药产生的热量对驾乘人造成伤害，有些安全气囊内部涂有隔热涂层。叠氮化钠溶于水后有毒，对环保不利，因此各安全气囊生产商都在研发新型的燃烧剂，可燃气体是其中的一种。可燃气体是将氢气和氧气按一定比例混合加压储存在储气瓶中，燃烧后产生水，没有固体颗粒，燃烧前也无害，是一种理想的燃烧剂。

③ 混合式气体发生器（图 9.11）。此种气体发生器是用少量的燃烧物质产生足够的热量，使压缩气体迅速膨胀而充满气囊。其产气量大，而产生的热量少，是今后安全气囊的发展方向。

（5）气囊。

气囊控制器的基本要求为：① 在不影响系统可靠性的前提下，尽量采用集成元件，并且元件的个数应尽量少；② 元件及电路应可在线测试；③ 减少耗电，使系统在主电源耗电情况下可继续工作；④ 存储故障码，以备事后诊断。气囊控制器的外形如图 9.12 所示。

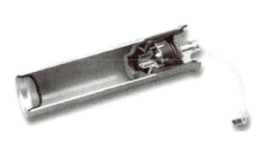

图 9.11　混合式气体发生器

图 9.12　气囊控制器的外形

气囊的形式有两种：一种体积较大，即使驾乘人员不系安全带也能起到良好的保护作用；另一种体积较小，与安全带配合使用，是将安全气囊与三点式安全带共同组成一个驾乘人员保护系统，可以达到最佳的保护效果。安全气囊如图 9.13 所示。

3. 安全气囊的工作过程

汽车在行驶中发生一定强度的碰撞后，碰撞传感器的开关启动，控制线路开始处于工

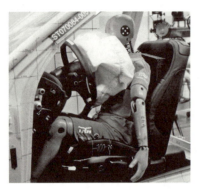

图 9.13 安全气囊

作状态,并接通监测回路来判断是否有碰撞发生。只有信号同时来自两个碰撞传感器才会使安全气囊开始作用。

由于汽车的发动机及蓄电池通常都处于车头易受损的部位,因此安全气囊具有自备电源以确保发挥作用。在判定施放安全气囊的条件正确后,控制回路便会将电流送至点火器,然后瞬时加热,将内含的叠氮化钠点燃。安全气囊的工作过程如图 9.14 所示。

(1) 将从碰撞传感器接收的电信号通过 SRS ECU 传给气体发生器的引爆剂。

(2) 引爆剂像根"电火柴",通电后立即着火,然后点燃气体发生器组件内的扩爆剂(又称引爆管)。

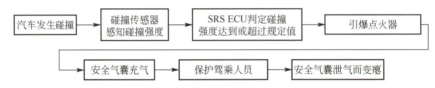

图 9.14 安全气囊的工作过程

(3) 扩爆剂点燃后,点燃点火药——主推进剂。传统的主推进剂由氮化钠和氧化剂组成,也有些使用压缩氮气或氩气或两种混合使用。

(4) 主推进剂燃烧生成氮气流。

(5) 迅速膨胀的气体经过过滤进入折囊垫,形成安全气囊锥形。

(6) 气体发生器使充入安全气囊的气体压力增大,并开始推压安全气囊饰罩。

(7) 安全气囊饰罩上的压力不断增大,饰罩材料延伸变形并撕裂薄弱区的接缝。

(8) 随着裂缝的出现,饰罩门开启,为安全气囊的启动提供最佳通路。

(9) 气体压力继续增长,安全气囊张开至织物绷紧。

(10) 驾乘人员接触和压迫安全气囊,实现安全保护;通过气体的黏性阻尼作用,驾乘人员前移能量被吸收,安全气囊中过压气体经过安全气囊通气孔排出而不致使其受伤。

正规的安全气囊必须在发生汽车碰撞后的 0.01s 内使 SRS ECU 开始工作,0.03s 内使点火装置启动,0.05s 内使高压气体进入安全气囊,0.08s 内使安全气囊向外膨胀,0.11s 内使安全气囊完全胀大。

4. 安全气囊的关键技术

安全气囊的关键技术包括碰撞判断准确、点火时刻准确、抗粗糙路面干扰能力强、可靠性与工作稳定性强。

(1) 碰撞判断准确。

汽车的碰撞形式有多种,其碰撞强度、减速度波形、车体变形等都是不同的,但都要求安全气囊能准确判断碰撞强度,并能准确控制安全气囊启动。

安全气囊有两种形式:第一种是与安全带配合使用,当低速碰撞时主要是安全带对驾乘人员起保护作用,当发生高速碰撞时才启动安全气囊对其进行保护,此时安全气囊主要保护驾乘人员的面部，故安全气囊又称"面袋"；第二种是单独起保护作用，发生碰撞时，安全气囊要保护驾乘人员的头部和胸部。第一种安全气囊的体积较小（驾驶人侧安全气囊容积为40L左右），充气量小，充气时间短，启动安全气囊的碰撞车速较高，造价低。第二种安全气囊的体积较大（驾驶人侧安全气囊为容积60L以上），充气时间长，充气量大，启动安全气囊的碰撞车速较低，造价高。

安全气囊的启动车速与各个国家的事故形式有关。通常是根据大量的事故统计数据，总结出不同车速的碰撞事故对驾乘人员造成的伤害程度，据此确定何种车速需启动安全气囊来对驾乘人员进行保护。对于上述第一种安全气囊，一般规定：汽车在20km/h以下正面碰撞时，安全气囊不启动；汽车在30km/h以上正面碰撞时，安全气囊一定启动；汽车在20～30km/h之间为点火的模糊区，安全气囊可启动也可不启动。对于上述第二种安全气囊，一般是汽车在12.8km/h以下正面碰撞时，安全气囊不启动；汽车在20.9km/h以上正面碰撞时，安全气囊一定启动。如果高速碰撞时安全气囊没有启动（漏点火），会给驾乘人员造成严重伤害，这是绝对不允许的。

（2）点火时刻准确。

以驾驶人侧气囊为例，点火动作发生后，气体发生器的充气时间约为0.03s。最佳情况是发生碰撞时，安全气囊刚刚充满气体后，驾驶人的头部即与安全气囊接触，这样保护作用最好。如果驾驶人的头部接触到安全气囊时，安全气囊尚未充气完毕（点火迟），则安全气囊不仅不能起到缓冲吸能作用，巨大的爆炸力反而会将驾驶人打伤。如果安全气囊充气完毕后很长时间驾驶人的头部才与安全气囊接触（点火早），由于安全气囊节流小孔的排气作用，安全气囊中没有足够的气体压力，同样会影响对驾驶人的保护作用。

如果驾驶人乘坐位置偏离了正常位置（如驾驶人离转向盘过近或过远），则称此驾驶人为离位乘员。安全气囊对离位乘员具有较强的伤害作用。以驾驶人侧气囊为例，如果离位乘员的胸部靠在转向盘上，安全气囊会将其肋骨打断；如果离位乘员的胳膊靠在转向盘上，安全气囊会使其胳膊骨折。安全气囊对离位儿童乘员的伤害尤为严重，因此应推行低能量安全气囊，即延长安全气囊的充气时间，减少安全气囊的侵略性，此时安全气囊的充气时间大于0.03s，点火动作要提前。

（3）抗粗糙路面干扰能力强。

安全气囊是一次性使用的安全防护系统，若意外启动，除了会造成经济损失，还会对驾驶人造成惊吓，可能会引发不必要的事故。因此安全气囊必须具有强的抗粗糙路面干扰能力。

当汽车以20～60km/h的车速通过下述路面时，安全气囊不应启动：上下110mm高的台阶、铁路铁轨、270mm深的坑、国标路面、扭曲路面、坑洼路面、石块路面、搓板路面、卵石路面等。这些情况都会产生较大的汽车减速度，安全气囊必须能识别此种状况而不启动。

（4）可靠性与工作稳定性强。

由于汽车的工作环境比较复杂，安全气囊必须有较强的可靠性和工作稳定性。如汽车在雨中工作、在高温气候中行驶、在寒冷的地区使用、在高海拔高度的地区使用、在强电磁干扰环境中行驶等，这些环境都不能引起安全气囊的失效。另外，某些时候汽车的蓄电池电压可能偏低，发生碰撞时可能在碰撞的最初时刻将蓄电池破坏，使安全气囊失去电源，因此安全气囊要有很宽的工作电源范围，并且当电源失效后，应能有数百毫秒的持续工作能力。

9.3 预紧式安全带

汽车安全带的发明

预紧式安全带是近年来发展的一种安全带。预紧式安全带是在普通安全带的基础上增加预紧器构成的。预紧器可以与锁扣结合在一起（锁扣预紧器），也可以与卷收器结合在一起（卷收器预紧器）。一般为了保证驾乘人员的舒适性，预紧式安全带的预紧力不能太大，安全带与人体之间要有一定的间隙，当驾乘人员的衣服较厚时，此间隙较大。发生碰撞时，这个间隙将减小安全带的有效作用范围，降低安全带的效能。安全带使用预紧器后，可在碰撞达到一定强度时启动预紧器，带动锁扣回缩或卷收器回转，使安全带缩短一定长度，有效消除间隙，充分发挥安全带的作用。

常用的预紧器有以下几种。

（1）锁扣预紧器（图9.15）。锁扣预紧器使用火药作为动力，锁扣上面与织带相连，下面由钢丝绳与预紧器内的活塞相连。发生碰撞时，通过点火设备点燃安装在预紧器上的火药，火药燃烧产生气体充入气室内。活塞在气体的压力下向右移动，通过钢丝绳将锁扣向下拉回约80mm，消除安全带与驾乘人员间的间隙。在活塞中装有自锁钢球，使活塞只能向右移动，防止在安全带的拉力下活塞向左移动。

（2）卷收器预紧器（图9.16）。卷收器预紧器安装在卷收器的侧面，使用火药作为动力。发生碰撞时，通点火设备点燃安装在卷收器上的火药，推动卷收器齿轮移动，从而带动卷收器回卷。

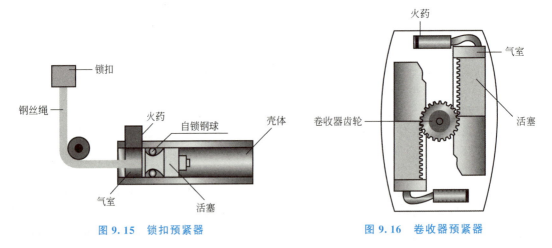

图9.15 锁扣预紧器   图9.16 卷收器预紧器

阅读材料9-2

安全带可以有效减少碰撞伤害

安全带可以有效控制发生碰撞时的位置，避免其与车体发生碰撞。汽车使用安全带，其负伤率可降低43%～52%，前排驾乘人员负伤率可降低37%～45%。负伤率降低率大小还与车速有关。图9.17所示为车速为45km/h时有无安全带的驾驶人身体运动状态。从图中可以看出有安全带的约束可以防止驾驶人头部与风窗玻璃碰撞和减轻胸部与转向盘的碰撞力，从而减轻对其的伤害程度。

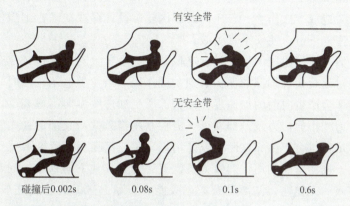

图 9.17　车速为 45km/h 时有无安全带的驾驶人身体运动状态

在车速低于95km/h的情况下，如驾驶人员使用安全带，遇有交通事故时，一般可避免死亡灾难；如不使用安全带，即使车速低于25km/h，也可能造成其死亡。

9.4　汽车座椅的安全性

汽车座椅的安全性主要是指座椅有效预防事故的发生或事故发生时可最大限度地减轻驾乘人员所受伤害的能力。根据汽车座椅在事故发生前后对减轻驾乘人员伤害程度的不同功能，汽车座椅的安全性分为主动安全性和被动安全性。

1. 汽车座椅的主动安全性

汽车座椅的主动安全性表征为汽车座椅主动预防交通事故发生的能力。汽车座椅的布置和设计直接影响驾驶人的视野，从而影响汽车的操作稳定性，最终影响汽车的安全性。即便是完全相同的车身结构，座椅的布置方式若是不同，驾驶人的视野也会有较大差别。因此，驾驶人座椅的布置是保证其有良好视野的关键。另外，舒适的座椅为驾驶人提供一个良好的驾驶工况，使其集中注意力、心情愉悦，从而有效预防事故的发生，提高汽车座椅的主动安全性。

2. 汽车座椅的被动安全性

在各种交通事故中，汽车座椅作为重要的安全装备。一方面，汽车座椅在事故中保证驾乘人员在自身的空间内，防止其他乘员或是物体进入其所在空间；另一方面，它要使驾乘人员在事故发生过程中保持一定的姿态，使约束部件（如安全带）能充分发挥其保护作用。汽车碰撞事故类型大致有三类：正面碰撞、侧面碰撞、追尾碰撞。为保证驾乘人员的安全性，在各种碰撞事故中要避免因座椅破坏而产生安全事故，因此座椅的设计必须考虑紧固件与骨架、靠背之间的连接强度。

当汽车发生正面碰撞时，安全带将驾乘人员约束在座椅上，最大限度地承担保护作用，使驾乘人员的身体上部不至于向前冲击，避免二次碰撞的发生。如果座椅底部与地板连接强度不够，驾乘人员将在惯性力的作用下与前方物件发生碰撞，此时安全带会丧失作用。同时，若后排乘员受到的约束较小、前排座椅靠垫强度较小，则后排乘员易因惯性作用碰撞前排座椅，造成二次伤害。若座椅的前围轮廓设计存在缺陷，则当发生正面碰撞时会导致驾乘人员座椅下滑，使安全带失效。

相比正面碰撞，追尾碰撞的伤害程度略低，但容易导致驾乘人员颈部受损。大量研究表明，座椅靠枕对驾乘人员颈部的保护起到关键作用。当发生追尾碰撞时，由于靠背的瞬时冲击，人体胸部会产生向前的加速度，而头部所受加速度方向刚好相反，此时颈椎将产生较大剪切力。为减小剪切力及颈部变形，需控制座椅靠枕与头部的初始距离。另外，若座椅靠枕强度不足，也会产生靠枕断裂或是坍塌现象，甚至伤及后排乘员。

侧面碰撞由于被撞车在侧面，驾乘人员没有注意到其他方向来车，而且车速较大，为了保持结构和空间的完整性，侧面没有考虑吸能，实际上碰撞的动能是车辆被推起滑行，车轮或车身翻滚与地面摩擦消耗能量，因此侧面碰撞往往更惨烈。

我国制定了国家关于汽车座椅安全性的各种标准，如 GB 11551—2014《汽车正面碰撞的乘员保护》、GB 13057—2023《客车座椅及其车辆固定件的强度》等。

随着现代汽车研发对安全、节能和环保的追求，在确保汽车座椅安全性的基础上，汽车座椅的结构设计也逐渐向低成本、轻量化的方向发展，更多新的制造技术及轻质材料开始大量应用于汽车座椅的研发设计。

客车座椅的安全性仿真分析与试验

分别选取 0.00s（试验开始前）、0.06s（加速度最大时刻）、0.10s（速度最大时刻）和 0.15s（假人基本进入较平稳状态）进行客车座椅的安全性仿真分析与试验。

（1）客车座椅两点式安全带。

客车座椅两点式安全带运动影响应对比图如图 9.18 所示。由图 9.18 可以看到，客车座椅两点式安全带的仿真结果与假人试验结果姿态基本一致。

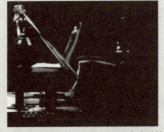
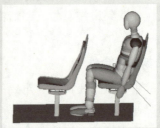

(a) 0.00s 试验开始前假人姿态

图 9.18 客车座椅两点式安全带运动学响应对比图

 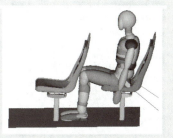

(b) 0.06s假人明显移动

 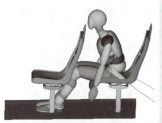

(c) 0.10s假人膝盖与前排座椅接触

(d) 0.15s假人头部与前排座椅碰撞，座椅上部变形

图 9.18　客车座椅两点式安全带运动学响应对比图(续)

（2）不系安全带运动学响应验证。

不系安全带运动学响应对比图如图 9.19 所示。由图 9.19 可以看到，不系安全带的仿真结果与假人试验结果姿态基本一致。

 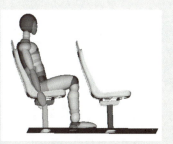

(a) 0.00s试验开始前假人姿态

图 9.19　不系安全带运动学响应对比图

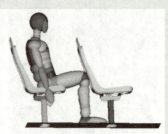

(b) 0.06s假人明显移动

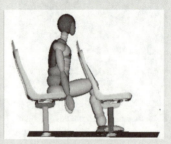

(c) 0.10s假人膝盖与前排座椅接触，座椅略微变形

(d) 0.15s假人头部与前排座椅接触，座椅大幅变形

图 9.19　不系安全带运动学响应对比图(续)

9.5　轮胎压力监测系统

近年来，车辆的爆胎事故越来越多。轮胎气压是正确使用轮胎的重要参数，气压过高或过低都会缩短轮胎的使用寿命，甚至造成行驶中爆破而酿成大事故。只要能合理选用、正确使用轮胎，并采用相应的轮胎压力监测系统（tire pressure monitoring system，以下简称 TPMS）作为保护措施，爆胎事故就会大大减少。

TPMS 能够保持标准的轮胎气压行驶，并能及时发现轮胎漏气，因而能够防止爆胎，防止发生突发性、恶性安全事故。此外，采用 TPMS 可延长轮胎使用寿命。试验表明，轮胎气压比正常值下降10%，其使用寿命会减少

15%；轮胎气压低于标准气压值30%，汽车油耗会上升10%。

1. 轮胎压力监测系统的组成

当车辆行驶时，TPMS接收来自车辆每个车轮转速传感器的信号，并进行综合分析。当某个轮胎的气压太高或太低时，轮胎的直径就会增大或减小，车轮转速也相应产生变化。TPMS将车轮转速的变化情况与预先存储的标准值进行比较，得出轮胎气压太高或太低的结果，从而点亮报警灯。

TPMS包含三个部分：①置于轮胎内的监测装置，即轮胎压力监测模块；②显示轮胎状态的监测器；③轮胎压力监测模块维护与配置用低频控制装置。TPMS的传感器在车轮上的安装如图9.20所示。

轮胎压力监测模块安装在汽车各轮胎内部，是轮胎压力和温度实时监测的主要部件，它可以通过低频控制装置进行配置。TPMS运行所测到的结果数据由射频发射机发送到监测器单元。

监测器安装于汽车的仪表板处，如图9.21所示。驾驶人可以清楚地看到轮胎的工作状态。当轮胎的压力低于允许的最小值或大于允许的最大值时，再或轮胎压力异常骤降时，监测器会发出警报。轮胎温度超过某一极限时，监测器也会发出警报。

图9.20 TPMS的传感器在车轮上的安装

图9.21 监测器

低频控制装置即配置轮胎压力监测模块的手动控制装置，它通过低频磁力调节轮胎压力监测模块，轮胎压力监测模块的结果通过射频传输。轮胎压力监测模块内的设置参数包括：①轮胎位置；②运行中的压力最小值和压力最大值；③运行中的温度最小值和温度最大值。

2. TPMS的工作原理

TPMS工作的环境温度为$-40 \sim 125$℃，电源装置使用寿命约为10年。TPMS的工作原理如下。

（1）轮胎压力监测模块。

轮胎压力监测模块电路原理如图9.22所示。轮胎压力监测模块主要包括：①带有数据传输用434MHz射频发射器的ECU，转换温度、压力测量结果的10位A/D转换器，以及输入输出接口；②连接压力传感器和带有 LMV341 运算放大器、A/D 转换器的简单接口；③用 BVS 电源电压检测仪检测的小功率二极管电路；④用于校准和指令设置的低频感应器和晶体管。

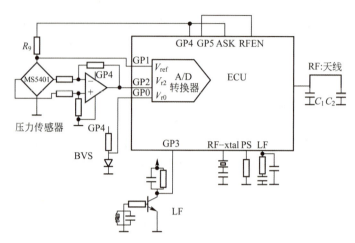

图 9.22　轮胎压力监测模块电路原理

（2）压力/温度测量。

压力和温度均可由压力传感器电桥直接测量得到，传感器输出电压的微小波动可以通过运算放大器放大，从而测量轮胎的压力。传感器电桥的电路温度变化引起电阻改变，测量轮胎温度的改变量。

为了节省电量，传感器的工作时间很短。当不测量时，所有输入/输出接口都处在低电压输出状态，传感器和运算放大器关闭。

压力测量过程中 ECU 的输入/输出接口处在以下状态。

① GP1 输出接口把电桥连接到电源，同时把 GP1 作为 A/D 转换器的参考。当 GP1 输出接口没有把电桥连到电源时，ECU 内部电阻就不会过多影响 A/D 转换器的结果。

② GP2 输出接口通过带有 A/D 转换器的运算放大器来测量压力的电压。运算放大器的增益选择有一个最大极限，以确保信号不会随压力传感器处理压力和温度变化而达到饱和状态。

③ GP4 接口用于断开温度测量电阻，避免电流通过 R_9，R_9 在压力测量时不工作。GP4 接口还用于激活 LMV341 运算放大器。

温度测量过程中 ECU 的输入/输出接口处于以下状态。

① GP4 断开连接串联电阻 R_9 的压力传感器。压力传感器电桥和 R_9 组成一个阻抗，并随温度而变化，其温度系数相当大（$3000 \times 10^{-6}/℃$）。

② GP0 作为 A/D 转换器的模拟输入端，这时电源电压等同于参考电压 V_{ref}。端口输出的串行电阻不取消，端口串行电阻约取 200Ω。因此，为了减小端口串行电阻的影响，电阻 R_9 必须为大阻值的电阻（约为 $10k\Omega$）。

3. 电源电压检测电路

电源电压检测过程是由与 A/D 转换器连接的小功率二极管转换其前端电压完成的，这个二极管的前端电压受电流极化影响不大。由于 A/D 转换器的参考电压是电源电压，因此结果反映的是电源电压。

MMBD1701A 二极管要求前端电流为 $10\mu A$，在压力和温度测量过程中可能有数据偏差，所以在压力和温度数据发送到监测器前需要检测电源电压。

在数据处理所允许电压的波动范围内，二极管的前端电压的波动由监测模块首次通电时补偿，此时电源电压为 $3.45V\pm0.2V$（$100\mu A$ 负载）。A/D 转换器加上 50LSB 输入电源电压校准数据，这时电源电压为 $2.5V\pm0.1V$。

4. 轮胎压力监测系统的射频调制

TPMS 的射频调制有幅移键控（amplitude shift keying，ASK）和频移键控（frequency shift keying，FSK）两种方式。

为了达到最佳的发射频率，天线通常使用的发射频率为 434MHz，其阻抗必须和 ECU 内的发射器的输出阻抗相匹配，即在发射频率为 434MHz 时，阻抗约为 300Ω。为了匹配需要，在天线回路里放有两个电容：电容 C_1 接发射器输出端并接地，该电容有效影响天线的阻抗，实际应用中约为 19pF；电容 C_2 接天线输出端并接地，该电容与天线自身的感应系数、阻抗一起决定天线的谐振频率，实际应用中约为 4pF。

由于接地线与电容器焊接过程中可能会产生裂缝，这样可能使其品质降低，有效传输能力降低，使用范围也会缩小。为了减小天线品质因数的影响，在发射器输出端与电源电压之间放置一个电阻器，逐渐减小这个电阻值可以降低天线品质因素的影响。从发射器的输出端到电源电压之间的电感可以使天线产生直流偏振。

5. 低频连接装置

低频连接装置是轮胎压力监测模块的接收装置。由于轮胎压力监测模块数据到达时 TPMS 处于待机模式，因此低频连接装置必须能够在电量耗费不多的前提下唤醒 ECU。

LC 电路必须能够产生一个较大的电压，要求电压≫电源电压/2，这样通过 GP3 端口的中断信号控制器才可以将低频连接装置从待机状态中唤醒。

低频连接装置的理想频率处于 10~200kHz，适当高一点的频率更适合快速传输数据。

本 章 小 结

本章主要介绍了汽车安全系统的要求与技术发展趋势，以及安全气囊和预紧式安全带。随着人们对汽车安全性的日益重视和科技的飞速发展，在汽车安全保护领域出现了大量的新技术。安全气囊和预紧式安全带已经发展成为先进的智能保护系统，可以在碰撞事故中更加有效地保护驾乘人员的安全。

【关键术语】

汽车安全技术　安全气囊　预紧式安全带　轮胎压力监测系统

综合练习

1. 填空题

(1) 汽车安全气囊由_____、_____、_____、_____组成。

(2) 安全带分为_____和_____两种。

(3) 汽车安全技术发展的主要特征有_____、_____、_____。

2. 简答题

(1) 阐述安全气囊的组成及工作原理。

(2) 设计安全气囊时应注意哪些问题？

(3) 预紧式安全带与普通安全带有什么区别？说明其保护原理。

(4) 预紧式安全带有哪两种常见形式？

(5) 简述轮胎压力监测系统的组成及意义。

第10章 无人驾驶汽车

教学目标

党的二十大报告指出,推动战略性新兴产业融合集群发展,构建新一代信息技术、人工智能等一批新的增长引擎,加快发展数字经济,促进数字经济和实体经济深度融合。智能车联网产业体系构建提供了根本遵循,将传感器、计算机、大数据、人工智能等有机结合。

通过本章的学习,读者可以了解无人驾驶技术的发展,掌握无人驾驶汽车的结构组成、车联网及智能交通系统。

教学要求

知识要点	能力要求	相关知识
无人驾驶技术的发展	了解无人驾驶技术的发展	无人驾驶技术的发展历程
无人驾驶汽车的系统构成与汽车驾驶自动化分级	掌握无人驾驶汽车的系统构成; 了解汽车驾驶自动化分级	无人驾驶汽车涉及的主要内容
无人驾驶汽车的结构组成	掌握无人驾驶汽车的结构组成	无人驾驶汽车的软件结构
无人驾驶技术的趋势及应用	掌握无人驾驶技术与车联网; 掌握无人驾驶技术与智能交通系统; 了解无人驾驶汽车在特定区域的应用	车联网; 智能交通系统

导入案例

由国防科技大学自主研制的红旗 HQ3 无人车（图 10.1），2011 年 7 月 14 日首次完成了从长沙到武汉 286km 的高速全程无人驾驶试验，创造了中国自主研制的无人驾驶汽车在复杂交通状况下自主驾驶的新纪录，标志着中国无人驾驶汽车在复杂环境识别、智能行为决策和控制等方面实现了新的技术突破，达到世界先进水平。

图 10.1 国防科技大学自主研制的红旗 HQ3 无人车

此次实验的 286km 行程耗时 3h22min，系统设定的最高速度为 110km/h，平均速度为 87km/h。红旗 HQ3 无人车搭载了原厂导航系统，但在实验中并未使用导航引导车辆前行，完全依靠传感器装置识别道路。

10.1 无人驾驶技术的发展

无人驾驶技术是自动驾驶技术发展到更高水平的一种驾驶技术，它通过微型计算机系统实现。无人驾驶技术依靠人工智能、视觉计算、雷达、监控装置和全球定位系统协同合作，使计算机可以在没有任何人类主动操作的情况下自动安全地操作机动车辆。

智能交通系统1

无人驾驶技术是对驾驶人在长期驾驶实践中，对环境感知、决策规划和控制执行三个过程的理解、学习和记忆的物化，如图 10.2 所示。无人驾驶汽车是一个复杂的、软硬件结合的智能自动化系统，采用自动控制技术、现代传感技术、计算机技术、信息与通信技术及人工智能等。

在汽车技术开发领域，人们普遍认为技术比人类更可靠。欧洲的一项研究表明：汽车驾驶人只要在有碰撞危险的 0.5s 前得到预警，就可以避免至少 60% 的追尾碰撞事故、30% 的正面碰撞事故及 50% 的路面相关事故；若有 1s 的预警时间，则可避免 90% 的事故。如果用技术代替人类开车，有望将交通事故减为零。尤其是无人驾驶汽车与车联网结合，将形成一个庞大的移动车联网络，再加上智能交通系

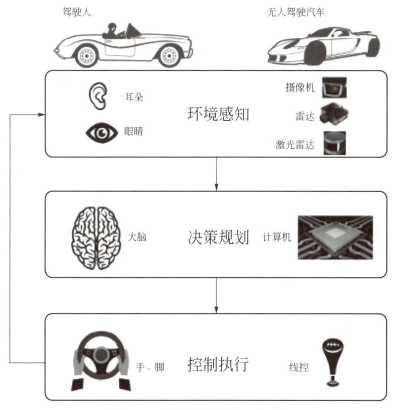

图 10.2 无人驾驶技术的三个过程

统（intelligent transportation system，ITS）提供的丰富的道路交通信息，无人驾驶汽车可以更加自由安全地行驶在城市道路环境中，从而形成更加智能的交通系统。无人驾驶技术的价值和意义在于大幅度提高道路的通行能力，大量减少道路交通堵塞和拥挤及其造成的损失，以及降低汽车油耗。

虽然无人驾驶汽车还没有走进普通人的生活，但是综合自适应速度控制、自动紧急制动等辅助驾驶系统的汽车已经在市场出现。

2013年百度研发无人驾驶汽车，开展城市、环路及高速道路混合路况下的完全自动驾驶，获得美国加利福尼亚州政府颁发的全球第15张无人车上路测试牌照。同一时段，国内其他互联网公司、传统汽车企业也纷纷部署无人驾驶技术发展规划。

2016年8月，工业和信息化部发布智能网联汽车发展技术路线图，制定了发展目标和战略规划。2017年工业和信息化部发布了《国家车联网产业标准体系建设指南（智能网联汽车）（2017）》，该标准体系框架包括基础、通用规范、产品与技术应用、相关标准四个主要部分。其中，基础涉及术语和定义、分类和编码、标识和符号；通用规范涉及功能评价、人机界面、功能安全、信息安全；产品与技术应用涉及信息感知、决策预警、辅助控制、自动控制、信息交互；相关标准涉及通信协议、界面接口。2018年4月，工业和信息化部、公安部和交通运输部联合发布《智能网联汽车公共道路测试管理规范（试行）》，对测试主体、测试驾驶人、测试车辆等明确了一系列要求。

自动驾驶技术代表了汽车未来发展的重点和方向，我国一些主要城市也相继出台有关政策和管理细则。例如，2017年12月北京市交通委员会联合北京市公安局公安交通管理局、北京市经济和信息化委员会制定发布了《北京市关于加快推进自动驾驶车辆道路测试有关工作的指导意见（试行）》和《北京市自动驾驶车辆道路测试管理实施细则（试行）》。紧随北京的脚步，上海成为中国第二个出台自动驾驶汽车道路测试规范的城市，2018年初，上海市经济和信息化委员会、上海市公安局和上海市交通委员会联合发布了《上海市智能网联汽车道路测试管理办法（试行）》，同时向上海汽车集团股份有限公司和上海蔚来汽车有限公司颁发了第一批开放道路测试牌照。

我国自动驾驶汽车测试集中在封闭道路环境。2016年6月7日，我国首个国家级智能网联汽车（上海）试点示范区封闭测试区启动，提供29种场景的测试验证；2016年1月18日，工业和信息化部、北京市政府、河北省政府联合签订"基于宽带移动互联网的智能汽车与智慧交通应用示范框架合作协议"，筹建北京智能汽车与智慧交通封闭测试场；2017年9月10日，由工业和信息化部、公安部和江苏省人民政府三方共建的国家智能交通综合测试基地正式揭牌，测试基地外围道路资源丰富，包括高速公路、城市道路、农村公路、山区公路和临水临涯道路等，内部将设计包括城市街区、环道、高速公路及多功能测试区等，通过内场辐射周边道路环境，形成封闭式测试场地和周边开放式公共道路相互补充的测试环境与验证平台。

国内的众多汽车企业也加大在自动驾驶领域的投入力度，基本集中在乘用车企业。2016年4月，长安汽车公司完成了从重庆到北京2000km自动驾驶的实路测试，实现了3级驾驶自动化水平。

在国内众多的客车企业中，仅有为数不多的几家客车企业在进行自动驾驶的开发运用。郑州宇通公司作为国内客车行业的龙头企业，与李德毅院士联合开发出全球第一台自动驾驶大客车，并于2015年8月在郑州与开封的城际道路上进行一次自动驾驶试验。在完全开放的道路环境下，途经26个信号灯路口，自主完成了跟车行驶、自主换道、邻道超车、路口自动辨识红绿灯通行、定点停靠等一系列试验科目，行驶32.6km，最高速度为68km/h，顺利到达指定地点，全程自动，无人工干预。其整车智能驾驶系统主要包含智能主控制器、智能感知系统、智能控制系统三大部分。

2017年4月1日，百度发布了自动驾驶Apollo计划，厦门金龙客车与百度签订战略合作，成为首批唯一一家加入Apollo生态的客车企业，双方随后展开深入的合作。2017年9月，厦门金龙客车已经完成Apollo10.0在客车上的应用，实现了循迹自动驾驶功能；2018年厦门金龙将联合Apollo开发并量产自动驾驶园区车。

为适应我国智能网联汽车发展新阶段的新需求，工业和信息化部、国家标准化管理委员会联合修订印发《国家车联网产业标准体系建设指南（智能网联汽车）（2023版）》。这是对第一阶段标准体系建设情况进行客观总结、对智能网联汽车产业新需求和新趋势进行深入分析后，形成的框架更加完善、内容更加全面、逻辑更加清晰的标准体系建设指南，为智能网联汽车产业高质量发展奠定了坚实基础。

我国智能网联汽车产业进入全新的发展阶段，技术加速迭代演进、产业发展不断深化、行业监管需求迫切，对新形势下的标准化工作提出了更高的要求。《国家车联网产业标准体系建设指南（智能网联汽车）（2023版）》充分考虑了智能网联汽车技术深度融合和跨领域协同的发展特点，设计了"三横两纵"的核心技术架构，主要针对智能网联汽车通用规范、核心技术与关键产品应用，构建包括智能网联汽车基础、技术、产品、试验标准等在内的智能网联汽车标准体系，充分发挥标准对智能网联汽车产业关键技术、核心产品和功能应用的基础支撑和引领作用，与《国家车联网产业标准体系建设指南》其他部分共同形成统一、协调的国家车联网产业标准体系架构。

无人驾驶技术的发展历程如图 10.3 所示。

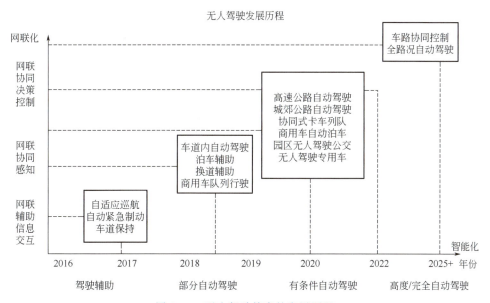

图 10.3　无人驾驶技术的发展历程

10.2　无人驾驶汽车的系统构成与汽车驾驶自动化分级

作为一个复杂的智能系统，无人驾驶汽车涉及的主要内容有如下几个方面。

（1）体系结构。体系结构是一个系统的"骨架"，确定了系统的基本组成框架和相互关系；对无人驾驶汽车系统来说，体系结构还包括系统信息的交流和控制调度，因此又起到"神经系统"的作用。无人驾驶汽车体系结构定义了系统软硬件的组织原则、集成方法及支持程序。一个合理的体系结构可以实现系统模块之间恰当协调，并在系统的软硬件上具有开放性和可扩展性。

无人驾驶汽车示例

（2）环境感知。无人驾驶汽车的环境感知像人类的视觉和听觉一样，利用各种传感器采集环境数据，并对信息中的数据进行处理。环境感知系统为无人驾驶汽车提供本车和周围障碍物的位置信息，以及本车和周围车辆等障碍物的相对距离、相对速度等信息，进而为控制决策提供信息依据。它是无人驾驶汽车实现避障、自定位和路径规划等高级智能行为的前提和基础。

（3）定位导航。无人驾驶汽车通过定位导航获得汽车的位置、姿态等信息。定位导航是无人驾驶汽车行驶的基础。常用的定位导航有航位推算法、惯性导航、卫星导航、路标定位、地图匹配定位和视觉定位等。在组合定位导航中，综合两种或两种以上不同类型的定位导航传感器信息可以获得更高的定位导航性能。

(4）路径规划。路径规划是指在一定的环境模型基础上，给定无人驾驶汽车的起点与终点后，按某性能指标规划出一条无碰撞、能安全到达目标点的有效路径。路径规划主要包含两个步骤：一是建立环境地图，二是调用搜索算法在环境地图中搜索可行路径。

(5）运动控制。无人驾驶汽车的运动控制分为纵向运动控制和横向运动控制。通过对油门踏板和制动踏板的协调控制，纵向运动控制可以实现对期望车速的精确跟随。在保证车辆操作稳定性的前提下，横向运动控制可以实现无人驾驶汽车的路径跟踪。

(6）一体化设计。相对于传统的添加外部机构的改造方法，无人驾驶汽车的一体化设计是未来无人驾驶汽车设计的导向。它综合考虑无人驾驶汽车对局部环境感知和决策规划，以及车辆的动力学特性等性能之间的相互联系和影响，在构建的无人驾驶汽车上集成设计各模块及其相关过程。它注重设计的整体性，以获得无人驾驶汽车设计整体最优为目标，在控制、结构、性能、布局、强度、可靠性、维修性和使用寿命周期费用等方面进行综合分析和协调。

图10.4所示为无人驾驶汽车的系统构成。

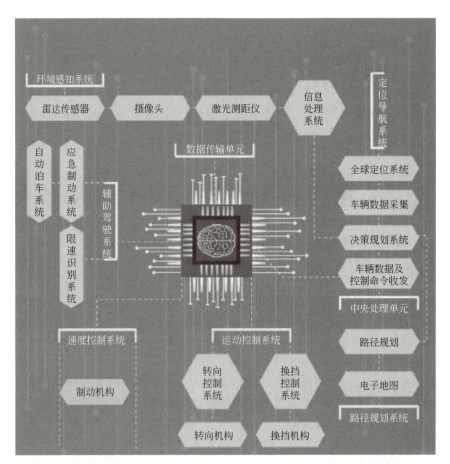

图10.4 无人驾驶汽车的系统构成

汽车的智能化发展是逐步推进的，GB/T 40429—2021《汽车驾驶自动化分级》将汽车驾驶自动化等级划分为以下6级。

0级驾驶自动化（应急辅助）：不能持续执行动态驾驶任务中的车辆横向运动或纵向

运动控制，但具备持续执行动态驾驶任务中的部分目标和事件探测与响应的能力，即具备环境感知能力。

1级驾驶自动化（部分驾驶辅助）：在其设计运行条件下持续地执行动态驾驶任务中的车辆横向运动或纵向运动控制，并且具备与所执行的车辆横向运动或纵向运动控制相适应的部分目标和事件探测与响应的能力。

2级驾驶自动化（组合驾驶辅助）：在其设计运行条件下持续地执行动态驾驶任务中的车辆横向运动和纵向运动控制，并且具备与所执行的车辆横向运动和纵向运动控制相适应的部分目标和事件探测与响应的能力。

3级驾驶自动化（有条件自动驾驶）：在其设计运行条件下持续地执行全部动态驾驶任务。

4级驾驶自动化（高度自动驾驶）：在其设计运行条件下持续地执行全部动态驾驶任务，并自动执行最小风险策略。

5级驾驶自动化（完全自动驾驶）：在任何可行驶条件下持续地执行全部动态驾驶任务，并自动执行最小风险策略。

通用无人驾驶汽车

自动驾驶的功能已启用，即代替驾驶人实现车辆控制。在3级及以上自动驾驶时，由系统执行全部驾驶任务。3级自动驾驶需要有后备的驾驶人预备接管，4级自动驾驶可在设计运行范围之内实现完全自动化，5级自动驾驶则是任何条件下均可实现完全自动化。

沃尔沃无人驾驶汽车

在0~2级自动驾驶时，驾驶人具有最高控制权限，可随时介入，可立即解除自动驾驶系统的控制权；在3级自动驾驶时，驾驶人请求介入时，立即解除自动驾驶系统的控制权；在4~5级自动驾驶时，驾驶人请求驾驶自动化系统退出时，解除系统控制权，如果存在安全风险可暂缓解除。

10.3　无人驾驶汽车的结构组成

设计无人驾驶汽车的结构有两种方案：一种是对原有车型加装执行机构、感知设备等进行无人驾驶功能改装；另一种是完全抛弃原有汽车外形，从实现无人驾驶功能的角度出发设计汽车外形，从而创造出全新车型。

我国无人驾驶清扫车是无人驾驶技术在清扫保洁作业车辆上的应用。无人驾驶清扫车深度融合了传统环卫车与互联网、通信、人工智能等技术，在无需驾驶员的情况下可实现环卫清扫工作。无人清扫车多为电动车，新能源的使用可以降低碳排放。

国内已经有多家企业实现无人驾驶清扫车阶段性的应用。北京智行者的"涡小白"可完成清扫、洒水、垃圾收集等工作，已经应用在北京鸟巢、植物园、雄安新区、沈阳火车站等多个场所；厦门金龙客车与百度阿波罗合作的GOVO基于金龙客车成熟的无人驾驶线控底盘，可实现无人工干预的清扫和消毒二合一作业；上海仙途智能科技有限公司的仙途智能无人清扫车，依托在港口、园区、隧道、高架等多个场景运行的技术积累，开展港区无人驾驶清扫的商业化落地，并推出无人驾驶清洁车队，在北京、上海、苏州、雄安新区等多城实现落地，并获得上海无人测试牌照；酷哇无人清扫车可自主实现全路况清扫、智能路径规划，获得了长沙的开放道路测试牌照并开展大规模示范应用。无人驾驶清扫车示例如图 10.5 所示。

(a) 涡小白

(b) GOVO

(c) 仙途智能无人清扫车

(d) 酷哇无人清扫车

图 10.5 无人驾驶清扫车示例

无人驾驶汽车的软件结构可分为感知层、任务规划层、行为执行层和运动规划层 4 个主要部分，如图 10.6 所示。

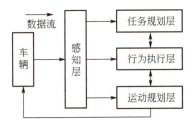

图 10.6 无人驾驶的软件结构

感知层融合处理来自无人驾驶车载传感器的数据，为整个系统的其他部分提供周围环境的关键信息。任务规划层根据已有的路网信息计算所有到达下一个路径检测点可行路径的代价，再根据道路拥堵情况、最大限速等信息比较生成的可行路径，得到到达下一个检测点的最优路径。行为执行层将任务规划层提供的决策信息和感知层提供的当地交通与障碍信息结合起来，为运动规划层产生一系列局部任务。运动规划层根据来自行为执行层的运动目标生成相应运动轨迹并执行，从而使无人驾驶汽车实现此运动目标。

在经典无人驾驶系统体系结构基础上，近些年来有学者对其进行拓展延伸，形成与经典结构略有不同的体系。引入决策层的无人驾驶系统如图 10.7 所示，将自动驾驶系统分为感知层、决策层和执行层，此种体系在决策层引入车联网和 3D 高精度地图。也有学者把人工智能引入无人驾驶系统，如图 10.8 所示，通过大数据分析和深度学习等方法，提高汽车的智能水平，推动无人驾驶技术的进一步发展。

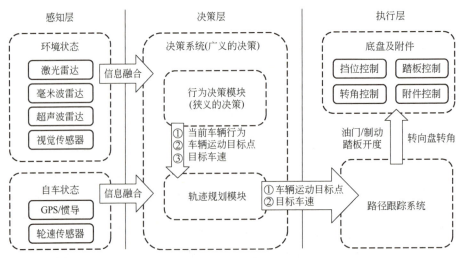

图 10.7 引入决策层的无人驾驶系统

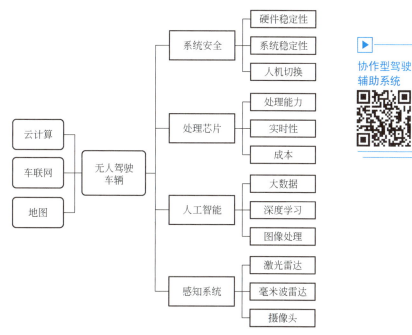

图 10.8　引入人工智能的无人驾驶系统

10.4　无人驾驶技术的趋势及应用

1. 无人驾驶技术与车联网

智能网联汽车是指搭载先进的车载传感器、控制器、执行器等装置，并融合现代通信与网络技术，具备复杂环境感知、智能化决策、自动化控制功能，使车辆与外部节点间实现信息共享与控制协同，实现"零伤亡、零拥堵"，达到安全、高效、经济行驶的新一代汽车。《中国制造 2025》指出，到 2025 年，掌握自动驾驶总体技术及各项关键技术，建立较完善的智能网联汽车自主研发体系、生产配套体系及产业群；减少交通事故 30% 以上，减少交通死亡人数 10% 以上；无人驾驶最高安全车速达到 120km/h，综合能耗较常规汽车降低 10% 以上，减少排放量 20% 以上。

无人驾驶汽车替代燃油汽车还需要一定的时间，而这期间必然会存在无人驾驶汽车和燃油汽车并行的时期。无人驾驶汽车不仅要实现有人驾驶和无人驾驶的无缝接合、实现良好的人机交互，还要具有车辆与车辆交互的特点。车联网（图 10.9）通常是指车辆与车辆（vehicle to vehicle，V2V）、车辆与基础设施（vehicle to infrastructure，V2I）、车辆与行人（vehicle to pedestrian，V2P）、车辆与网络（vehicle to network，V2N）的交互，实现车辆与公众网络通信的动态移动通信系统。它利用通信、互联网、物联网技术将各种车辆进行广泛联网进而展开综合应用，包括智能交通系统、汽车（移动）互联网及其应用、汽车通信网及其应用等，并在信息网络平台上对多源采集的信息进行加工、计算、共享和安全发布。

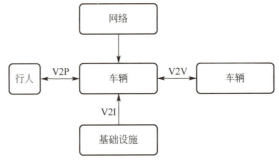

图 10.9 车联网

无人驾驶汽车与其他车辆之间的通信（图 10.10）可以大大降低交通事故的发生率。在公路上正常行驶的一辆汽车突然制动，后面有一辆汽车跟随，驾驶人从发现制动灯亮到踩下制动踏板需要一段时间，若注意力不集中，则需要的时间更长。当这两辆汽车可以通信时，只要前车驾驶人踩下制动踏板，就可以向后车发出信号，后车接收到信号后能迅速采取减速甚至紧急制动措施。

图 10.10 无人驾驶汽车与其他车辆之间的通信

无人驾驶汽车与基础设施之间的通信（图 10.11）可以使汽车提前得知路口交通信号

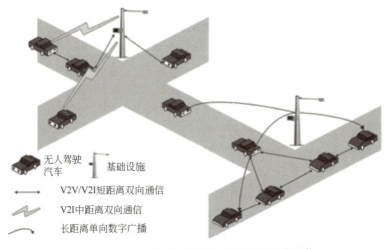

图 10.11 无人驾驶汽车与基础设施之间的通信

灯的状态，并且道路旁的通信装置能侦测附近道路的拥堵情况，发送信号给较远的汽车，从而使其绕开拥堵路段；也可以将道路信号上传网络，再传送给更远的汽车，以便更多的汽车合理规划出行路线。

无人驾驶汽车与行人之间的通信（图 10.12）使行人失去与驾驶人进行眼神交流的可能性，因此许多人会认为无人驾驶汽车是不安全的。当无人驾驶汽车在路上行驶时，行人可能不知道他们正在与哪种类型的车辆进行交互，如果发现驾驶人座椅上没有驾驶人，行人可能会产生压力，从而影响他们所做出的判断和反应。因此，许多无人驾驶汽车采用外部人机交互界面向周围的交通参与者显示信息或者汽车意图。

图 10.12　无人驾驶汽车与行人之间的通信

无人驾驶汽车与网络之间的通信可以理解为车联网，由车辆位置、速度和路线等信息构成巨大的交互网络。通过全球定位系统、车载雷达、传感器等，车辆可以完成自身环境和状态信息的采集；通过互联网技术，所有的车辆可以将自身的各种信息传输汇聚到中央处理器；通过计算机技术，这些大量车辆的信息可以被分析和处理，从而计算出不同车辆的最佳路线，及时汇报路况和安排信号灯周期。未来智能互联化是一个不可逆转的趋势，生活中常用的物品都在逐渐联网化，目前手机已成为人们出行携带的一个智能终端，汽车过去仅作为一项出行工具使用，而车联网的应用可以将汽车进化为另一个智能终端，提供包括导航、娱乐、通信、移动金融服务等功能。

在车联网时代，无线通信技术和传感技术具有一种互补的关系，当无人驾驶汽车处传感器的盲区时，无线通信技术发挥作用；当无线通信技术的信号丢失时，传感器就可会发挥作用。车联网帮助所有汽车与网络互联，不仅提高了交通效率，而且更加有效地保证了驾驶安全性。

2. 无人驾驶技术与智能交通系统

智能交通系统是将先进的信息技术、通信技术、传感技术、控制技术及计算机技术等有效集成、运用于整个交通运输管理体系，从而建立起一种在大范围内全方位发挥作用的实时、准确、高效的运输和管理系统。它以信息的收集、处理、发布、交换、分析、利用为主线，为交通参与者提供多样性服务，即利用高科技使传统交通模式变得更加智能化、更加安全、节能、高效。

在技术支持方面，智能交通系统能够为无人驾驶汽车提供先验信息，提高无人驾驶汽车的识别效率和识别准确率，促进无人驾驶汽车的安全可靠运行。例如，现在的无人驾驶汽车识别交通标志时仍然存在一定的困难，如果仅依靠车载视觉，则现在的计算机技术无法完全准确识别，此时可以引入车用无线通信技术（vehicle to X，V2X），其中 X 代表任何与车辆交互信息的对象（如人、车、路、云等），将交通标志的信息主动发给无人驾驶汽车（图 10.13）。

图 10.13　无人驾驶汽车与 X 之间的通信

在智能交通系统中，无人驾驶汽车的行驶线路可以在其出发前就在网络计算中心得到统筹规划。行程中的关键信息是实时地理位置坐标，通过长距离射频识别信号不断与沿途网络天线通信，告诉车辆位置信息并连续不断地获取和执行新的直行或转向、速度等位置移动信息指令，其车载计算机仅需实时通过传感器或激光雷达对行进前方及周边物体的间距信息进行监控判断，一旦判断在对应速度的行进方向上可能会与前方物体发生触碰，无人驾驶汽车就会优先执行制动或转向指令，再执行位移指令，车载计算机的计算工作量会减轻许多，使无人驾驶汽车在覆盖城市道路交通信息网络系统中只是众多末端"细胞"之一。其技术水平并不需要如同人类大脑一样具有独立思维能力，而是依靠基础设施的"团队合作"。无人驾驶汽车在移动中不断发出车辆身份信息、是否加速或减速、方向及预转向的偏向角等状态信息，告诉沿途信息，同时接收网络传输的移动指令，使此车辆在众多行进在该路段的车辆中，一方面按信息网络统筹调度，另一方面与周围车辆相互了解当前和下一步的移动意向。通过周围不同位置和角度的各车辆及道路旁或上方的传感器构成的全方位立体信息网络，无人驾驶汽车提前预知信息而采取预防措施，避免追尾、剐蹭等事故发生，无人驾驶汽车的行驶安全性将会比有人驾驶的行驶安全性更高。在一体化的系统中，各车辆及沿途传感器都会将观察到的信息连续不断地实时报告给智能交通系统，同时通过无线传输的有关行进方向和周围道路的信息与车载传感器观察到的信息进行综合计算判断，执行最为安全可行的行驶指令。

智能交通系统和无人驾驶技术的相互促进，传感器技术和信息技术的不断发展，以及处理器与芯片性能的不断提高，都为未来出行提供新的解决方案。无人驾驶汽车将会是未来智能交通系统中的重要组成部分，而无人驾驶技术和车联网的发展将助推智能交通系统迈向新的阶段，以实现高等级的无人驾驶。理解人类意图是人工智能的根本挑战，人脑具有因果关系的理解能力，但人工智能在短时间内还达不到这么高的水平。例如，在通过路口时，传感器可以识别行人和车辆，但无法准确预测这些行人和车辆下一步的行动。因此，建立完善的车联网和智能交通系统，实现无人驾驶汽车与各种交通参与者的信息交互是实现真正无人驾驶的关键环节。

3. 无人驾驶汽车在特定区域的应用

无人驾驶汽车在复杂的交通环境下行驶可能仍需时日，但是在一些特定场景（如矿区、景区、庄园、度假村、停车场等）中，无人驾驶汽车已经投入使用。因为这些地方均属于局部封闭场所，地图信息已知且环境信息相对简单，实现无人驾驶并不复杂。在这些封闭区域投入无人驾驶汽车还具有人力成本低、生产工作效率高的优点。

在进行矿山开采时，工作环境较为艰苦，并且运输过程中由于工人疏忽或过度疲劳经常会发生严重事故，造成巨大的人力和物力损失。矿区属于局部封闭区域，环境信息较为简单，可以在此区域引入无人驾驶汽车，不仅有效减少采矿过程中的事故发生率，还可以降低人力开支在运输成本中的比例。此外，无人驾驶汽车可快速、安全地运输矿石，更高效地使用燃料，降低能源成本，从而直接提高生产效率。

2023年12月25日，国家重点研发计划项目《智能电驱动重载车辆平台关键技术研究与示范应用》所取得的重大核心装备"全球首款240吨位智能混动重载车辆"——徐工XDE240H矿车（图10.14），在陕西神延煤炭西湾露天煤矿（国家级智能化示范露天煤矿）正式以"00"编号进入混编运输车队开始示范运行。

图 10.14 徐工 XDE240H 矿车

徐工XDE240H搭载智能驾驶系统，应用自主开发大转矩轮毂驱动系统集成设计及控制技术，开发了最大输出转矩为720000N·m的轮毂驱动系统，时刻保持强大动力，即使重载上坡也能顺畅、高效通过；同时，它具备智能驾驶系统，可以远程无人操作，更安全、更高效。

面对日益增多的车辆，停车场发挥着越来越重要的作用，它可以集中存放车辆，有效利用城市空间，方便车辆的统一管理。停车场有地上停车场和地下停车场，因为地下停车场具有使用管理方便，不占用城市表面用地，无须拆迁、征地等优点，正逐渐代替地上停车场而成为城市建设中的重要一环。地下停车场环境较为简单，场景相对封闭，地图信息可知，成为现阶段科技公司投入无人驾驶汽车的首选之地。在地下停车场引入无人驾驶摆渡车，车主可以通过终端查询自己车辆的位置，然后呼叫无人驾驶摆渡车，让其把车主送到自己停车的车位上，这样不仅可以解决人们找不到车的烦恼，而且可以大幅度增加停车场面积与容量，提高停车场的使用效率。

本章小结

本章主要介绍了无人驾驶技术的发展、无人驾驶汽车的结构组成等。

【关键术语】

无人驾驶技术　车联网　智能交通系统

综合练习

1. 填空题

(1) 汽车驾驶自动化分级包括_____、_____、_____、_____、_____、_____。

(2) 无人驾驶汽车的核心技术包括_____、_____、_____、_____。

2. 思考题

(1) 无人驾驶汽车与其他车辆如何实现交互？
(2) 无人驾驶汽车与基础设施如何实现交互？
(3) 无人驾驶汽车与行人如何实现交互？
(4) 无人驾驶汽车与网络如何实现交互？

3. 简答题

(1) 无人驾驶汽车由哪几部分构成？各部分分别具有哪些主要功能？
(2) 简述无人驾驶技术的发展历程。
(3) 简述车载导航系统的主要硬件及其功能，以及软件系统的功能。

第 11 章 汽车设计技术

 教学目标

党的二十大报告指出,教育、科技、人才是全面建设社会主义现代化国家的基础性、战略性支撑。汽车产业的发展,技术是核心,人才是关键,尤其是在当下,人才的引领和驱动作用越加明显。

通过本章的学习,读者可以了解现代设计的设计原则及现代汽车设计的设计要求,了解虚拟现实设计、绿色设计、并行工程的基本概念、设计方法及其在汽车行业中的应用,了解汽车计算机辅助工程在汽车上的应用和 NVH 开发流程。

 教学要求

知识要点	能力要求	相关知识
汽车设计技术概述	了解现代设计的特征和设计原则,以及汽车设计的方式; 了解整车设计与开发技术过程; 了解现代汽车设计的设计要求及发展趋势	计算机辅助设计; 计算机全程设计
虚拟现实设计	了解虚拟现实设计的基本概念及其在汽车开发中的应用	虚拟风洞; 虚拟维修
绿色设计	了解绿色设计的概念和过程,以及绿色设计在汽车工业中的应用	绿色设计过程模型

续表

知识要点	能力要求	相关知识
并行工程	了解并行工程的基本概念及其中汽车设计中的应用	产品开发早期阶段； 车身并行工程图
汽车计算机辅助工程	了解汽车计算机辅助工程在汽车上的应用	刚度和强度分析； NVH 分析； 机构运动分析； 车辆碰撞模拟分析； 金属板冲压成型模拟分析； 疲劳分析； 空气动力学分析； 虚拟试车场整车分析； 焊接模拟分析
NVH 开发流程	了解 NVH 开发流程的阶段	车辆的前期 NVH 研究； NVH 技术指标设定； 优化设计以达到 NVH 技术指标； 整车道路模拟试验； 装配线调试

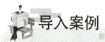导入案例

自汽车问世到20世纪70年代中期,车身的设计方法没有实质性的变化,我国至20世纪90年代初的汽车制造业仍沿用传统的车身设计方法,如图11.1所示。

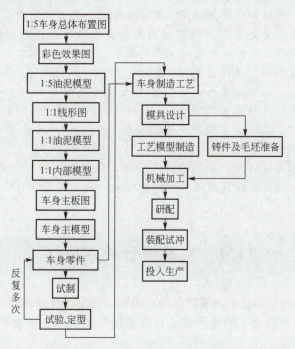

图11.1　传统的车身设计方法

1. 初步设计

为了减轻绘制车身布置图和制作模型过程中反复修改的工作量,在初步设计中多采用缩小比例(一般为1∶5)。

(1) 根据整车的初步设计控制尺寸和总体布置方案,绘制1∶5的车身总体布置图。初步确定车身的主要控制尺寸,如前、后悬架,前、后风窗位置及倾角,前、后围板位置,发动机高度,地板高度,操作机构,前、后座椅布置及内部空间尺寸控制,等等。

(2) 根据车身总体布置图,绘制彩色效果图。在绘制效果图的过程中,出于对审美的要求,往往需要对车身总体布置图的线形作修改,得到多张彩色效果图,可以从中选择一张满意的彩色效果图方案。

(3) 雕塑1∶5油泥模型。以车身总体布置图的外形尺寸和彩色效果图为依据,雕塑1∶5油泥模型,以便观察立体效果。

2. 技术设计

因为将小比例模型放大成1∶1实物的效果未必好看,所以还要对其进一步处理。

(1) 绘制1∶1线形图。大致观察汽车的外形轮廓,发现和修正初步设计阶段小比例模型上所暴露的问题,从各个角度对线形图进行观测,检验放大后的效果图。如果对局部不满意,也可以对线形图进行适当修改,直至满意为止。

(2) 雕塑1∶1油泥模型。1∶1油泥模型反映了未来新车的立体造型效果,要求表面光整、曲线连续,能准确反映车身各部分的曲面外形。

(3) 制作1∶1内部模型。1∶1内部模型用于检验内部尺寸布置及内部装饰效果。由1∶1油泥模型和1∶1内部模型确定车身外形和结构、门窗位置及钣金零件的分块。

宝马汽车设计过程

(4) 绘制车身主板图。车身主板图是车身设计中最关键的环节,由于车身外形是大型复杂的空间曲面,要求精度高,因此必须用三维坐标表示,它要求反映车身上的主要轮廓线、各零件的装配关系、各零件的主要结构截面等,制作过程相当复杂。

(5) 制造车身主模型。车身主模型是制造冲模、型胎、装配焊接夹具、检验样架的主要依据,也是汽车投产过程中的检验依据。

(6) 设计车身零件。根据车身主板图、1∶1油泥模型、1∶1内部模型,绘制汽车的所有内饰和外覆盖件零件图。

(7) 根据车身零件设计图,试制样车及试验,检验汽车设计过程的正确性及效果。如果样车经试验达到满意的设计效果,则对开发的产品正式定型。

11.1 汽车设计技术概述

汽车可以说是现代科学技术的高度结晶,因此,汽车设计技术和汽车生产技术成为一个国家现代科学技术发展水平的根本标志,许多国家把汽车工业作为经济发展的支柱产业,这一行业竞争激烈。

1. 现代设计的特征

汽车设计演变史

现代设计是传统设计的深入、丰富和完善,而非独立于传统设计的全新设计。现代设计的特征如下。

(1) 以计算机技术为核心。

以计算机技术为核心是现代设计的主要特征。计算机技术的飞速发展对现代设计产生了巨大影响,表现为以下几个方面。

① 设计手段更新。甩掉图版的"无纸设计"作为现代设计的主流,极为显著地提高了设计效率。

② 产品表示从基于投影原理的二维转变为三维产品模型。这种产品表示不仅包括反映产品形状和尺寸的几何信息,还包括分析、加工、材料、特性等数据,可以直接用于分析与制造。

③ 有限单元法、优化设计、逆向工程、并行工程、虚拟现实设计、模态分析、计算机仿真及以神经网络与模糊设计等为代表的智能设计方法开始涌现和发展。

④ 随着计算机技术的发展,现代设计方式从传统的串行方式发展到并行方式。

⑤ 实现计算机辅助设计(computer aided design,CAD)、计算机辅助工艺设计(computer aided process planning,CAPP)、计算机辅助制造(computer aided manufacturing,CAM)、计算机辅助工程(computer aided engineering,CAE)一体化。

⑥ 依赖于计算机技术的数据库技术的发展及管理信息系统(management information

system，MIS）、产品数据管理（product data management，PDM）等系统的广泛应用，企业管理水平大大提高。

⑦ 网络技术的发展使企业之间的联系更为紧密，可实现优势互补和资源共享，使企业生产组织模式呈现较大的开放空间。

（2）以设计理论为指导。

受科学技术发展水平的限制，传统设计是以生产经验为基础，运用力学、数学和回归方法形成的公式、图表、手册等作为依据进行的。随着理论研究的深入，许多工程现象不断升华和总结，成为揭示事物内在规律和本质的理论，如关于车身设计的计算几何、优化设计理论、模态分析理论、可靠性理论、疲劳理论、人工智能理论等。现代设计是基于理论形成的，利用理论指导现代设计可降低经验设计的盲目性和随意性，提高设计的主动性、科学性和准确性。因此，现代设计是以理论指导为主、经验为辅的一种设计。

2. 现代设计的设计原则

设计原则是设计产品应满足的条件，也是对设计行为的约束。受设计水平、观念、体制等的限制，传统设计考虑的原则着眼于产品的功能和技术范畴。现代设计的设计原则是传统设计原则的扩充和完善，更强调设计面向产品生命周期，两者并无本质区别。现代设计的设计原则如下。

（1）功能满足原则。

保证产品功能是产品设计的首要原则。如果产品不具备要求的功能，设计就失去了价值。因此，满足功能是所有产品设计必须遵守的原则。

（2）质量保证原则。

保证质量是产品设计的另一条重要原则。产品质量主要由产品性能和可靠性决定，质量保证原则主要包括以下几个方面。

① 性能指标。性能指标是指产品的技术指标，如汽车的最高车速、汽车综合百公里燃料消耗量、车身加工精度、传动系统运动精度等。先进的性能指标是实现高质量产品的前提。

② 可靠性。可靠性是指产品在规定的条件和规定时间内完成规定功能的能力，如半轴的可靠性、后桥的可靠性等。只有产品具有可靠性，它才有使用价值，因此产品性能的发挥依赖于可靠性。

③ 强度原则。强度原则要求产品零件具有抵抗整体断裂、塑性变形和某些表面损伤的能力，如汽车变速器齿轮强度的设计、汽车驱动桥强度的设计。

④ 刚度原则。刚度原则要求在外载作用下产品变形在规定的弹性变形之内，如车架与车身刚度的设计等。

⑤ 稳定性。稳定性是指产品在外载作用下能够恢复平衡性的能力。

⑥ 耐磨性。耐磨性要求零件在规定时间内，其磨损量在规定值以内，如对汽车发动机缸体和汽车轮胎的耐磨性要求。

⑦ 耐蚀性。耐蚀性要求产品在恶劣环境下，具有不被周围介质侵蚀的特征。

⑧ 抗蠕变性。抗蠕变性要求在高温环境下工作的产品不发生蠕变或蠕变变形在规定值以内，如汽车发动机的缸体和活塞的抗蠕变性要求。

⑨ 动态特性与平衡特性。动态特性和平衡特性是指在动载荷作用下产品具有良好的

抗振特性，以保证产品的平稳性和低噪声运行，以及旋转产品具有良好的静态平衡和动态平衡特性，如发动机曲轴。

⑩ 热特性。热特性是指保证产品具有要求的温度、温度分布和热流状态，以及要求热应力、热变形在规定值以内。

（3）工艺优良原则。

工艺优良原则是指设计能够且容易通过生产过程实现，它包括以下内容。

① 可制造性。可制造性是指利用现有设备能够制造出满足精度要求的零件，并且制造成本低、效率高。

② 可装配性。可装配性是指零件能够装配成满足装配精度要求的部件和整车，并且装配成本低、效率高。

③ 可测试性。可测试性是指产品能够通过适当方法进行有关测试，以评估设计、制造和装配的技术水平。

（4）经济合理原则。

经济合理原则要求产品具有较低的开发成本和使用费用，如汽车综合百公里燃料消耗量。

（5）社会使用原则。

社会使用原则考虑产品投放市场后的表现行为，它包括以下内容。

① 环境友好性。产品应尽可能少地产生废水、废气、噪声、射线等，符合环保法规，对生态环境的破坏最小。环境友好性是可持续发展战略在现代设计中的重要表现。

② 环境适应性。产品应适应使用环境的湿度、温度、载荷、振动等特殊条件。

③ 人机友好性。产品应满足使用者心理、生理等方面的要求，外形美观、色彩宜人，操作简单、方便、舒适。工效学就是实现人机友好性的理论基础。

④ 可维修性。产品应能够且容易维修，维修的停机时间、费用、复杂性、人员要求和差错尽可能最低。

⑤ 安全性。产品应不对人的生命财产造成破坏，如主动安全性和被动安全性已成为汽车现代设计中优先考虑的问题。

⑥ 可安装性。产品应在使用前安装容易、可靠，并且安装费用最少。

⑦ 可拆卸性。考虑产品的材料回收和零件组件的重新使用。

⑧ 可回收性。考虑产品报废及回收方式。绿色生命周期设计是社会使用原则中最为重要的技术之一。

3. 汽车设计的方式

（1）传统的汽车设计方式。

传统的汽车设计方式为经典手工设计，即车身造型设计师根据提出的方案进行整车造型设计，并按一定的比例制作汽车模型，然后交由专家评定，经反复修改后确定方案，接着进行汽车功能匹配设计，经反馈定型后进行内饰设计，同样经反馈定型后进行现车的试制和试验，经论证修改后进行整车评价，最终定型。

（2）计算机辅助设计。

20世纪80年代以来，计算机技术、通信技术和控制理论的飞速发展给汽车设计带来了非常大的变化，汽车设计进入了计算机辅助设计阶段，即在汽车设计过程中，用计算机代替人的某些工作，如车身造型设计师用计算机设计，汽车技术人员用计算机进行功能和内饰设计，在试制试验和整车评价过程中用计算机进行辅助设计和试验。

（3）计算机全程设计。

计算机全程设计是指在汽车设计过程中，由庞大的计算机网络系统进行设计、试验和评价，这是今后汽车设计的发展趋势。它可以大大提高汽车设计的性价比，使所设计的汽车极具竞争优势。

4. 整车设计与开发技术过程

整车设计是汽车产品设计开发中的一个重要过程，它包括整车总布置设计和整车结构与性能分析。整车总布置设计在当今的汽车整车总布置中应用广泛。利用计算机进行整车结构与性能分析是现代汽车在整车设计开发过程中不可缺少的重要环节。

5. 现代汽车设计的设计要求

现代汽车设计涵盖了从方案提出到模型设计、功能匹配、试制试验、评价修改，以及一系列投产前的过程。现代汽车设计的设计要求考虑整体匹配、艺术性设计及人性化设计的要求。

6. 现代汽车设计的发展趋势

现代汽车设计的发展趋势之一是在新概念车出现后，现代汽车展现了新的造型思想，以及在安全、舒适、油耗、环境等方面的技术进步，反映了时代的精神。

现代汽车设计全程无人化也是现代汽车设计今后的重点发展方向。

11.2　虚拟现实设计

虚拟现实技术（virtual reality，VR）是人类的想象力和电子学、计算机科学等结合而成的一项综合技术，是20世纪90年代为科学界和工程界所关注的技术。虚拟现实是一种可以创造和体验虚拟世界的计算机系统，虚拟世界由计算机生成，通过视觉、听觉、触觉等作用于用户，使之产生身临其境的沉浸感和交互感。虚拟现实技术实际上是计算机图形学、图形处理与模式识别、智能接口技术、人工智能技术、传感器技术、语言处理与响应技术、网络技术、并行技术和高性能计算机系统的集合。

沃尔沃汽车开发新一代汽车技术

由于需求推动和技术推动，虚拟现实技术在汽车开发与研究中应用广泛，在汽车虚拟现实设计、虚拟现实制造、汽车模拟驾驶系统、汽车性能试验仿真、汽车虚拟维修等领域都有应用，其开发前景十分广阔。

虚拟现实技术是继多媒体技术后产生的另一个在计算机界引起广泛关注的研究热点。从20世纪90年代中期开始，世界知名汽车企业纷纷开始进行虚拟现实技术在汽车工业的各个领域的应用研究，并且已经取得了一定成果，带来了可观的经济效益。

1. 虚拟现实设计的基本概念

虚拟现实设计是以虚拟现实技术为基础，设计者在虚拟环境中进行设计。借助这种设计手段，设计人员可以通过多种传感器与多维信息环境进行自然的交互，用不同的交互手段在虚拟的环境中修改参数化的模型。

无论是基于计算机的虚拟设计系统,还是基于图形工作站的虚拟设计系统,其构成原理都大同小异。图 11.2 所示为虚拟设计系统的结构示意图。由图可以看出,该系统包括两大部分:第一部分是虚拟环境生成系统,这是虚拟设计系统的主体;第二部分是外围部分,包括各种人机交互工具、数据转换及信号控制装置。下面主要介绍虚拟环境生成系统。

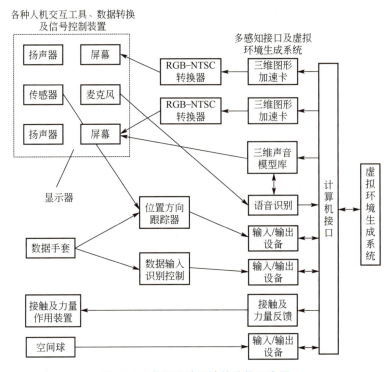

图 11.2　虚拟设计系统的结构示意图

虚拟环境生成系统是虚拟设计系统的主体,它的功能是根据任务的性质和用户的要求,在工具软件和数据库的支持下产生任务所需的、多维的、人性化的情景和实例。它由计算机基本软硬件、软件开发工具和其他配件(如声卡、图形卡等)组成,实际上是一个包括各种数据库的高性能图形计算机系统。数据库中包含对虚拟对象的描述及对其运动、行为、碰撞等性质的描述。虚拟环境程序由一系列子程序构成,主要用于完成对虚拟环境中物体及其运动、行为、碰撞等特性的描述,生成左、右眼视图的三维图像,处理用户的输入数据,实时显示图像和播放声音,并根据碰撞检测结果向用户提供触觉信息,以及描述虚拟物体外形、颜色、位置等信息。当虚拟现实系统生成虚拟视景时,需要调用和处理这些信息。几何造型系统一般以现有的几何造型软件作平台为虚拟环境中的几何对象建模,获得线框模型,而且要进行立体图像生成、剪裁、消隐、光照等处理,为几何对象添加颜色、纹理、阴影及物理特性等。这个系统非常复杂,它是虚拟现实系统中的关键部分。

2. 虚拟现实技术在汽车开发中的应用

虚拟现实技术是计算机相关技术中的重要课题,继多媒体技术之后,正日益引起汽车生产商及开发设计部门的高度关注。不仅因为它的概念、理论及设备新颖，而且一经实现就表现出强大的生命力，展示出极具应用前景的趋势。虚拟现实技术发展较快，而且是十分活跃的技术领域，我国正在开展这方面的研究工作。

产品的最初构思来自人类认识和改造世界的欲望和逻辑思维的结合。在计算机增强了人类与自然及社会的信息交流能力的同时，增强了人类创造性思维的能力。计算机虚拟现实技术在汽车开发时的应用就是一个证明。

社会的不断发展对汽车生产的要求越来越高，以往的大批量生产方式已经难以满足人们对商品规格多样化的需求，取而代之的是小批量多规格的生产方式。由于需要在同一生产线上装配不同类型的商品，因此对设计和制造技术的灵活性（柔性）提出了更高的要求。虚拟现实技术的投入性和交互性可以很好地帮助产品的开发和设计。

（1）汽车设计的概念验证。

设计和制造新的汽车模型是社会需要不断提出的任务。汽车外形的美观条件必须满足安全、工效学、生产工艺、装配、维修等方面的标准。所以，汽车设计过程要受到生产、时间及经费等的限制。虚拟现实技术可以比传统的计算机辅助设计更好地适应这种要求。虚拟现实技术可以将上述各种条件集成在汽车设计过程中，并且可以减少用于验证这个概念所需的模型。

VPL公司生产出一个由高分辨率头戴显示器、数据手套、三维系统音响和工作地组成的系统。该系统为用户提供一个真实的轿车座舱，设计人员能够精确研究轿车内部的工效学参数，并且必要时可以修改虚拟部件的位置，进而在仿真系统中重新设计整个轿车内部。例如，设计人员可以抓住转向盘并从轿车的右边移动到左边，以帮助设计人员为不同用户设计出不同要求的轿车。设计人员可以"设身处地"地进行内部布局，并检验其方便程度。

产品规格多样化的一个副作用是增加了模型变量，从而提高了服务的复杂性。虚拟现实技术可以通过在服务对象（如汽车整车）的图像上叠加文字和图形信息来为用户提供指导。这种过程也可以用来训练服务人员，帮助其掌握操作技能。

（2）虚拟风洞。

为了设计出阻力小的赛车，人们必须详细分析赛车的空气动力学特性，这通常需要花费大量的计算成本。为了使这种分析更为直观，人们采用风洞试验。使用烟雾气体使人们可以直接观察到气体与车身的作用情况，大大提高了对车身空气动力学特性的了解。各大汽车公司都将实车的1/4模型放在风洞试验场进行试验，由于模型与实物尺寸不同，因此试验结果与实际情况有一定误差。

虚拟风洞可以让用户看到模拟的空气流场，感到好像站在风洞里一样。虚拟风洞的目的是使设计师分析多漩涡的复杂三维性质效果、空气循环区域气流被破坏的乱流等，而这些分析利用通常的数字仿真是难以实现可视化的。设计师操作时，可以将汽车的计算机辅助设计模型数据调入到该虚拟风洞进行性能分析；分析空气流的模式时可以通过数据手套将轨迹追踪物注入空气流中，该追踪物将随气流飘动，其运动轨迹将显示给用户，而且数据手套可以将追踪物投向任何指定的位置，用户可以从任意视角观察。

（3）汽车虚拟现实设计。

在汽车设计上，虚拟现实技术可以实现虚拟放样。选择新的设计方案时，有时采用实体样机以核验对设计对象的各种要求，这种实体放样一次花费的时间长、成本高，一个型号的完成需要经过若干次考察修改与重新放样。尽管这种模型的造价高,但其提供了在最初阶段就能改正设计流程的各种便利。虽然计算机辅助设计具有优点,但仍不能满足设计时的视觉需求,因为改换与真车相对应的一切细节是很困难的。而采用虚拟技术后,设计师可以进入涉及的虚拟汽车环境进行操作,并实际体会其合理性、方便性、舒适性和美观程度,发现不妥之处时,立即可作修改并感觉效果,极大地省时、省钱。例如,一辆虚拟汽车的内部设计可以展示在一套虚拟现实系统上,把右侧座位开车的驾驶设备转换为左侧座位开车是一件容易的事情。虚拟现实技术实现的目标是建立一套完全的交互系统,使汽车内部的所有特色都能由设计师任意重新确定。车内各个部件都可以利用虚拟现实的软件进行设计,包括座椅、转向盘、变速器、后视镜、刮雨器、制动器、车门手柄、汽车收音机、车内空调及电话等。

(4) 虚拟维修。

常规的维修手册是一本很厚的包含各项维修资料的印刷品,随着产品的不断更新,这些维修资料也要不断更新。使用时,从大量内容中找到的信息只有一点是有用的,要找到这一点有用的信息,还需要维修工程师具有丰富的关于维修系统的知识。在虚拟现实技术的支撑下,虚拟维修系统具有潜在的维修信息与实际设备相联系和使其与实物相配合的三维图像,能借助维修工程师的计算机显示器显示,在屏幕上随着工作的进行可以显示动态说明。如果维修工程师事先察看了现场,则其可以带着所发现的问题检索虚拟维修手册,在动手之前即可发现问题,并找到处理方案。

虚拟维修主要用于维修飞机、航空器、舰船等。随着科学技术的发展,虚拟维修一定会广泛应用于汽车维修。

11.3 绿色设计

资源、环境、人口是当今人类社会面临的三大主要问题,特别是环境问题正对人类社会生存与发展造成严重威胁。随着全球环境问题的日益恶化,人们越来越重视对环境问题的研究。近年来,研究和实践使人们认识到环境问题绝非孤立存在的,它和资源、人口两大问题有着根本性的内在联系,特别是资源问题,它不仅涉及人类世界有限资源的合理利用,而且是环境问题的主要根源。

制造业是将可用资源(包括能源)通过制造过程转化为可供人们使用和利用的工业产品或生活消费品的产业。制造业一方面是制造人类财富的支柱产业,另一方面产生大量废弃物(如物料废弃物、能源废弃物、产品使用后的废弃物等),对环境造成污染,是当前环境污染的主要源头。

由于任何一种工业产品离开设计环境而进入实际生产时,其环境属性大多固定,而且这种产品在其生命周期内都会对周围环境产生影响。因此,目前采用的"有污治污"的末端治理方式不能从根本上解决制造业产生的环境问题。

为了寻求从根本上解决制造业环境污染的有效方法,直到20世纪90年代,随着全球性产业结构的调整和人类对客观认识的日益深化,在全球掀起了一股绿色消费浪潮。在这种绿色消费浪潮的冲击下,绿色设计应运而生,并成为当前的研究热点。

绿色设计产生的客观背景主要表现在绿色消费的需求、可持续发展的必然和产品在国际市场竞争的需求等方面。

1. 绿色设计的概念

（1）绿色设计的定义。

绿色设计又称生态设计、环境设计、生命周期设计或环境意识设计。绿色设计的目标是设计和制造生命周期对环境影响最小的产品。绿色设计被认为是以绿色技术为原则所进行的产品设计。绿色技术是环境友善技术，是减轻环境污染或减少原材料、自然资源使用的技术或工艺的总称。

绿色设计面向产品的整个生命周期，要从根本上防止环境污染、节约资源和能源，其关键在于设计与制造，不能等产品产生不良的环境后再采取防治措施（现行的末端处理方法即是如此），这就是绿色设计的基本思想。概括起来，绿色设计的原理是在产品整个生命周期内着重考虑产品环境属性（可拆卸性、可回收性、可维护性、可重复利用性等），并将其作为设计目标，在满足环境目标要求的同时，保证产品应有的功能、使用寿命和质量等。

理解绿色设计的定义时，必须注意完全的绿色设计是不可能的，因为绿色设计涉及产品生命周期的每个阶段，即使设计时考虑得非常全面，受所处时代的技术水平的限制，在有些环节或多或少也会产生非绿色的现象，如某些材料尚无理想的替代品，但通过绿色设计可以将产品的非绿色现象降低到最低程度。

（2）绿色设计的特点。

由绿色设计的定义可以看出，绿色设计的特点包括以下几个方面。

① 扩大了产品的生命周期。传统的产品生命周期是从产品的生产开始到投入使用为止，而绿色设计将产品的生命周期延伸到产品使用结束后的回收再利用及处理处置。这种扩大的产品生命周期有助于在设计过程中从总体的角度理解和掌握与产品有关的环境问题及原材料的循环管理、重复利用，废弃物的管理和堆放，等等。只有对产品生命周期的各个阶段进行总体考虑，才能进行绿色设计的整体优化。

② 绿色设计是并行闭环设计。传统设计是串行开环设计，如图 11.3 所示，其生命周期是指从设计、制造直至废弃的各个阶段，而产品废弃后如何进行处理处置则很少被考虑，因而是一个开环设计。而绿色设计的生命周期除传统生命周期各阶段外，还包括产品废弃后的拆卸回收、处理处置，实现了产品生命周期阶段的闭环，而且这些过程在设计时必须并行考虑，因而绿色设计是并行闭环设计。

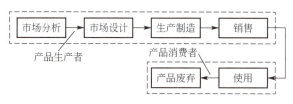

图 11.3 传统设计

③ 绿色设计有利于保护环境，维护生态系统平衡。绿色设计过程中分析和考虑产品的环境需求是绿色设计区别于传统设计的主要特征，因而绿色设计可从源头上减少废弃物。

④ 绿色设计可以防止地球的矿物资源枯竭。由于绿色设计使构成产品的零部件材料

可以得到充分有效地利用，在产品的整个生命周期中耗能最少，因此减少了对材料资源及能源的需求，保护了地球的矿物资源，使其可以合理持续利用。

⑤ 绿色设计的结果是减少了废弃物数量及处理棘手的问题。通常采用的填埋法不仅占用大量土地，还会造成二次污染。绿色设计将废弃物的产生消灭在萌芽状态，使其数量降低到最低程度，大大缓解了垃圾处理的问题。

2. 绿色设计的过程

绿色设计的过程包括需求分析、设计要求、概念设计、初步设计、详细设计和设计实施，如图11.4所示。虽然绿色设计从表面上看与一般的产品设计没有很大区别，但在每一设计阶段及设计评价和设计策略中都包含了对环境的考虑。

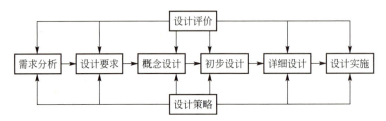

图11.4 绿色设计的过程

在产品的需求分析阶段，首先要确定产品开发的目的和范围，明确用户需求；然后由这些需求形成完整的设计要求，其中包括环境需求；最后采用各种设计策略来满足设计要求。在设计的各个阶段要不断对可行的设计方案进行评价和优选，这里的评价是产品的生命周期评价。成功的产品设计最终必须综合平衡产品性能、成本和环境三方面的设计要求。

在产品设计的初始阶段，有关零件材料和加工工艺方面的知识是有限的，因此，产品对环境的影响也很难确定，但此时对产品设计方案修改的自由度较大。随着设计的进行，有关零件材料和加工工艺的知识水平逐渐提高，评价的准确性提升，但方案修改的自由度下降。这就对设计评价方法提出了较高的要求，它既要对概念设计和初步设计结果进行定性分析评价，又要对详细设计结果进行定量评价。设计评价本身不能直接对产品进行改进，但它能指出方案改进在哪里能有效进行。

设计要求决定了预期的设计效果，它是把用户需求和环境目标转换成设计方案的依据。只有当设计方案被设计要求清晰限定时，设计才能有效进行。在设计过程中，设计方案也是按满足设计要求的程度来进行分析评价的。制订的设计要求必须合理，不可过紧或过松。过紧会从方案空间中去除一些有吸引力的设计，过松则易引起设计方案的最优搜索难以收敛。产品生命周期成本的70%～80%都是由设计阶段确定的，而提出产品设计要求阶段的费用只占产品开发总费用的10%左右，但这一阶段作出的设计决策确定了产品成本的60%左右，由此可以看出设计要求对产品开发的重要性。

环境方面的总体设计要求主要包括以下几个方面。

(1) 自然资源的使用最少化。
(2) 能源的消耗最少化。
(3) 废弃物的产生减量化。
(4) 对生态系统平衡的危害最小化。

（5）人类健康和安全性的危害最小化。

设计者可以根据具体的设计项目定性或定量地满足这些要求。

绿色设计应是以系统工程和并行工程思想为指导，以产品生命周期分析为手段，集现代工程设计方法（如模块化设计、长寿命设计等）为一体的系统化、集成化的设计。图11.5所示为绿色设计过程模型。

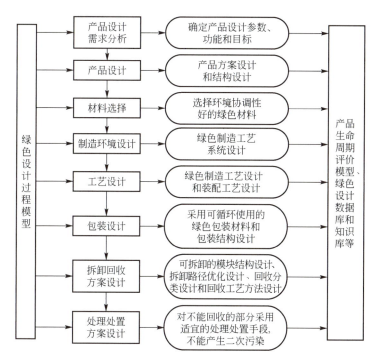

图 11.5　绿色设计过程模型

3. 绿色设计在汽车工业中的应用

燃料短缺已成为燃料汽车发展的一大障碍。另外，燃油汽车会造成严重的大气污染和噪声污染；同时，汽车更新换代比较频繁，材料使用量很大，提高汽车材料及零部件的回收利用率也成为当务之急。因此，开发代用燃油、零污染、回收利用率高的绿色汽车已成为各国竞相发展的目标。

汽车工业是绿色设计的先导，也是绿色设计应用比较深入的行业。过去，汽车设计人员总是设法将汽车设计得时髦、豪华，但现在这一观点已经改变，取而代之的是把符合环境保护、节省燃料和适合家用作为新的设计指导思想，这就意味着汽车制造业将致力于绿色汽车的开发。绿色汽车必须具备两个标志，即废旧汽车能够回收利用及汽车的生产使用对环境无害或危害最小。

绿色汽车要有较高的回收利用率。20世纪90年代以来，世界性的环境污染日趋严重，其中由于汽车制造业的迅猛发展，废旧汽车成为一大污染源，因此利用它们循环再生是对汽车发展提出的战略要求。一些国家已经着手进行有远见的汽车回收计划，并取得了很好的效果。这就要求在设计汽车零部件时务必标明汽车零部件的材料代号，这样在回收废旧汽车时拆卸分类就非常方便，能够做到物尽其用，为再生利用提供方便。目前已研究出一种消除塑料零件表面油漆的新技术，可以让外表涂了油漆的塑料零件得到重新利用，大大提高了总回收效率。梅赛德斯·奔驰在用塑料制作的零件上打上标记，并尽可能地不用合成材料，还从发生故障的部件种类上给予充分考虑。回收的废旧汽车按零部件及材料的状态进行重用、加工后重用、材料回收、处理等不同形式的利用。

为了现在和未来的发展，许多国家的汽车制造商在回收利用汽车零部件中的塑料。

(1) 电池。每年从95%～98%的废弃电池中可回收680.4kg聚丙烯塑料，用这些聚丙烯塑料可重新制成新电池和其他产品。

(2) 反应注射成型塑料。这些零部件仍要送到废弃物处理厂进行处理。

(3) 冷却器端盖。回收冷却器端盖的专门厂商可使冷却器端盖中的塑料在其他方面得到循环再利用。

(4) 复合金属薄板碎屑。各国都在进行相关研究，以期用这些碎屑制造其他新产品。

在欧洲，废弃汽车的缓冲器已经开始回收。大众汽车公司把回收的聚丙烯塑料和聚乙烯塑料混合，用于制造新型汽车缓冲器。宝马汽车公司从废旧汽车中回收聚丙烯缓冲器材料，更新后用于制造新型汽车部件。

为了解决汽车报废后成为汽车垃圾的问题，绿色汽车从开始生产就考虑废弃后的再利用，以保证部件均可循环利用。现有多家汽车零部件回收商能够把汽车零部件加以翻新，重新利用并出售。绿色汽车设计时还必须努力改进燃料使用。汽车引起的尾气污染和噪声污染正在越来越严重地影响着生态环境，科技人员已经把主要精力集中到研究开发节能及无污染或者低污染的新型汽车上，其中最理想的汽车能源是太阳能和氢能，例如，我国汉能的太阳能汽车，采用砷化镓薄膜太阳能芯片技术，薄膜太阳能组件集成在车顶或车身，以太阳能作为能源并转化为电能，为车辆充电。

11.4 并行工程

随着市场经济的发展和世界经济一体化时代的到来，各国制造业都面临着市场全球化、制造国际化、品种需求多样化的挑战。为了在日益激烈的市场竞争中获胜，企业必须在产品的研制周期、创新性、质量、价格等方面具有竞争优势，而前两者是企业赢得竞争胜利的首要因素，为实现这一目标，企业必须在开发和应用新技术方面开展研究。近年来，各国都越来越重视先进制造技术的研究和发展，如并行工程、精良生产、敏捷制造、虚拟制造等新技术、新思想、新概念不断引入新产品的设计与制造中。

1. 并行工程的基本概念

一般产品的成本很大程度上集中在产品开发早期阶段，即概念设计、结构设计、详细设计、过程设计阶段，该阶段决定了80%左右的产品成本，而这一阶段本身所花费的成本占产品全部成本的很少一部分，产品开发阶段成本曲线如图11.6所示。由于现代产品的客户化要求大大增强，使产品开发周期相对延长；然而随着用户对功能的要求逐步提高，使产品使用周期越来越短，如图11.7所示。这种形势迫切要求企业采用新的产品开发手段，以保证产品开发早期阶段能做出正确的决策，从而缩短产品开发周期、提高产品质量、降低产品成本。

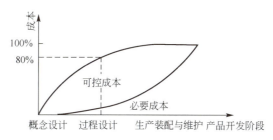

图 11.6 产品开发阶段成本曲线

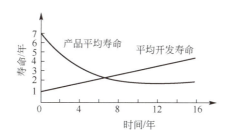

图 11.7 产品开发、使用周期相关曲线

近年来，国内外许多学者针对 21 世纪的制造业发展战略进行研究，并在汽车、航空航天、电子、机床等制造业首先提出了以计算机集成制造系统和计算机辅助设计等为基础，通过组建多学科产品开发队伍，改进产品开发流程，利用各种面向某领域的设计工具等手段，使产品在开发早期阶段就能及早考虑其下游的各种因素，从而达到缩短产品开发周期、提高产品质量、降低产品成本的目的，同时提出了"并行工程"概念。

并行工程（concurrent engineering，CE）又称同步工程，是相对传统的产品串行生产模式而提出的一个概念。并行工程是集成、并行地设计产品及其相关的各种过程的系统方法。它要求产品开发人员在设计开始就考虑产品整个生命周期中（从概念形成到产品报废处理）的所有因素，包括质量、成本、进度计划和用户要求等。并行工程强调多学科专家的协调工作和一体化、并行地进行产品及其相关过程的设计，尤其注重早期概念设计阶段的并行与协调。可以认为，并行工程的核心是并行设计（concurrent design，CD）。并行设计作为一种设计方法，是在原有信息集成的基础上并行设计产品，更强调功能上和过程上的集成，在优化和重组产品开发过程的同时，实现多学科、多领域专家群体协同工作，从而达到缩短产品上市时间、降低成本的目的。有研究表明，串行工程周期远大于并行工程周期。

并行工程强调产品全生命周期中各类人员有组织地协同工作，全面地设计产品，全过程注重客户要求。并行工程的实现框架包括建立以人为主的组织管理框架、计算机辅助工具框架及方法框架等一系列框架的集成。实施并行工程的主要因素有员工素质、管理模式、企业运作过程分析和优化、开放系统集成方案。开放系统的集成更注重开放性、标准化、多平台支持，选用商品化的技术服务，支持良好的应用软件，强调分布式数据管理，以便数据查询和传递。并行工程作为现代先进的产品设计开发模式，广泛应用于工业设计和生产中。

汽车工业在世界范围内展开了激烈的竞争，缩短新车型的设计开发时间、降低成本、提高质量、提高市场竞争力成为各汽车生产商考虑的重要问题。并行工程作为现代先进的产品设计开发模式，是解决上述问题的主要方法，并为各国汽车生产商所采用。并行工程的关键是对产品及其相关过程实行集成的并行设计。

以车身为例，在车身研制、开发过程中，并行地进行产品及相关过程（包括制造过程、支持过程）一体化设计，使开发人员从设计开始就考虑产品生命周期中的各种因素，强调信息集成，协同工作。车身并行工程图如图 11.8 所示。

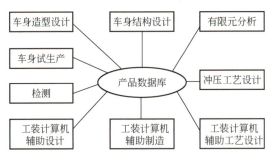

图 11.8　车身并行工程图

2. 并行设计在汽车设计中的应用

近年来，并行设计在国内汽车设计中得到了广泛应用。某公司在汽车产品开发设计过程中运用并行设计，通过过程的模拟运作、分析过程随时间变化的特性，解决了在产品开发过程中遇到的设计组织机构的调整、设计人员的变化及资源的充实等问题，随时通过过程建模工具进行模拟，以决定产品开发过程中的并行度，保证过程的最优化。其具体做法如下。

（1）开发过程。

① 采用计算机辅助设计、计算机辅助制造、计算机辅助工艺设计、面向分析的设计及虚拟焊接等技术，在产品开发的早期阶段就充分了解新产品的性能、结构及车身覆盖件和车架等零部件的制造性问题。尽量减少设计错误，提高设计质量，同时增加面向某一领域的设计工具的使用，在产品设计阶段就考虑产品加工、装配和工艺等问题，提高设计一次成功的可能性。

② 采用集成产品开发团队（integrated product team，以下简称 IPT）的工作模式。根据实际情况，公司组建四层团队，采用预发布和反馈的方法，并逐步使之制度化。在方案设计和结构设计阶段，提前向后期设计阶段进行信息预发布。一方面，及时得到信息反馈，以提高工艺性、可加工性；另一方面，由于后期设计的提前，后期设计人员及时体会设计意图，以进行工艺和生产准备。

③ 健全设计评审和工艺评审制度。评审的优点在于增加了过程的质量控制，提高了上下游设计人员之间的信息交流效率，使下游设计人员获得足够的信息以开展工作，有利于设计过程的并行和及时发现设计缺陷。

④ 实现工艺、工装和材料的并行开发和准备，可精简设计过程，使制造系统与产品开发设计不构成大循环，从而缩短开发周期，提高产品质量。

（2）过程建模与仿真。

过程建模与仿真是产品开发过程管理系统的基础。它通过对产品开发过程的定义、描述、仿真和优化，获得全局优化的动态产品开发过程模型，作为管理系统的期望值。

公司通过组织汽车产品开发流程专家、建模专家及计算机专家，用企事业过程建模系统等软件建立以下几个模型。

① 过程模型。过程模型用来描述汽车产品开发过程中要进行的活动、实现这些活动所需要的资源、各个活动所要求的输入输出及这些活动的执行顺序等，是汽车产品开发过程的核心。

② 后勤模型。后勤模型用来描述公司所拥有的资源类型、数量、特征、结构及分布情况等。

③ 协同模型。协同模型用来描述公司内部各机构之间、公司与其他客户、合作伙伴、供货单位等的协作关系和通信渠道，以及公司的战略技术、经营政策和管理政策等。

④ 数据模型。数据模型用来描述公司在汽车产品开发过程中生产和消耗的中间产品及其相互关系、需要的或所拥有的资源及其相互关系及运作中需要的管理和处理的各项数据等。

(3) 团队建设与管理。

① 组织结构。根据公司汽车产品开发的历史经验及并行产品定义的内容，组建汽车IPT。该IPT由四层组成：顶层为项目管理层，第二层、第三层和第四层为实施层。其中，第二层为方案设计层，第三层为初步设计层，由车身IPT、底盘IPT、电器IPT、内饰IPT组成，各IPT又根据各自的专业及产品开发的需要分别组成若干个详细IPT。

② 管理模式。顶层的IPT组长由总经理任命，并对该开发项目全面负责。其他各层IPT组长由上一层IPT任命，并对上一层IPT负责。各IPT的总任务由上一层IPT下达。各IPT内成员的任务由该IPT组长下达。每个成员都必须按计划进度完成组长下达的任务，若遇特殊情况无法按期完成，则必须提前向IPT组长报告，以便采取补救措施。为了确保团队的高效率工作，各层IPT组长具有本IPT内成员和资源的调配权、使用权，并负责对成员的考核和奖惩。

③ 工作方式。IPT的工作方式是集中办公和网上交流相结合的方式。第一层和第二层的IPT定期召开例会，一般每周一次，在例会上布置任务并检查任务完成情况。协调解决各IPT之间的边界问题及工作中发现的待解决的问题。各阶段下一层IPT的工作评审主要通过网络获得设计信息，并在例会或在不定期的评审会上展开讨论，对下一层IPT的阶段工作提出改进意见。

其他层IPT的成员各自承担具体的开发任务，在该IPT内各自扮演不同的角色，但相互之间要保持经常互通信息，随时进行交流。对于未经审批的设计信息，随时提交给其他成员查看，以便提出修改意见，对于已经审批的设计信息，则进入资源库共享。各层的IPT组长可以根据情况需要随时召集该层不同范围的组员讨论问题。同一个IPT内的边界冲突由IPT组长协调解决，同一层不同IPT之间的边界冲突由相关IPT组长协调。若不能解决，则提交上一层IPT解决。

④ 过程执行与管理。过程执行与管理的目的是为开发和管理人员提供相应的信息，如过程完成情况、过程的状态、需要提交和可以提取的产品数据等，并通过过程模型及运行规则实现对整个过程执行的控制，其主要内容如下。

a. 任务管理。对重组后的过程模型进行分析，然后进行任务分解并组织实施，其重点在于对各成员的任务执行状态进行实时监控，并针对异常状态随时调整计划。

b. 资源监控。对用户需求资源、物料资源、设备资源、人力资源及维护要求与使用状况反馈信息的监控，通过捕获这些信息并反馈给设计人员，以避免较大的设计变更和造成设计与加工的冲突，保证开发过程顺利进行。

c. 产品数据监控。对数据是否产生、是否放到规定的位置、是否传递给相应人员等情况进行监控。

d. 产品开发流程监控。对产品开发流程的进程、任务分配变更及流程指导进行监控。

综上所述，将并行设计理论的应用与该公司具体情况结合，使该公司在汽车产品的开发中取得预期的效果。

11.5　汽车计算机辅助工程

汽车公司建立高性能的计算机辅助工程分析系统，使其专业队伍与产品开发设计者同步应用，在指导设计、提高质量、降低开发成本和缩短开发周期上发挥作用。

汽车计算机辅助工程成熟应用于车身开发的方面主要有刚度和强度分析（应用于整车、总成与零部件分析，以实现轻量化设计）、噪声、振动与声振粗糙度（noise, vibration, harshmess, 以下简称 NVH）分析，机构运动分析；在车辆碰撞模拟分析、金属板冲压成型模拟分析、疲劳分析和空气动力学分析方面的精度有待提高，但已投入实际使用，可以用于定性分析和改进设计，大大减少了费用高、周期长的试验次数；虚拟试车场整车分析正在着手研究；此外，还有焊接模拟分析等。

下面介绍上述汽车计算机辅助工程在汽车上的应用。

（1）刚度和强度分析。

有限元法在机械结构刚度和强度分析方面因具有较高的计算精度而得到普遍使用，特别适用于在材料应力-应变的线性范围内分析。另外，当考虑机械应力与热应力的耦合时，像 ANSYS 通用有限元分析软件和 Nastran 有限元程序等都提供了极为方便的分析手段。

① 车架和车身的刚度和强度分析。车架和车身是汽车中结构和受力都较复杂的部件，对于全承载式的客车车身更是如此。车架和车身用有限元法分析的目的在于提高其承载能力和抗变形能力、减轻其自身质量并节省材料。另外，就整个汽车而言，车架和车身质量减轻后，整车质量也随之减轻，从而改善整车的动力性能和经济性能。图 11.9 和图 11.10 所示分别为车身前部受压内板应力和车身前部受压外板应力。

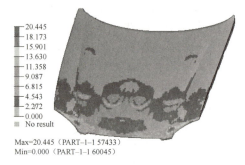

图 11.9　车身前部受压内板应力

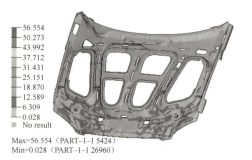

图 11.10　车身前部受压外板应力

② 齿轮齿根弯曲应力和齿面接触应力分析。齿轮是汽车发动机和传动系统中普遍采用的传动零件。通过对齿轮齿根弯曲应力和齿面接触应力的分析可以优化齿轮的结构参数，提高齿轮的承载力，延长齿轮的使用寿命。

③ 发动机零件的应力分析。以发动机的缸盖为例，其工作过程不仅受到气缸内高压气体的作用，还会产生复杂的热应力，缸盖开裂事件时有发生。如果仅采用在开裂处局部加强的方法加以改进，则无法从根本上解决问题，但有限元法提供了解决这一问题的根本途径。

(2) NVH 分析。

近年来，随着人们环保意识的增强，对汽车提出了更高要求。为此，国际汽车界制定了 NVH 标准，以保证乘坐汽车的舒适感。图 11.11 所示为汽车中易产生振动的部位。

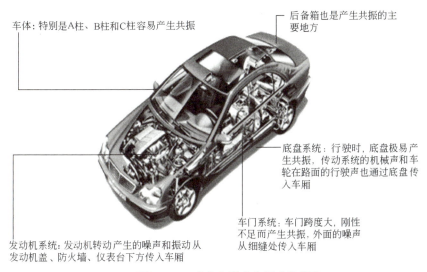

图 11.11　汽车中易产生振动的部位

(3) 机构运动分析。

机构运动分析的原理是根据原动件的已知运动规律，求该机构其他构件上某些点的位移、速度和加速度，以及这些构件的角位移、角速度和角加速度。对机构进行位移分析可以确定某机构构件在运动时所需的空间，判断当机构运动时各构件之间是否会相互干涉，确定机构中从动件的行程，考察构件上某一点能否实现预定的位置要求。对机构进行速度分析可以了解从动件的速度变化规律能否满足工作要求，了解机构的受力情况。对机构进行加速度分析可以确定各构件及构件上某些点的加速度，了解机构加速度的变化规律。图 11.12 所示为机构运动分析实例。机构运动分析的方法很多，主要有图解法和解析法两种。

(4) 车辆碰撞模拟分析。

汽车的安全性是汽车生产商、消费者、政府部门高度关注的问题。交通事故原因的统计分析表明，预防事故发生的主动安全性只能避免 5% 的事故，因此提高汽车被动安全性日趋重要。图 11.13 所示为汽车的模拟碰撞有限元模型。

(5) 金属板冲压成型模拟分析。

由于金属板冲压成型材料利用率高，产品质量稳定，易实现自动化生产，因此在汽

图 11.12　机构运动分析实例

图 11.13　汽车的模拟碰撞有限元模型

生产中得到广泛应用。在传统的冲压生产过程中，无论是冲压工序的制订、工艺参数的选取，还是冲压模具的设计、制造，都要经过多次修改才能确定。这种反复的调试过程会造成汽车企业人力、物力和财力的大量消耗，导致生产成本高、生产周期难以保证。金属板冲压成型模拟分析改变了这种传统模式，提供了强有力的工具，可以通过它来得到最佳模具结构和冲压工艺条件，并能在计算机上观察模具结构、冲压工艺条件（如压边力、冲压方向、摩擦润滑等）和材料性能参数（如皱曲、破裂）的影响，还可以得到最佳板料形状、合理压料面形状、最佳冲压方向，以及分析卸载和切边后的回弹量，并补偿模具尺寸以得到尺寸和形状精度良好的冲压件。此外，试模时间也大大缩短，制模成本降低。

（6）疲劳分析。

传统的疲劳分析由许多经验公式组成，这些经验公式根据一些理论框架，从材料、零件和结构的疲劳试验数据中拟合而成。验证产品的疲劳性能一般需要进行疲劳试验。疲劳分析依赖于准确的试验数据，同时需要得到试验验证。这就使常规设计定型样机疲劳试验需要几年甚至更多时间来发现设计失误并修改设计。现代疲劳技术是电子技术（数字信息）和计算机技术（数字仿真）结合的产物，它进入机械设计领域，将机械强度寿命由定性设计改进为定量设计，立足于随机、动态，整个受载过程的每个实时信号都参与设计，而不只是一个最大值。现代疲劳分析技术只需在计算机上用仿真技术通过载荷谱模拟和加载来预测使用寿命和反馈优化，可把试验时间压缩到原来的十分之一甚至百分之一，大大降低了开发成本，缩短了开发周期。

根据疲劳分析，疲劳破坏主要由循环载荷引起。从理论上说，如果汽车的输入载荷相同,那么所引起的疲劳破坏也应该相同。因此,可以在试车场上按一定的比例混合各种路面及各种事件(如开门、关门、制动等)来重现这一载荷输入。由于这一载荷重现通常可能在较短的时间内完成,因此可以达到试验加速的目的。图 11.14 所示为整车路谱的疲劳分析。

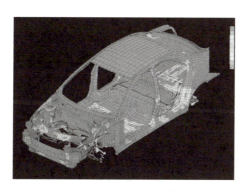

图 11.14　整车路谱的疲劳分析

(7) 空气动力学分析。

汽车空气动力学主要是应用流体力学的知识研究汽车行驶(与空气产生相对运动)时汽车周围的空气流动情况和空气对汽车的作用力(称为空气动力),以及汽车各种外部形状对空气流动和空气动力的影响。空气对汽车的作用还表现在对汽车发动机的冷却、车厢的通风换气、车身外表面的清洁、气流噪声、车身表面覆盖件的振动,甚至刮雨器性能等的影响。

为了减小空气阻力系数,现代汽车的外形一般采用圆滑流畅的曲线来消隐车身的转折线。前围与侧围、侧围与发动机罩、后围与侧围均采用圆滑流畅的曲线过渡,发动机罩向前下倾,车尾后备箱盖短而高翘,后翼子板向后收缩,风窗玻璃采用大曲面玻璃且与车顶圆滑过渡,前风窗与水平面的夹角为 25°~33°,侧窗与车身齐平,前后灯具、门把手嵌入车体内,车身表面尽量光洁平滑,车底用平整的盖板盖住,降低整车高度,这些措施均用来减小空气阻力系数。图 11.15 所示为用于计算流体力学仿真和风洞试验的车辆模型。图 11.16 所示为尾部流场。

图 11.15　用于计算流体力学仿真和风洞实验的车辆模型

图 11.16　尾部流场

(8) 虚拟试车场整车分析。

汽车计算机辅助工程技术的飞速发展和软硬件功能的大幅度提高使整车系统仿真成为

可能。美国工程技术联合公司开发的虚拟试验场（virtual proving ground，以下简称VPG）软件就是一个对整车系统性能全面仿真实用软件的代表。VPG软件是汽车计算机辅助工程技术领域中很有代表性的进展之一。

VPG软件以整车系统为分析对象，考虑系统各类非线性分析，以标准路面和车速为负荷，对整车系统同时进行疲劳分析、NVH分析和数据处理，以及碰撞过程仿真，达到在产品设计前期即可得到样车道路试验结果的整车性能预测效果，计算结果更加真实、准确。图11.17所示为整车非线性分析模型。

图 11.17　整车非线性分析模型

（9）焊接模拟分析。

机器人在车身焊接工位上的大量应用提高了车身的焊接质量，缩短了加工时间。快速、准确地完成全部焊点的加工，即规划机器人的焊接路径是汽车生产商迫切需要解决的问题。

传统的机器人焊接路径规划方法是根据设计人员提供的工位上的焊点数量和焊接顺序，由工艺人员根据经验或类似工艺离线编制机器人加工程序，设计加工工艺。将编写的程序输入相应设备，在实验室内进行预操作，记录每次偏差位置后重新编程、设计，直至满足生产要求。这不仅耗时、费力，而且无法解决多机器人加工的碰撞问题。若涉及多机器人协同加工，则往往在实验室内采用步进式逼近方法配合专家经验加以解决，以免发生碰撞，损坏设备。

现代车身焊接模拟分析结合虚拟制造技术在仿真环境下运用相应的优化算法对车身焊接工位的机器人加工路径进行离线规划，并通过仿真加工进行验证，从而达到指导实际生产的目的。虚拟制造技术的基础是采用计算机支持的技术，应用数字建模和仿真技术、虚拟现实技术等来模拟生产、加工和装配等过程，在计算机上"制造"出产品，实现将工艺过程转为数字化操作，再由数字化操作指导实际生产。通过建立生产加工的仿真模型研究制造活动，使用户在设计阶段了解产品未来的制造过程，实现对生产系统性能的有效预测与评价。在仿真环境下的试运行有利于比较多工艺方案，更有利于多机器人焊接轨迹的选取与优化。

11.6 NVH 开发流程

汽车 NVH 特性是指在车室振动和噪声的作用下,乘员舒适性主观感受的变化特性。它是人体触觉、听觉及视觉等感觉的综合表现。

在汽车工业界,激烈的行业竞争使消费者对车辆有充分的选择。一般来说,在最终确定购买之前,消费者都会进行车辆路试,此时对车辆 NVH 特性的满意度可能成为消费者选车的关键因素。消费者购买新车后,他们每天都要经历车辆的 NVH 工况,对其是否满意及满意程度也会在购买下一辆汽车时成为重要参考指标。所以,在一定程度上来说,一个新车型的 NVH 特性可以影响此车在市场上的热销程度。

汽车的 NVH 开发流程可分为以下几个阶段。

(1) 车辆的前期 NVH 研究。

汽车公司的车辆生产开发计划对各种汽车产品的主要功能、外观、潜在购买群体及成本和下线时间有详细的规划,但对具体子系统(如悬架系统结构的选择、发动机传动系统连接器的选择、底盘设计的选择、阻尼减振器的安置方位等)的搭配并没有最终确认。这些子系统的优化组合在很大程度上决定了该车的成本及 NVH 特性。

在老旧车型的研发过程中,经验累积是子系统初始选择的重要依据。但近年来,随着汽车计算机辅助工程技术的成熟,灵活、快速、可信的特点使其成为不可替代的首选。

(2) NVH 技术指标设定。

NVH 技术指标设定一般从整车开始,然后延续至子系统。但这一推演过程有许多未知因素,因此不是确定的因果关系。

市场现有同类车型的 NVH 特性及其在下一研发周期内的改善可能性,以及开发新车型时可承受的成本构成了整车 NVH 技术指标设定的基本要素。子系统 NVH 技术指标的设定要复杂得多。除了遵循模态分析的基本准则,还要依赖汽车计算机辅助工程技术。受研发成本和时间的限制,子系统测试提供数据来进行模型验证,只能起辅助作用。

(3) 优化设计(车辆结构、子系统)以达到 NVH 技术指标。

在这一研发阶段,汽车计算机辅助工程技术和车辆实测方法各有千秋。由于实验车辆来源于样品生产车间,因此其数量有限、成本高,而且 NVH 特性不稳定,汽车计算机辅助工程技术分析结果和设计建议也需要实测验证,对于设计变化很大的车型,车辆实测验证尤其重要。

随着汽车计算机辅助工程技术的完善,其好用、快速、省钱的特点越来越被汽车工业界所看好,样品车数量的减少已成为汽车工业界的趋势,但样品车的功能还不能被汽车计算机辅助工程技术所取代。

阅读材料11-1

优化设计

优化设计达到 NVH 技术指标的工作之一是优化车体结构,改进车内静音效果。取得车内安静的关键因素为较好的车体隔离和主要板块模态的分离。图 11.18 所示为车身模态。

针对图 11.18 的分析结果，在结果不利点采用结构填充泡沫材料（图 11.19）进行处理。

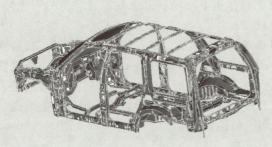

图 11.18　车身模态

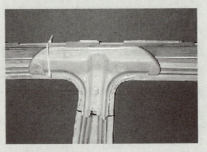

图 11.19　结构填充泡沫材料

在改善汽车的 NVH 特性方面，密封、阻尼、阻隔、加强和吸音技术不可或缺。长期以来，为给消费者带来更加舒适的驾乘环境，汽车生产商总是在极力地改进汽车的 NVH 特性，以期最大限度地降低车内噪声、减少振动并改善不平顺性。

车内噪声的来源非常多，有发动机的振动和噪声、排气系统的噪声、风扇的噪声、传动系统的噪声、内饰系统的噪声、路/胎振动、胎噪、制动噪声及风噪声等。通常，人们习惯于按传播路径将车内噪声分为两大类：一类是结构传递的中、低频噪声，它们通常由动力系统的振动、车身悬架系统的振动及路/胎振动引起，并通过车身结构振动传播到车内；另一类是空气传递的中、高频噪声，涉及动力系统的噪声、路/胎摩擦的噪声及风噪声等。因此，改善汽车的 NVH 特性是一项复杂的系统工程，它涉及汽车结构设计及制造过程的方方面面。

从源头着手进行主动降噪，其方法包括优化发动机和车身结构、提高车身刚度、改进悬架系统及提高零部件的加工精度和装配质量，以将噪声源和噪声传播路径最小化。人们都期望通过主动降噪来获得最佳的 NVH 特性；然而，诸多复杂因素表明，主动降噪措施很难做到尽善尽美。作为主动降噪的必要补充，被动降噪不可或缺。

被动降噪措施的应用范围广泛，涉及发动机部件、车身结构部件、内饰部件和外饰部件等。其方法主要包括采用吸音材料、隔音材料和密封材料来降低空气传递的中、高频噪声，采用阻尼材料来设置屏障以隔断振动，采用结构加强材料增强结构部件的刚性改变激振形态和激振频率以降低结构传递的低频噪声。

①吸音材料、隔音材料。

通常，处于不同工作环境下的汽车部件，对吸音材料、隔音材料的要求也不尽相同。例如，除了要求具有良好的吸音性能和隔音性能，发动机罩盖还要求材料具有较高的耐高温性，发动机底盘和车轮罩则要求材料具有良好的耐蚀性和良好的抗磨损性，而内饰部件更关注材料的环保性能。图 11.20 所示为发动机罩隔音隔热棉成型件。图 11.21 所示为由吸音棉制成的车顶棚。

②密封材料。

焊接后的车身侧围存在一些封闭的箱体加强梁结构，即旁路空腔结构，如门槛、前围和侧围等。空腔除了会传递车外噪声，如发动机噪声、排气管噪声、风噪声和胎噪声，当汽车高速行驶时，这些空腔中还会产生高速气流。高速气流通常会引发两个问题：一个是由于空腔不均匀、管阻力大，高速气流与空腔障碍物发生摩擦，因此在空腔壁处形成涡流，最终产生湍动气流噪声；另一个是湍动气流会引起空腔钣金件共振，从而产生共振噪声。目前，采用密封材料来封堵空腔是解决旁路噪声问题较理想的方法。图11.22所示为空腔填充预成型件。

图11.20　发动机罩隔音隔热棉成型件

图11.21　由吸音棉制成的车顶棚

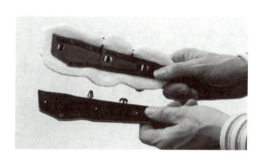

图11.22　空腔填充预成型件

③阻尼材料和结构加强材料。

汽车本身就是一个弹性振动系统，不平的路面及发动机和传动系统的振动都会引起车身振动，甚至引发共振。共振不仅使车内驾乘人员产生不舒适感，还会带来噪声和部件的早期疲劳破坏，车身的密封性也会降低。为解决此类问题，可以采用阻尼材料和结构加强材料，以提高车身钣金件和结构件的刚性，改变局部共振点，达到抑制振动的目的。图11.23所示为阻尼材料和结构加强材料在汽车上的应用。

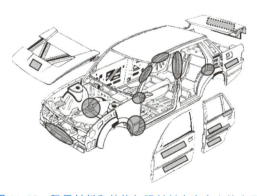

图11.23　阻尼材料和结构加强材料在汽车上的应用

(4) 整车道路模拟试验。

整车道路模拟试验是处理分析 NVH 的一种有效手段。它综合了机械、液压、电子、计算机技术及机电等一体化的高科技产品，主要由全数字电液伺服控制系统、液压伺服油源、电液伺服作动器和分流器与管路系统四部分组成。

汽车在道路上行驶时，实测的信号经计算机处理后可以生成道路谱驱动信号供模拟试验用。模拟控制系统根据信号发生器或计算机发出的指令，经过调节和放大后通过伺服阀控制作动器运动，同时接收作动器反馈的位移等信号进行比较和控制，构成闭环控制回路，以实现波形再现控制。整车道路模拟试验系统如图 11.24 所示。整车道路模拟试验现场如图 11.25 所示。

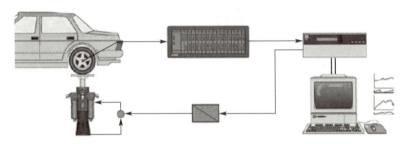

图 11.24　整车道路模拟试验系统

图 11.25　整车道路模拟试验现场

(5) 装配线调试。

装配线调试是 NVH 开发流程的最后阶段。一般来说，在第一批下线车辆中有相当数量的车辆被随机抽样，用于路试及车体密封性能的统计分析，然后根据分析的结果在可能的条件下调试装配线的设置。

本章小结

本章主要介绍了汽车现代设计开发技术的发展趋势、常用的设计方法及其在汽车开发过程中的应用,还介绍了汽车计算机辅助工程技术在汽车上的应用及NVH开发流程。

在现代汽车设计方法中详细介绍了虚拟现实设计、绿色设计、并行工程的基本概念。

【关键术语】

汽车设计　虚拟现实设计　绿色设计　并行工程　计算机辅助工程　NVH开发流程

综合练习

1. 填空题

(1) 绿色设计过程包括_____、_____、_____、_____、_____、_____。

(2) 汽车计算机辅助工程在汽车上的应用包括_____、_____、_____、_____、_____、_____、_____、_____。

2. 简答题

(1) 简述现代汽车设计的新技术。

(2) 简述NVH开发流程。

参考文献

HEIBING B,ERSOY M,2012. 汽车底盘手册:基础知识、行驶动力学、部件、系统、机电一体化及展望 [M]. 孙鹏,译. 北京:机械工业出版社.

HUSAIN I,2012. 纯电动及混合动力汽车设计基础:原书第2版 [M]. 林程,译. 北京:机械工业出版社.

付百学,2000. 汽车电子控制技术:下册 [M]. 北京:机械工业出版社.

黄宗益,2006. 现代轿车自动变速器原理和设计 [M]. 上海:同济大学出版社.

麻友良,2013. 汽车电器与电子控制系统 [M]. 3版. 北京:机械工业出版社.

迈利克 P K,等,2012. 汽车轻量化:材料、设计与制造 [M]. 于京诺,宋进桂,梅文征,等译. 北京:机械工业出版社.

汽车蓝皮书课题组,2017. 中国汽车产业发展报告(2017):数字化转型战略 [M]. 北京:社会科学文献出版社.

肖永清,杨忠敏,2004. 汽车的未来与发展 [M]. 北京:化学工业出版社.

中国汽车工程学会,2004. 汽车安全技术 [M]. 北京:人民交通出版社.

中国汽车技术研究中心,中国汽车工业协会,2016. 中国汽车工业年鉴:2016年版 [M]. 天津:《中国汽车工业年鉴》期刊社.